U0816364

# 高校中华优秀传统文化教育的理论创新与实践探索

许 亮 赵 玥 主 编
徐晓琳 刘炳良 副主编

经济日报出版社
北 京

**图书在版编目 (CIP) 数据**

高校中华优秀传统文化教育的理论创新与实践探索 / 许亮，赵玥主编 .—北京：经济日报出版社， 2024. 5

ISBN 978-7-5196-1340-2

Ⅰ . ①高… Ⅱ . ①许… ②赵… Ⅲ . ①中华文化–教学设计–高等学校 Ⅳ . ① K203-42

中国版本图书馆 CIP 数据核字（2023）第 154428 号

**高校中华优秀传统文化教育的理论创新与实践探索**

GAOXIAO ZHONGHUA YOUXIU CHUANTONG WENHUA JIAOYU DE LILUN CHUANGXIN YU SHIJIAN TANSUO

许　亮　赵　玥　主编

徐晓琳　刘炳良　副主编

**出　　版：**经济日报出版社

**地　　址：**北京市西城区白纸坊东街 2 号院 6 号楼 710（邮编 100054）

**经　　销：**全国新华书店

**印　　刷：**北京建宏印刷有限公司

**开　　本：**710mm × 1000mm　1/16

**印　　张：**13

**字　　数：**188 千字

**版　　次：**2024 年 5 月第 1 版

**印　　次：**2024 年 5 月第 1 次印刷

**定　　价：**62. 00 元

---

本社网址：edpbook.com.cn，微信公众号：经济日报出版社



本书如有印装质量问题，请与本社总编室联系，联系电话：010-63567684

# 本书编委会


**主　编:** 许　亮　赵　玥

**副主编:** 徐晓琳　刘炳良

**编　委:** 東东新　李怡帆　韩凌屹　周子怡　尹艳秋

# 资助课题

本书为2022年度“北京市属高等学校优秀青年人才培育计划项目（The Project of Cultivation for young top-motch Talents of Beijing Municipal Institutions）”《党的二十大精神有机融入高校思想政治理论课教学的实践路径和长效机制》（项目编号：BPHR202203089）、北京市第三批重点建设马院（北京建筑大学马院）专项经费、北京市教育科学“十三五”规划2017年度青年专项课题《加强中华优秀传统文化教育与增强新时代大学生文化自信的路径与机制研究》（项目编号：CCIA17148）资助项目。

# 前　言

中华优秀传统文化是中华文明的智慧结晶，是我们在世界文化激荡中站稳脚跟的根基。在高校教育中融入优秀的传统文化，有助于增强高校学生的民族认同感，提高高校学生的品德修养，也是高校发挥文化传承创新功能的重要抓手。

“思想是行动的先导。”中华优秀传统文化教育的指导思想和基本原则是高校开展中华优秀传统文化教育实践的前提。高校要深入学习贯彻习近平文化思想、深入领会习近平总书记关于加强中华优秀传统文化教育的重要讲话精神，贯彻落实中共中央办公厅、国务院办公厅印发的《关于实施中华优秀传统文化传承发展工程的意见》、教育部印发的《完善中华优秀传统文化教育指导纲要》，坚持创造性转化、创新性发展，不断增强中华优秀传统文化的生命力和影响力。同时，高校中华优秀传统文化教育还要坚持以下基本原则。一是坚守马克思主义魂脉，坚持马克思主义的指导思想地位，以马克思主义的立场、观点、方法来推动中华优秀传统文化教育。二是坚守中华优秀传统文化根脉，坚守中华文化立场，以客观、科学、礼敬的态度对待中华传统文化，推动中华优秀传统文化教育实践和文化基因传承，使大学生增强做中国人的志气、骨气和底气。三是坚定历史自信、文化自信和价值观自信，坚持中华优秀传统文化教育与培育社会主义核心价值观相结合。四是落实“立德树人”根本任务，完善“文化传承创新”教育功能，推动中华优秀传统文化教育与思想政治教育、大学通识教育、专业教育的有机融合，形成以文化人、以文育人的“大思政”协同育人格局。

高校中华优秀传统文化教育具有非常丰富的内容。一是中华传统思想理念，主要包括仁民爱物、民胞物与的仁爱理念，安民富民、忧民乐民的民本理念，诚实守信、恪守承诺的诚信理念，政者正也、崇仁重义的正义理念，以和为贵、和而不同的和合理念，天下为公、天下一家的大同理念。二是中华传统美德，主要包括精忠报国、振兴中华的爱国情怀，天下兴亡、匹夫有责的担当意识，崇德向善、见贤思齐的社会风尚，孝悌忠信、礼义廉耻的道德观念，敬业乐群、精益求精的敬业精神，扶危济困、见义勇为的利他精神。三是中华人文精神，主要包括天人合一、道法自然，以人为本、生命至上，文以载道、以文化人，自强不息、厚德载物，求同存异、和而不同，形神兼备、情景交融，俭约自守、中和泰和，经世致用、实事求是，居安思危、忧国忧民，革故鼎新、与时俱进。

实践是检验真理的唯一标准，也是推动理论发展的动力所在。中华优秀传统文化的丰富内容只有通过生动的教育实践才能具有强大的现实力量。高校中华优秀传统文化教育的实践路径主要包括三条：第一条路径是中华优秀传统文化专业教育，包括成立国学院等教学和研究机构，招收国学等相关专业学生，培养中华优秀传统文化专门人才；第二条路径是中华优秀传统文化通识教育，包括中华优秀传统经典教育、中华传统艺术教育、中华传统体育教育等方式；第三条路径是中华优秀传统文化融入式教育，把中华优秀传统文化融入思想政治教育、专业教育和实践教育之中，切实增强大学生的文化自信。高校中华优秀传统文化教育不仅要有实践路径，还要构建长效机制。高校要从中华优秀传统文化教育的内容机制、实践机制、主体机制、评价机制四个方面来构建长效机制。因此，从增强大学生文化自信的角度来研究高校中华优秀传统文化教育的意义价值、现状问题、原则内容和方法路径，构建具有中国特色的中华优秀传统文化教育长效机制，具有重要的理论价值和实践价值。

# 目　录

CONTENTS

# 第一章　中华优秀传统文化教育与大学生文化自信的概念界定与现状述评

## 第一节　中华优秀传统文化教育与大学生文化自信的核心概念界定

文化是民族的血脉，是人民的精神家园。文化自信，是一个国家、一个民族、一个政党对自身文化价值的充分肯定，对自身文化生命力的坚定信念。党的二十大报告强调："全面建设社会主义现代化国家，必须坚持中国特色社会主义文化发展道路，增强文化自信，围绕举旗帜、聚民心、育新人、兴文化、展形象建设社会主义文化强国，发展面向现代化、面向世界、面向未来的，民族的科学的大众的社会主义文化，激发全民族文化创新创造活力，增强实现中华民族伟大复兴的精神力量。"[①]所以，坚定和增强文化自信，是事关国运兴衰、文化安全和民族精神独立性的大问题。

青年是祖国的未来、民族的希望。青年一代有理想、有担当，国家就有

---

① 习近平 . 高举中国特色社会主义伟大旗帜 为全面建设社会主义现代化国家而团结奋斗——在中国共产党第二十次全国代表大会上的报告 [M]. 北京：人民出版社，2022：42–43.

前途，民族就有希望。以“00 后”为主体的大学生作为新时代中国青年的杰出代表，是中国特色社会主义事业的合格建设者和可靠接班人，更应该坚定和增强文化自信，自觉承担起弘扬中华优秀传统文化、铸就社会主义文化新辉煌的光荣使命。

从增强当代大学生文化自信的角度研究当前我国高校加强中华优秀传统文化教育的路径与机制具有非常重要的理论价值和实践意义。首先，本课题的研究有利于高校落实“立德树人”的根本任务，培养具有高度文化自信和民族自信、能够担当民族复兴大任的时代新人和德智体美劳全面发展的社会主义建设者和接班人；其次，本课题的研究旨在推动高校培育和践行社会主义核心价值观，为社会主义核心价值观的弘扬奠定深厚的文化基础；最后，本课题的研究可以为高校发挥文化传承创新功能，实现中华优秀传统文化传承发展，形成引领社会进步、特色鲜明的大学文化提供具有应用价值的方案。

## 一、中华优秀传统文化教育的核心概念界定

### （一）文化与中华优秀传统文化

1. 文化

“文化”是一个内涵极其丰富的范畴。迄今为止，中外学术界关于“文化”的定义多达上千种。所以，“文化是一个最难定义的对象，而又是一个不可不定义的对象。只要讨论文化和文化问题，就必须首先回答：什么是文化？”[①]“文化”之“文”，本义是指各色交错的纹理，如《说文解字》曰：“文，错画也，象交文。”[②]“文化”之“化”，本义是指变易、生成、造化，即事物形态或性质的变化，如《庄子·逍遥游》曰：“化而为鸟，其名为鹏。”“文”“化”连用较早见于《周易·贲卦·彖传》：“刚柔交错，天文也。文明以止，人文也。观乎天文，以察时变，观乎人文，以化成天

① 胡慧林，胡霁荣.国家文化安全治理[M].上海：上海人民出版社，2019：74.

② （汉）许慎 著，班吉庆、王剑、王华宝 点校.说文解字校订本[M].南京：凤凰出版社，2004：173.

下。”[①]这里的“文化”是指“文治教化”[②]、人文化成，是指对社会生活中人与人之间纵横交织的人伦关系进行规范和约束的道德规范与典章制度。正如刘向在《说苑·指武》中所言：“圣人之治天下也，先文德而后武力。凡武之兴，为不服也。文化不改，然后加诛。夫下愚不移，纯德之所不能化，而后武力加焉。”[③]

“文化”的英文是culture，《朗文高阶英汉双解词典》对culture的解释是：“（1）生活在特定的团体、组织和社会中的人共享和接受的思想、信仰和习俗等；（2）音乐、文学、艺术等文化活动；（3）栽培，种植。”[④]英文culture是从拉丁文cultura演变而来，其基本含义有三：一是耕种、种田，培育；二是教育修养；三是思想精神表现。这些culture的原意为“隐喻人类的某种才干和能力”，并且逐渐转变为“改造、完善人的内在世界，使人具有理想公民素质的过程”，引申为“培养一个人的兴趣、精神和智能”或“训练和修养心智的结果”[⑤]，从而使“文化”具有了精神生活的内涵。因此，英文中的culture具有双重含义：一是指人对自然的耕作及其结果，即外在自然的人化；二是指教育和教养，即内在自然的人化。文化的实质是自然的人化，是“人类主体通过社会实践活动，适应、利用、改造自然界客体而逐步实现自身价值观念的过程”[⑥]。

概括地讲，文化主要分为狭义文化和广义文化两种类型。狭义文化是指人类的精神创造活动及其结果——精神文化，它“是包括全部的知识、信仰、艺术、道德、法律、风俗以及作为社会成员的人所掌握和接受的任何其他的才能和习惯的复合体”[⑦]。广义文化是指人化自然的过程及其所创造的所

① 高亨 著，董治安 编．高亨著作集林（第2卷）[M]. 北京：清华大学出版社，2004：244.

② 何九盈，王宁，董琨．辞源[M]. 北京：商务印书馆，2015：1782.

③（汉）刘向 撰，向宗鲁 校证．说苑校证[M]. 北京：中华书局，1987：365.

④ 英国培生教育出版集团．朗文高阶英汉双解词典：新版[M]. 王莹，等，译．北京：外语教学与研究出版社，2013：549.

⑤ 林坚．文化治理与文化创新[M]. 北京：中国人民大学出版社，2019：1-2.

⑥ 张岱年，方克立．中国文化概论[M]. 北京：北京师范大学出版社，2004：3.

⑦［英］泰勒．原始文化：神话、哲学、宗教、语言、艺术和习惯发展之研究[M]. 连树声，译．桂林：广西师范大学出版社，2005：1.

有成果，是指“人类改造客观世界过程中创造的物质成果和精神成果的总和”①，它分为物质文化和精神文化两部分。

文化与人的社会实践活动息息相关。德国法学家S.普芬多夫认为“文化是人的活动所创造的东西和有赖于人与社会生活而存在的综合”②。法国启蒙思想家伏尔泰提出，“文化是一个不断向前发展的、使人得到完善的社会生活的物质要素和精神要素的统一”③。德国启蒙思想家赫尔德认为，“文化是一种社会生活模式，代表一个民族的精华”④。德国古典哲学家康德认为，文化是一个“有理性的存在者”（“人”）产生的一种“达到任何自行抉择的目的”或“自由地抉择其目的”⑤的能力，也就是人对自然的有目的性的改造能力。另一位德国古典哲学家黑格尔则认为，“文化是人类劳动的结果，是人的内在本质力量的对象化”⑥。受德国文化传统影响的马克思、恩格斯“接受了当时‘文化’概念的基本方面，即文化是与自然相对立的人的创造性行为及其成果，文化高于自然”⑦。例如，马克思从文化与自然比较的角度指出：“如果说城市工人比农村劳动者发展，这只是由于他的劳动方式使他生活在社会之中，而农村劳动者的劳动方式则使他直接靠自然生活。”⑧恩格斯在《反杜林论》中也强调：“文化上的每一个进步，都是迈向自由的一步。”⑨在此基础上，马克思、恩格斯从唯物史观出发，揭示了文化的本质即人的本质力量的对象化，这“既适用于对广义文化的揭示，也适用于对狭义文化的揭示”⑩。2001年，联合国教科文组织第31届全体会议通过的《世界文化多样

---

① 全国干部培训教材编审指导委员会．推动社会主义文化繁荣兴盛[M].北京：人民出版社、党建读物出版社，2019：1.
② 林坚．文化治理与文化创新[M].北京：中国人民大学出版社，2019：4.
③ 林坚．文化治理与文化创新[M].北京：中国人民大学出版社，2019：4.
④ 林坚．文化治理与文化创新[M].北京：中国人民大学出版社，2019：4.
⑤ [德]康德．判断力批判（下卷）[M].韦卓民，译．北京：商务印书馆，1996：95.
⑥ [德]黑格尔．历史哲学[M].王造时，译．上海：上海书店出版社，2001：285.
⑦ 黄力之．论马克思主义文化哲学的当代建构[J].山东社会科学，2002（02）：51.
⑧ 马克思恩格斯全集(第34卷)[M].北京：人民出版社，2008：259.
⑨ 马克思恩格斯文集（第9卷）[M].北京：人民出版社，2009：120.
⑩ 黄力之．论马克思主义文化哲学的当代建构[J].山东社会科学，2002（02）：53.

性宣言》指出："应把文化视为某个社会或某个社会群体特有的精神与物质、智力与情感的不同特点之总和，除文学艺术外，还包括一个社会的生活方式、处世哲学、价值体系以及传统与信仰等。"[①] 因此，"文化"主要包含了两大门类，即物质文化（包括工具、机器、社会结构等）和精神文化（包括信仰、思想、宗教、艺术、音乐等）。[②]

与西方学者不同，中国学者主要从人的生活方式的角度来定义"文化"，如梁漱溟认为："文化不过是一个民族生活的种种方面。总括起来，不外三个方面：精神生活方面、社会生活方面、物质生活方面。"[③] 胡适提出："文化是一种文明所形成的生活方式，是民族生活的样法。"[④] 陈序经认为，文化是"人类为了适应自然现象或自然环境而努力利用自然现象或自然环境的结果"[⑤]。费孝通认为，"作为一种深潜在中国人日常生活中的文化，早已积淀成人们司空见惯了的生活方式了"[⑥]。郭湛认为，"文化是人类社会的特征和实质，文化最突出的特征或最具有根本性的内容是生活方式、行为方式和意识方式，概括说来就是人的活动方式，而这种活动之中内含着人的价值追求"[⑦]。上述定义主要是从广义上来界定文化，认为"文化"包括人的一切生活方式和人所创造的一切事物，以及创造事物过程中形成的心理。所以，文化是"人类社会生活中一种综合性实体"[⑧]，是一个综合系统，主要包括三个层面：物质层面（包括生产工具、生产产品等，属于物的部分）、理论制度层面（属于心物结合的部分）、文化心理层面（包括道德情操、价值观念、审美情趣等，属于心的部分）。中外学术界关于"文化"的各种定义体现了文化定义的差异性，这种差异性源自文化本身的复杂性和多样性。文化的差

---

① 林坚．文化治理与文化创新 [M]．北京：中国人民大学出版社，2019：8.

② 张岱年，方克立．中国文化概论 [M]．北京：北京师范大学出版社，2004：3.

③ 梁漱溟．东西文化及其哲学 [M]．北京：中华书局，2018：11.

④ 胡适．胡适文集 [M]．北京：北京大学出版社，2013：3.

⑤ 陈序经．文化学概观 [M]．北京：中国人民大学出版社，2005：28.

⑥ 费孝通 著，麻国庆 编．美好生活与美美与共 [M]．北京：生活书店出版有限公司，2019：335.

⑦ 郭湛．文化：人为的程序和为人的取向 [J]．中国人民大学学报，2005（04）：24-31.

⑧ 任继愈．任继愈谈文化 [M]．北京：人民日报出版社，2010：299.

异性成为区别和识别不同人群、不同民族和不同种族的标志。同时，文化也有一些共同的基本特征，如习得、象征和共享——“习得建构了人与文化的代际传递，象征建构了人们的精神纽带，而共享则建构了同一种文化屋檐下生存和生活方式的整体性。”①

人类是由文化来定义的，文化在人类发展历史上具有重要的地位，对于个人、民族、国家、人类来讲都具有非常重要的意义。“文化为我们提供了认识世界的世界观和道德、审美的意识方式与框架，文化为我们提供了生存的意义、生活的规则，文化在人类文明历史发展中起了无可替代的作用。”②文化在当代所起的重要作用主要体现在以下三个方面。首先，文化是“社会变革的先导”③，以潜移默化的作用、润物无声的方式凝魂聚气，为社会变革提供强大的精神支撑；其次，文化是“综合国力的重要内容”④，成为民族凝聚力和创造力的源泉，成为综合国力的重要因素；最后，文化是“政党的精神旗帜”⑤，凝聚着一个民族最深层的精神积淀，反映着一个政党的理想追求，决定着一个国家的文化发展方向，更关系到党和国家事业的兴衰成败。

人是文化的创造者，也是文明的创造者。文明是“人类的标志”⑥，是“人们文化认同的最大范围”⑦，是人类区别于其他物种的特有之物，是人们自我认同的文化标志，是人类生存发展的丰厚滋养。从马克思主义文化哲学的观点看，文化与文明是两个既有鲜明区别又密切联系的范畴。这二者的区别

---

① 胡慧林，胡霁荣 . 国家文化安全治理 [M]. 上海：上海人民出版社，2019：74.

② 陈来 . 文化传承创新对于中华文化发展的重要意义 [EB/OL].（2011-6-30）[2021-8-11].https://mp.weixin.qq.com/s/nWkZHhc4rHaccsVznQbszg.

③ 全国干部培训教材编审指导委员会 . 推动社会主义文化繁荣兴盛 [M]. 北京：人民出版社、党建读物出版社，2019：2.

④ 全国干部培训教材编审指导委员会 . 推动社会主义文化繁荣兴盛 [M]. 北京：人民出版社、党建读物出版社，2019：3.

⑤ 全国干部培训教材编审指导委员会 . 推动社会主义文化繁荣兴盛 [M]. 北京：人民出版社、党建读物出版社，2019：3.

⑥ 汤一介 . 汤一介集（第九卷）[M]. 北京：中国人民大学出版社，2014：143.

⑦ [ 美 ] 塞缪尔 · 亨廷顿 . 文明的冲突与世界秩序的重建 [M]. 周琪，刘绯，张立平，王圆，译 . 北京：新华出版社，1998：26.

主要体现为“文化是属于社会结构的概念。它是由特定的符号（语言和其他象征）传达的、在人类实践中创造的各种思想观念以及社会生活和行为规范的总和，是人类为了适应和改造自己的生存环境而进行的精神生产的产物，是一定的经济和政治在观念中的存在方式。”“文明是表示社会进步的概念，是相对于野蛮而言的。文明是人类活动的积极成果，是衡量社会进步的一种尺度。文明发展的不同程度集中表现了一个国家和民族的发展水平和其在社会形态发展序列中的位置。”① 文化和文明之间又有着密切的联系，“文明中肯定表现了一种文化观念和文化活动，因为文明是文化的积极成果；而文化的发展肯定表现了不同时期人类文明的进步”②。“文明是人类文化和社会发展的高级阶段。这一阶段在生产力发展的基础上，出现了社会分工和社会分化，形成了阶级、王权和国家。”③中华文明探源研究，突破了国际学术界关于“文明三要素”（文字、冶金术和城市）的标准，提出了人类进入文明社会的新标准（城市、阶级、王权和国家），得出了关于中华文明起源、形成和早期发展过程的结论：“距今万年奠基，八千年起源，六千年加速，五千多年进入（文明社会），四千三百年中原崛起，四千年王朝建立，三千年王权巩固，两千两百年统一的多民族国家形成。”④

2. 传统文化、文化传统与文化基因

（1）传统与传统文化

“传统”是一个具有丰富内涵的概念。美国学者爱德华·希尔斯在《论传统》一书中指出，“代代相传的、被人类赋予价值和意义的事物都可以看作传统。”“具体来说，传统包括一个社会于特定时刻所继承的建筑、纪念碑、景观、雕塑、绘画、书籍、工具，以及保存在人们技艺和语言中的所有象征建构。传统是一个社会的文化遗产，构成了一个社会创造与再创造的文

① 张岱年，程宜山．中国文化精神 [M]. 北京：北京大学出版社，2015：2.

② 张岱年，程宜山．中国文化精神 [M]. 北京：北京大学出版社，2015：2.

③ 王巍．中华文明探源研究主要成果及启示 [J]. 求是，2022（14）：15.

④ 王巍．中华文明探源研究主要成果及启示 [J]. 求是，2022（14）：16.

化密码，并且给人类生存带来了秩序和意义。”[①]我国学者张立文在《传统学七讲》一书中强调，“传统是人类创造的不同形态的特质经由历史凝聚而沿传着、流变着的诸文化要素构成的有机系统，是文化成果所体现的主体的智力和主体意向中某种精神、风格、旨趣、神韵的凝聚。”“传统包括文化、思想、行为模式、思维方式、伦理道德、风俗习惯、宗教信仰、心理素质传统以及文学传统等要素，主要表现为四个方面：（1）价值观念系统，主要指客观事物及其属性与主体需要的某种肯定和否定的关系结构；（2）精神心态系统，主要指传统的性格、格调、志趣、心态、感情结构、理想境界等；（3）知识系统，主要指参与传统活动的精神要素、思维模式以及传统再创造的工具等；（4）语言符号系统，主要指传统传播、交流和延续所必需的载体。”“这四个方面缺一不可，共同构成传统的整体形态。”[②]

传统文化，是指“历史上遗留下来的文化财富、文化事项”[③]，是指“某个特定民族与国家的人们在过往的社会生产、交往和生活实践中积淀起来的精神体系”[④]，是指“先民们在特定的历史场域下生成、养成和反复运用的精神结构和信息符码，它以文本记录和道德叙事的形式影响着后人”[⑤]。从时间角度来看，传统文化“属于过去，是某种既包含‘精华’，也包含‘糟粕’的有机统一体”[⑥]。传统文化对于一个民族的发展至关重要。传统文化所蕴含的思维方式、价值观念、行为准则，“一方面具有强烈的历史性、遗传性；另一方面又具有鲜活的现实性、变异性，它无时无刻不在影响着今天的中国人，为我们开创新文化提供历史的根据和现实的基础”[⑦]。所以，中华传统文化在当今时代仍然具有重要的价值，我们应该继承和弘扬其中的优秀成分和精华精髓，并结合现实需要和时代要求赋予其新的时代内涵和现代表达

---

① [美]希尔斯．论传统[M]．傅铿，吕乐，译．上海：上海人民出版社，1991：2.

② 张立文．传统学七讲[M]．长春：长春出版社，2007：3.

③ 林坚．文化治理与文化创新[M]．北京：中国人民大学出版社，2019：119.

④ 晏辉．辩护与批判：传统文化现代转换的双重逻辑[J]．学术界，2020（5）：43.

⑤ 晏辉．辩护与批判：传统文化现代转换的双重逻辑[J]．学术界，2020（5）：43.

⑥ 霍桂桓．文化哲学论要[M]．北京：北京出版社，2006：126.

⑦ 张岱年，方克立．中国文化概论[M]．北京：北京师范大学出版社，2004：8.

形式，实现传统文化的现代转化，为中国特色社会主义文化建设提供丰厚滋养。

（2）文化传统与文化基因

文化传统，是指“文化的承传绪统”①，是指“长期形成的持续对一个民族起作用的某一文化体系”②，是指“受特定文化类型中价值系统的影响，经过长期历史积淀而逐渐形成的、为全民族大多数人所认同的思想和行为方式上的传统”③。具体而言，文化传统“是由相互交织、紧密结合的两个方面构成的，其中的一个方面是某种特定的、相对完善的表情达意的感性符号系统，另一个方面是与这种符号系统相对应的、融知意情于一体的深层主观心理结构”④。钱穆认为，文化传统“便是民族一部生命史”“各民族间的生命都有长时期的历史积累，便成为文化传统”。⑤庞朴认为，文化传统“一般是指民族的、支配千百万人的这样一种观念和力量”⑥，它既包括前人创造并遗留下来的器物形态的文化成果，也包括各种规范和观念形态的文化遗产，如社会道德规范、政治制度、法律制度、婚姻制度、语言、宗教、思维方式等。任何一个民族都有其文化传统，文化传统主要包括“民族性、地域性、历史性、时代性和劣根性”这五大特征⑦，其主导特征为稳定性、延续性和系统性。因此，文化传统“是一个文化群体在广阔的时空背景下和众多的文化事项中，经过世代选择而成的。一种文化要素只有被证实其适应性与优越性，为大多数社会成员所认同和接纳……才能称为传统”⑧。

在马克思主义哲学看来，人作为创造文化的主体，“必须从已有的思想

① 罗炽．关于文化传统学的几个问题 [J]. 湖北大学成人教育学院学报，1999（06）：19-23.

② 林坚．文化治理与文化创新 [M]. 北京：中国人民大学出版社，2019：118.

③ 李宗桂，等．中国优秀传统文化的现代价值 [M]. 北京：人民出版社，2019：8.

④ 霍桂桓．文化哲学论要 [M]. 北京：北京出版社，2006：126.

⑤ 钱穆．中国文化精神 [M]. 北京：九州出版社，2017：10.

⑥ 庞朴．文化的民族性与时代性 [M]. 北京：中国和平出版社，1988：159.

⑦ 马克锋．文化思潮与近代中国 [M]. 北京：光明日报出版社，2003：19-20.

⑧ 林坚．文化治理与文化创新 [M]. 北京：中国人民大学出版社，2019：118-119.

资料或思想资源中寻找构筑当代文化的一些要素。所以，传统是很重要的，没有传统就没有思想资源……一种文化的生命力不是抛弃传统，而是在怎样的程度上吸收传统、再造传统。”①中国传统文化和文化传统在当今时代依然具有重要作用，我们要坚持“古为今用，守正创新”的原则，善于挖掘其中蕴含的精华，实现传统文化的创造性转化、创新性发展。

与文化传统相关的另一个概念是“文化基因”。“文化基因”是一个“帮助我们理解文化传承与变化的概念”②。陈胜前认为，“文化与生物的双重进化是文化基因理论的基础。双重进化理论（Dural Heritance，DHT），主要倡导者是英国生物学家理查德·道金斯。相对于生物遗产的基本单位‘基因’，他提出文化进化的单位为‘模因’（memes），也就是文化基因。”③按照这一理论，文化进化与生物进化在传递的单位、变化的来源、遗传的机制和变化的机制四个方面有着显著的区别：“生物进化的来源是基因突变、重组与迁移，而文化进化的来源在于创新、综合、迁移与扩散……文化基因的遗传机制既可以是垂直的，也可以是水平的，甚至是倾斜的。文化基因通过交流传递，一个‘父母’，可以有不同的后代……从变化的机制看，生物基因的变化固有四个机制，而文化基因的变化机制则复杂得多，不仅包括与生物变化机制对应的机制，还包括诸如传播、文化选择等生物变化所没有的机制。此外，文化基因还需要考虑传递中的文化与社会差异。”④由于文化是一个有不同层次的复杂系统，所以文化基因有不同层次的形式表达。“在技术层次上，文化基因最简单的形态可能是‘操作链’，比如不同古人类群体在打制石器时，存在的习惯性的程序。文化基因还可以表现在社会层面上，类似布迪厄所说的‘惯习’（habitus），通过吉登斯所言的‘结构化’过程，在人们的生产生活中形成，镶嵌在文化之中，又反过来影响人们的行动。同样，在精神领域，我们会看到更加稳定的传统，福柯称之为‘知识型’。技术、社

① 陈先达. 文化自信中的传统与当代 [M]. 北京：北京师范大学出版社，2017：51.
② 陈胜前. 中国文化基因的起源：考古学的视角 [M]. 北京：中国人民大学出版社，2021：251.
③ 陈胜前. 中国文化基因的起源：考古学的视角 [M]. 北京：中国人民大学出版社，2021：248.
④ 陈胜前. 中国文化基因的起源：考古学的视角 [M]. 北京：中国人民大学出版社，2021：248.

会与精神之间相互影响，形成更加广泛的统一性……文化基因可以继承、学习与交流……还可以创造、人为选择。”①概括而言，文化基因具有五个基本特征：“（1）片段性，由此它可以重组；（2）它可以是中性的，它的好坏取决于自然与社会环境条件；（3）它是多层次的，可以在技术、社会、精神层面上表现出来；（4）它是可以不断创造的，充分体现人的能动性；（5）它是活的，是可以不断传递的。”②虽然“文化基因”所描述的东西通常就是“文化传统”，但是二者还是有所区别：“文化基因所依赖的是双重遗传理论……文化传统没有特定的理论基础。再者，文化传统的表述还是类似于结构，是一种静态的东西，是对文化历史现象的概括，不能像文化基因那样可以灵活地、不断地去学习、交流与创造。最后，文化传统所表现的稳定性不如文化基因。”③

在当今时代，“文化基因”论的提出，有着特殊的时代需要和现实意义。中共中央办公厅、国务院办公厅《关于实施中华优秀传统文化传承发展工程的意见》指出：实施中华优秀传统文化传承发展工程，要“坚守中华文化立场、传承中华文化基因，不忘本来、吸收外来、面向未来，汲取中国智慧、弘扬中国精神、传播中国价值，不断增强中华优秀传统文化的生命力和影响力，创造中华文化新辉煌”④。因此，文化基因这个概念“能够更好地解释人类文化的基本属性，解释人类文化的传承与变化机制”⑤。我们今天传承中华文化基因，目的是“为了更好地探索中国文化传统的形成与发展，帮助我们更好地认识中国文化精神”⑥，是为了传承中华优秀传统文化，展示中华文化独特魅力，提高国家文化软实力。

---

① 陈胜前．中国文化基因的起源：考古学的视角 [M]. 北京：中国人民大学出版社，2021：249-250.

② 陈胜前．中国文化基因的起源：考古学的视角 [M]. 北京：中国人民大学出版社，2021：250-251.

③ 陈胜前．中国文化基因的起源：考古学的视角 [M]. 北京：中国人民大学出版社，2021：252.

④ 中共中央办公厅 国务院办公厅．关于实施中华优秀传统文化传承发展工程的意见 [EB/OL].[2017-1-25]. http://www.xinhuanet.com/politics/2017-01/25/c_1120383155.htm.

⑤ 陈胜前．中国文化基因的起源：考古学的视角 [M]. 北京：中国人民大学出版社，2021：252.

⑥ 陈胜前．中国文化基因的起源：考古学的视角 [M]. 北京：中国人民大学出版社，2021：252.

### 3. 中华文化与中华传统文化

（1）中华文化

中华之“中”意谓居于四方之中；中华之“华”是指“光辉、文采、精粹，用于族名，蕴含文化发达之意”。元人王元亮在《唐律疏议释文》中说：“中华者，中国也。亲被王教，自属中国，衣冠威仪，习俗孝悌，居身礼仪，故谓之中华。”中华文化是由中华民族所创造的一种民族文化，是指由中华民族在东亚大陆这片广袤的土地上创造的文化，包括语言文字、科技工艺、文化典籍、文学艺术、哲学宗教、道德伦理等内容。它“记载了中华民族在长期奋斗中开展的精神活动、进行的理性思维、创造的文化成果”①，“积淀着中华民族最深沉的精神追求，是中华民族生生不息、发展壮大的丰厚滋养”②。

中华文化有着鲜明的特征、悠久的历史和光荣的传统。杜维明认为，中华文化“是一个性格独具，结构完整的系统，这个系统有它独特的体系和价值”③。张立文认为，中华文化“是五十六个民族不同信仰、不同宗教文化融合而成的多元文化，是中华民族的灵魂和根本，是中华民族五千多年延续不断的血脉，是团结中华五十六个民族的精神力量”④。中华文化具有悠久的历史、共同的文化基因和强大的凝聚力，为中华民族伟大复兴注入了强大的精神动力，为中国人民团结奋斗提供了安身立命的精神家园。

（2）中华文明

与中华文化相对应的一个概念是中华文明。汤一介认为，中华文明“是以先秦典籍及思想为基础，不断发展和形成的一个体系”⑤，主要包括“六经”（《诗》《书》《礼》《乐》《易》《春秋》）、先秦诸子百家的思想以及历代思想家著述学说，其核心是“和谐”即“保合太和”“协和万邦”的思想。

---

① 张岱年，方克立．中国文化概论 [M]. 北京：北京师范大学出版社，2004：6.

② 习近平．习近平谈治国理政 [M]. 北京：外文出版社，2014：155.

③ 杜维明．文明对话中的儒家：21 世纪访谈 [M]. 北京：北京大学出版社，2016：261.

④ 张立文．中国传统文化与人类命运共同体 [M]. 北京：中国人民大学出版社，2018：240.

⑤ 汤一介．汤一介集（第九卷）[M]. 北京：中国人民大学出版社，2014：143.

亨廷顿说："所有学者都承认存在着一个单一的独特的中国文明，它可以追溯到至少公元前一千五百年，也许还可以再往前追溯一千年……我发表在《外交》季刊的文章中，把这个文明称为儒教文明。然而，使用中华文明一词更为精确……许多学者所使用的'中华'（Sinic）一词，恰当地描述中国和中国以外的东南亚以及其他地方华人群体的共同文化，以及越南和朝鲜的相关文化。"①因此，中华文明作为一种原生文明，与古埃及文明、古巴比伦文明、古印度文明等成为人类古老的文明之一。中华文明历史悠久，具有五千多年的历史，是世界上唯一未曾中断、延续至今的文明；中华文明博大精深，是人类文明中一颗璀璨夺目的明珠；中华文明具有多元一体格局和开放包容特质，在与其他文明的交流互鉴中不断焕发新的生命力。

（3）中华传统文化

中华传统文化，是中华文明演化而汇集成的一种反映民族特质和精神风貌的民族文化，是指中华民族在漫长的历史发展过程中所创造和形成的特殊的世界观、价值观体系，是指中华民族及其祖先所创造的、为中华民族世世代代所继承发展的、具有鲜明民族特色和悠久历史的文化，是中华民族五千多年历史进程中存在过的物质、制度和精神方面的总和，包含语言文字、哲学思想、文学艺术、科技发明、风土人情、传统习俗、思维方法和生活方式等。中华传统文化"体现了中华民族的精神和风貌"，是一个包含许多相反相成的子系统的庞大而复杂体系②。它主要"包括汉民族文化和各少数民族文化，有雅文化（精英文化）和俗文化（大众文化）、显文化和隐文化、庙堂文化和山林文化之分"③。中华传统文化分为广义的传统文化和狭义的传统文化。广义的中华传统文化是指"中华民族从上古到清代几千年的历史实践中

① [美] 塞缪尔·亨廷顿．文明的冲突与世界秩序的重建 [M]. 周琪，刘绯，张立平，王圆，译．北京：新华出版社，1998：29.

② 张岱年，程宜山．中国文化精神 [M]. 北京：北京大学出版社，2015：162.

③ 林坚．文化治理与文化创新 [M]. 北京：中国人民大学出版社，2019：119.

的物质创造、制度创造、精神创造的总和”①。狭义的中华传统文化专指“精神文化的创造活动及其结果”，主要包括“中华民族的独特的语言文字、文化典籍、文学艺术、哲学宗教、道德伦理等”②。中华传统文化的基本特征主要包括天人合一、知行合一、情景合一、刚健有为、厚德载物、崇德重道、贵和尚中等。

中华传统文化是一个整体系统，其中既包括积极因素和精华部分，又包括消极因素和糟粕内容。概括来说，中华传统文化的精华主要体现为以下六个方面：“一是人本观：突出人本、人伦，具有民本思想；二是自然观：尊重和顺应自然，强调‘天人合一’；三是实践观：强调实事求是、自强不息；四是价值观：注重和谐，憧憬大同，以真善美的统一为价值标准；五是道德观：注重精神，强调伦理道德的价值和作用；六是发展观：具有朴素的辩证法思想，兼容并包，不断变革。”③中华传统文化的消极因素则主要表现为五大方面：“一是中庸取向的价值观和保守思想；二是传统的思维方式和文化观念带有粗糙性和封闭性；三是重人伦轻自然、重人文轻科技的学术倾向；四是重群体轻个体；五是重视礼教、等级，‘身份意识’。”④

4. 中华优秀传统文化与中国优秀传统文化

（1）中华优秀传统文化

中华优秀传统文化是指在我国五千多年的历史发展过程中形成并流传下来的、对当代中国社会和国民仍具有积极作用和影响的优秀古代文化。它是“中华民族的心和魂、根和体，是中华民族团结奋进、繁荣昌盛的智慧源泉，是巩固民族和合一体大家庭、维护国家统一局面的精神支柱，是民族凝聚力、向心力、亲和力和民族认同感、归属感、安顿感的生命活水”⑤，为中

① 陈来．文化传承创新对于中华文化发展的重要意义 [EB/OL].（2011-6-30）[2021-8-11].https://mp.weixin.qq.com/s/nWkZHhc4rHaccsVznQbszg.

② 陈来．文化传承创新对于中华文化发展的重要意义 [EB/OL].（2011-6-30）[2021-8-11].https://mp.weixin.qq.com/s/nWkZHhc4rHaccsVznQbszg.

③ 林坚．文化治理与文化创新 [M]. 北京：中国人民大学出版社，2019：120-123.

④ 林坚．文化治理与文化创新 [M]. 北京：中国人民大学出版社，2019：124-125.

⑤ 张立文．中国传统文化与人类命运共同体 [M]. 北京：中国人民大学出版社，2018：208.

华民族的生存和发展提供了巨大的精神支撑和强大的内在动力。中华优秀传统文化积淀着中华民族最深沉的精神追求，反映了中华民族的心灵世界、文化品格、生活态度和审美情趣，诸如天人合一、以和为贵的哲学思想，助人为乐、扶危济困的正义品格，修身治国、立命为民的人生理想，求同存异、海纳百川的包容精神，家国和谐、世界大同的经世方略，刚健有为、自强不息的奋斗精神，天下兴亡、匹夫有责的家国情怀，等等。这些核心的价值、智慧和思想对于国家的发展和民族的进步依然具有重要的现实意义，它们“塑造了中华民族的精神；培育了中华民族的伦理道德、价值观念、审美情趣、宗教信仰等；建构了中华民族的政治文明、经济文明、精神文明、制度文明、生态文明；激发了中华民族自强不息、厚德载物的民族自信心、自尊心、自立心、自律心……开启了化解当代人类所共同面临的人与自然、社会、人际、心灵、文明五大冲突与生态、人文、道德、信仰、价值五大危机的有益资源，为人类文明进步作出独特的贡献”①。

（2）中国优秀传统文化

与“中华优秀传统文化”相关的一个概念是“中国优秀传统文化”。张继功等认为，中国优秀传统文化是指“中国传统文化中所包含的对提高人民的思维能力，促进社会主义物质文明和精神文明的发展，推动社会进步的一切有重大价值的优秀精神成果的总和”②。李申申等认为，中国优秀传统文化是指“那些经过了实践检验、时间检验和社会择优继承检验而保留下来并能传之久远的文化”③。李宗桂等认为，中国优秀传统文化是“中国传统文化的精华所在、精神所在、气魄所在”④，是“中华民族长期发展过程中形成的、有着积极的历史作用、至今具有重要价值的思想文化”⑤。中国优秀传统文化曾经在中华民族发展历程中起过积极作用，至今仍然具有重要价值，能够为

① 张立文．中国传统文化与人类命运共同体 [M]. 北京：中国人民大学出版社，2018：208-209.

② 张继功，李反修，李森．中国优秀传统文化概论 [M]. 西安：陕西师范大学出版社，1998：18.

③ 李申申，等．传承的使命：中华优秀传统文化传统教育问题研究 [M]. 北京：人民出版社，2011：92.

④ 李宗桂，等．中国优秀传统文化的现代价值 [M]. 北京：人民出版社，2019：7.

⑤ 李宗桂，等．中国优秀传统文化的现代价值 [M]. 北京：人民出版社，2019：7.

马克思主义中国化和中国特色社会主义提供文化资源，能够为践行社会主义核心价值观、建设社会主义文化强国和实现中华民族伟大复兴的中国梦提供精神动力。

综上，中华优秀传统文化对社会主义文化强国建设、新时代中国特色社会主义发展、中华民族伟大复兴都具有重要的意义。当代中国要发展壮大，要实现“第二个百年”奋斗目标，就需要从传统中国的文化土壤中吸收营养，需要从中华优秀传统文化中接续命脉，需要从中华民族精神和中华传统美德中汲取力量。

### 5. 文化自觉、文化自信与文化自强

#### （1）文化自觉

文化自觉是文化主体对自身文化的认知和觉解，是“人在文化维度上的自我觉知”[①]，是“人们对文化的自我觉醒和觉悟、对文化发展在社会生活中的地位和作用的深刻认识、对文化发展方向和规律的主动把握、对文化发展责任的果敢担当”[②]。“文化自觉”概念最早是由晏阳初在民国时期提出的，他在《十年来的中国乡村建设》中说：“乡村建设运动……的发生完全由于民族自觉及文化自觉的心理所推迫而出。”[③]但是，晏阳初并没有解释“文化自觉”的具体内涵。新中国成立后，费孝通最先对“文化自觉”理论进行了系统阐述，他指出文化自觉“是生活在一定文化中的人对其文化有‘自知之明’，明白它的来历、形成的过程、所具有的特色和它发展的趋向”[④]。他之所以提出“文化自觉”理论，是“为了迎接这个新的世纪，展望文化研究的重要意义”，是“为了加强对文化转型的自主能力”，是想让中国知识分子“主动承担起认识自己的文化及其定位、认识不同的文化及展开跨文化对话的任务”[⑤]。他还认为，文化自觉是中华民族“在追求现代化的100多年的历

---

① 邹广文，田书为．新时代中国的文化自信及其建构路径[J].社会主义核心价值观研究，2017（05）.

② 林坚．文化治理与文化创新[M].北京：中国人民大学出版社，2019：16.

③ 晏阳初．平民教育与乡村建设运动[M].北京：商务印书馆，2014：214.

④ 费孝通．反思·对话·文化自觉[J].北京大学学报（哲社版），1997（03）.

⑤ 费孝通 著，麻国庆 编．美好生活与美美与共[M].北京：生活书店出版有限公司，2019：333.

史中开始产生的"[①]，旨在解决现代化与传统文化之间的矛盾。费孝通的"文化自觉"理论包含文化主体"对文化的自知之明"和"取得决定适应新环境、新时代文化选择的自主地位"两个方面的内容。

（2）文化自信

文化自信是相对于文化自卑、文化他信而言的。文化自卑是由于自己文化落后而感到自卑的一种心理状态。文化他信是在文化比较中不相信、不认同自己的文化，反而认同和相信其他民族和国家的文化，并愿意接受他文化的洗礼和熏陶。与之相对，文化自信是在文化比较中产生的积极健康的心理状态，是文化主体在文化自觉的基础上对自身文化感到自信和自豪的一种心理状态，是一个国家、一个民族、一个政党对自身文化价值的充分肯定和对自身文化生命力的坚定信念。近代以来，一些人在"开眼看世界"、与西方文化交流比较中逐渐对中华文化丧失信心，而产生了文化自卑和文化他信等心理状态，提出了"打倒孔家店""全盘西化"等口号。在马克思主义指导下，中国共产党带领中国人民经过革命、建设和改革等伟大实践，创造了新民主主义革命的伟大成就、社会主义革命和建设的伟大成就、改革开放和社会主义现代化建设的伟大成就，创造了中国式现代化新道路，创造了人类文明新形态，极大地提高了中国人民的文化自信。所以，文化自信"来自对中国传统文化的重新审视和认同，表现为维护民族文化传承，抵抗文化霸权"[②]。

（3）文化自强

文化自强，是指"立足自己的实际，依靠自己的力量，突出自己的特色，走自己的文化发展道路，建设面向现代化、面向世界、面向未来，民族的科学的大众的社会主义先进文化"，最终使我们的文化"具有强大的吸引力影响力、强大的活力创造力、强大的实力竞争力，把我国建设成一个中国

---

① 费孝通 著，麻国庆 编 . 美好生活与美美与共 [M]. 北京：生活书店出版有限公司，2019：335.

② 林坚 . 文化治理与文化创新 [M]. 北京：中国人民大学出版社，2019：19.

特色社会主义的文化强国”[①]。文化自觉、文化自信与文化自强之间有着密切的联系：“文化自觉是其逻辑起点，文化自信是其逻辑动力，文化自强是其逻辑旨归。”[②]生活在一定文化中的人对其文化如果没有自知之明，就会丧失文化转型的自主能力。一个民族、一个国家如果没有文化自觉、文化自信，就不可能实现文化自强。所以，文化自觉、文化自信，最终目的还是要实现文化自强，建设社会主义文化强国。

树立文化自觉、坚定文化自信、实现文化自强在新时代具有非常重要的意义。我们要高举中国特色社会主义伟大旗帜，以文化自觉来确立中华文化的主体性，以文化自强来提升国家文化软实力和综合国力，最终为实现中华民族伟大复兴的中国梦注入强大的精神动力。

### （二）教育与中华优秀传统文化教育

#### 1. 教育与高等教育

在中国古代典籍中，“教”“育”是分开使用的。许慎《说文解字》对“教”“育”的解释是：“教，上所施下所效也。”[③]“育，养子使作善也。”[④]先秦儒家经典《论语》中多次提到“教”的问题，如《论语·为政》曰：“举善而教不能则劝。”《论语·述而》曰：“子以四教：文、行、忠、信。”《论语·卫灵公》曰：“有教无类。”上述“教”字都是指教诲、教化、教导，孔子主要从文艺、德行、忠诚、信实等方面来教育学生和民众，使他们“志于道，据于德，依于仁，游于艺”(《论语·述而》)，使他们尊崇仁义道德和礼仪规范。《孟子》中首次出现了“教育”一词，如《孟子·尽心上》曰：“君子有三乐，而王天下不与存焉。父母俱存，兄弟无故，一乐也；仰不愧于天，俯不怍于人，二乐也；得天下英才而教育之，三乐也。”此后，

---

① 云杉．文化自觉 文化自信 文化自强——对繁荣发展中国特色社会主义文化的思考（下）[J]. 红旗文稿，2010（17）：4–9，1.

② 邹慧．文化自觉、文化自信、文化自强：习近平文化思维的逻辑理路[J]. 思想理论教育导刊，2017（03）：148–151.

③ （汉）许慎 著，班吉庆、王剑、王华宝 点校．说文解字校订本[M]. 南京：凤凰出版社，2004：90.

④ （汉）许慎 著，班吉庆、王剑、王华宝 点校．说文解字校订本[M]. 南京：凤凰出版社，2004：434.

“教育”一词不断出现在我国古代文献之中，成为教育领域的通用词，但其含义仍与近代“教育”一词有区别。同治三年（1864 年），两广总督毛洪宾在奏折中提道“伏思学馆之设，教育人才，期于晓畅翻译，通澈中外事理，以备缓急之用”，这里的“教育”一词的内涵接近于“现代教育概念”。

现代西方语言中的“教育”词汇——education（英语）、erziehung（德语）、educazione（意大利语）等均源自拉丁文中的 educare 一词。e 在拉丁语中有“出”的含义，ducare 则有“引”的意思。所以，西方“教育”一词的基本含义是“引出”，即“将人身上固有的德性、理性等品质通过一定的手段由内向外地引导出来”，属于明显的“内发论”。① 夸美纽斯在《大教学论》中指出：“要将人所具有的这些优势和潜能引发出来，得到尽可能的完满，只有受过恰当教育之后，人才能成为一个人。”②德国教育家福禄培尔在《人的教育》中说：“教育就是引导人增长自觉，达到纯洁无瑕，能有意识地和自由地表现神的统一的内在法则，并采用适当的教育方法和工具，使其成为一个有思想、有智慧的人。”③

通过“教育”一词在中外文化和语境中不同内涵和历史发展的对比，我们可以得出这样的结论：教育是“按一定要求培养人的工作”④，是“一种培养人和促进人的成长和发展，为社会培育各类人才的活动”⑤。教育的概念有广义和狭义之分。广义的教育泛指“增进人们知识、技能、身心健康，促进思想品德的形成和发展的各种活动，即教育是培养人的一种社会活动，是传承社会文化、传递生产经验和社会生活经验的基本路径”⑥。与之相对，狭义的教育即“学校教育”，是指“学校培养人的工作”⑦，是“教育者根据一定的社会要求，有目的、有计划、有组织地对受教育者的身心施加影响，以期

① 冯建军. 教育学原理 [M]. 北京：中国人民大学出版社，2018：20.
② 傅树京. 高等教育学 [M]. 北京：首都师范大学出版社，2007：3.
③ 傅树京. 高等教育学 [M]. 北京：首都师范大学出版社，2007：3.
④ 中国社会科学院语言研究所词典编辑室. 现代汉语词典（第 7 版）[M]. 北京：商务印书馆，2016：660.
⑤ 傅树京. 高等教育学 [M]. 北京：首都师范大学出版社，2007：3.
⑥ 冯建军. 教育学原理 [M]. 北京：中国人民大学出版社，2018：22.
⑦ 中国社会科学院语言研究所词典编辑室. 现代汉语词典（第 7 版）[M]. 北京：商务印书馆，2016：660.

他们朝着社会的要求发生某种变化的活动”①。狭义的教育包括学前教育、初等教育、中等教育、高等教育、成人教育等。高等教育是指“建立在中等教育基础之上的各种专业教育”②，是指“在中等教育的基础上，培养具有专门知识、技能的人才的教育”③。

教育是培养人的活动，承担着育人、育才的责任和使命。高等教育作为培养高级专门人才的社会实践活动，具有重要的功能或职能。19 世纪以前，“欧洲学者基本上都坚持高等教育的唯一功能是培养人才的观点”，如约翰·亨利·纽曼（John Henry Newman）认为“大学就是传授所有知识的场所”④。1809 年，德国教育家威廉·冯·洪堡（Wilhelm von Humboldt）提出“教学与研究统一”的原则，引发了高等教育的科学研究功能。19 世纪中叶，美国的“威斯康星思想”和《莫雷尔法》的颁布，“使大学彰显了其社会服务的职能”。1848 年创立的威斯康星大学把人才培养、科学研究和社会服务作为大学的三大职能。我国学者潘懋元、朱国仁、张应强等提出高等教育具有“文化功能”，即文化的选择、传递、传播、保存、批判、创造、育人等功能。⑤文化传承创新成为全球化时代高等教育的第四大功能。高等教育的文化传承创新功能主要是指“以价值体系为中心的思想文化的传承创新。‘传承’指的是优秀文化传承，是有分析地继承，即用扬弃的态度，根据现实需要，有分别，有取舍。‘创新’指的是思想文化创新。文化传承创新的主体任务应是中华文化的传承与创新。”⑥

在经济全球化时代，传承创新中华优秀传统文化、推动中华优秀传统文化的创造性转化和创新性发展，使之与世界文化相融通、与现实文化相契合，就成为新时代高校坚定文化自觉自信、履行文化传承使命、实现“双一

① 冯建军 . 教育学原理 [M]. 北京：中国人民大学出版社，2018：22.

② 傅树京 . 高等教育学 [M]. 北京：首都师范大学出版社，2007：3.

③ 中国社会科学院语言研究所词典编辑室 . 现代汉语词典（第 7 版）[M]. 北京：商务印书馆，2016：431.

④ 傅树京 . 高等教育学 [M]. 北京：首都师范大学出版社，2007：32.

⑤ 潘懋元，朱国仁 . 高等教育的基本功能：文化选择与创造 [J]. 高等教育研究，1995（01）：9.

⑥ 陈来 . 文化传承创新对于中华文化发展的重要意义 [EB/OL].（2011-6-30）[2021-8-11].https://mp.weixin.qq.com/s/nWkZHhc4rHaccsVznQbszg.

流”建设目标的题中应有之义。

2. 专业教育与通识教育

概括而言，教育可以分为两个部分：专业教育和通识教育。

（1）专业教育

“专业”是指“高等学校里的一个系里或中等职业学校里，根据科学分工或生产部门的分工把学业分成的门类”①。专业教育（special education）是指“旨在培养学生将来从事某种职业所需的能力的教育”②或培养学生具有某一种知识和才能的教育方式，如农业专科教育、工业专科教育、医学专科教育、师范专科教育等。由此，历史上就形成了各种专科学校，即“实施专业教育的学校”③。在美国，“狭隘的学科学术模式是在1815—1915年形成的，它的特点是培养思想精英和以精英文化传承者为主要目标，追求一种为知识而知识的‘纯’研究……精英式的纯学术模式在20世纪80年代的‘专业主义’（professionalism）批判和20世纪90年代的‘重新界定学术’下，受到越来越多的质疑和否定。”④对于生活在专业主义时代的大学生来说，其成功之路往往在于选择一种专门化程度较高的专业或职业。“这些专业中的任何一种都是时代日益需要的，也吸引着更多学生的兴趣。而且，为了谋生，几乎所有人都成为某一领域的专业人员。”⑤然而，专业教育也有弊端。徐贲认为，高校中不同的学科、专业之间“不但有了门户，而且被当成是理所当然的知识领域疆界，甚至画地为牢，故步自封”⑥。学科之间的壁垒和专业之间的门户，导致“一个领域内的专业人员不懂其他领域专业人员的语言”，导致学术“精致化”“隔离病房化”⑦和学术犬儒主义的产生，造成社会上不同行业、职业之间出现一定的隔阂，以及社会流动的僵化。

---

① 中国社会科学院语言研究所词典编辑室 . 现代汉语词典（第 7 版）[M]. 北京：商务印书馆，2016：1719.

② 哈佛委员会 . 哈佛通识教育红皮书 [M]. 李曼丽，译 . 北京：北京大学出版社，2010：41.

③ 中国社会科学院语言研究所词典编辑室 . 现代汉语词典（第 7 版）[M]. 北京：商务印书馆，2016：1719.

④ 徐贲 . 阅读经典：美国大学的人文教育 [M]. 北京：北京大学出版社，2015：391-393.

⑤ 哈佛委员会 . 哈佛通识教育红皮书 [M]. 李曼丽，译 . 北京：北京大学出版社，2010：41.

⑥ 徐贲 . 阅读经典：美国大学的人文教育 [M]. 北京：北京大学出版社，2015：406.

⑦ 徐贲 . 阅读经典：美国大学的人文教育 [M]. 北京：北京大学出版社，2015：408.

（2）通识教育

与专业教育相对的是通识教育（general education，又被译为“普通教育”），它是一个内涵丰富的范畴。通识教育，源自西方的“人文教育”（liberal education，又译为“自由教育”“博雅教育”）传统，有狭义和广义之分。狭义的通识教育是指与专业教育相对而言的一种教育方式，是指“培养学生具有多种知识和才能的教育方式”[①]或“旨在培养学生成为一个负责任的人和公民”的教育。广义的通识教育是指“大学的整个办学思想或观念”“大学教育应给予大学生全面的教育和训练，教育的内容既包括专业教育，也包括非专业性教育”[②]。通识教育起源于古希腊的自由教育或博雅教育。亚里士多德提出了“自由教育”的概念，指培养具有德性内涵、公民本位和城邦价值取向的“城邦领导者与优秀公民”或“精通治理技艺的政治人才”的教育[③]。这样的教育是对柏拉图《理想国》中培养具有优良德性、战争技能与领导能力的“护卫者”的教育理念的发展，主要从“七艺”即语法、修辞、逻辑、算术、几何、音乐与天文七个方面来培养公共性人才。英国博物学家托马斯·亨利·赫胥黎（Thomas Henry Huxley）在《通识教育》（*A liberal Education*）一文中指出：“通识教育就是一种人为教育（an artificial education）。这种教育方式不仅教导人们避免逆反自然规律这样的罪恶行为，还教导人们利用并感恩于自然的恩赐。”[④]所以，通识教育是一种不同于自然教育的人为教育，它培养的是能够与自然和谐相处，具有仁爱之心、健康心智、敏感良知、强大意志力以及正确价值观的人。

历史上首次把通识教育和大学教育联系起来的是19世纪20年代美国的帕卡德教授，他认为“通识教育是综合的教育，是为学生专业学习做准备的教育，是为学生提供所有知识分支的教学，使得学生在学习一种专门的知

① 中国社会科学院语言研究所词典编辑室．现代汉语词典（第7版）[M]．北京：商务印书馆，2016：311.

② 李曼丽．通识教育：一种大学教育观[M]．北京：清华大学出版社，1999：18.

③ 北京航空航天大学通识教育课程建设委员会编．北京航空航天大学通识教育白皮书[M]．北京：北京大学出版社，2015：59.

④ 陈福田．西南联大英文课：英汉双语版[M]．罗选民，等，译．北京：中译出版社，2019：218-220.

识前对知识的总体状况有一个综合的、全面的了解”①。1945年出版的《哈佛通识教育红皮书》指出，通识教育是一种“培养学生成为一个负责任的人和公民”的教育。通识教育与专业教育“是一个人所应该接受的教育的两个方面。两者不可割裂，它们共同构成高等教育的目的”②。教育既追求知识的本质，也追求人在社会中的美好品性，专业教育重在传授专业知识和技能，通识教育则重在培养人的四种能力，即“有效的思想能力、交流思想的能力、作出恰当判断的能力、辨别价值的能力”。③基于此，哈佛大学从20世纪40年代实行通识教育改革，确立了哈佛大学核心课程（core curriculum），构建了通识教育课程的基本框架。按照这一课程计划，每个学生在毕业时需要修满16门课程，其中有6门通识教育核心课程。这些核心课程的目的在于使学生掌握学科间的联系并能将知识应用于生活。这些课程主要涵盖人文科学、社会科学、自然科学三个方面，涉及外国文化、历史研究、文学艺术、道德、自然科学和社会分析六个领域。概言之，哈佛大学实施通识教育的目标是培养“有责任心的现代公民”“有深刻思维力和明智判断力的理性的、有教养的人”，促进学生的全面发展，“避免使他们因为专业局限性而成为完全专业化的、片面发展的人”④。

与国外的通识教育理念和教育实践相比，国内的通识教育实践起步较晚，在通识教育内涵方面仍然没有达成共识。我国著名教育家蔡元培认为，与“务养成学问神圣之风习”的专门教育不同，通识教育“务顺应时势，养成共和国民健全之人格”⑤，是一种培养人格健全、全面发展的人的教育。我国台湾地区通识教育学会理事长、台湾大学历史系教授黄俊杰认为，某些大学开设的“证券入门”“宝石鉴赏”“汽车修护”之类的实用性课程与通识教

① 李晓玉，封义帆．大类招生视角下高校通识教育课程体系建设[J].华北水利水电大学学报（社会科学版），2021，37（04）：53-58.

② 哈佛委员会．哈佛通识教育红皮书[M].李曼丽，译．北京：北京大学出版社，2010：43.

③ 哈佛委员会．哈佛通识教育红皮书[M].李曼丽，译．北京：北京大学出版社，2010：50.

④ 哈佛委员会．哈佛通识教育红皮书[M].李曼丽，译．北京：北京大学出版社，2010：215.

⑤ 欧阳哲生．中国近代思想家文库．蔡元培卷[M].北京：中国人民大学出版社，2014：116.

育的理念相去甚远，不应该列入通识教育的范畴。在他看来，无论是通识核心课程，还是通识一般课程，都直接或间接地与“建立人的主体性，以完成人之自我解放，并与人所生存之人文及自然环境建立互为主体性之关系这项教育目标”有关。所以，通识教育就是“一种建立人的主体性并与客体情境建立互为主体性关系的教育……一种促进人的主体意识觉醒的教育……一种朝向完整人格的建立、促进人的自我解放的教育”。这种教育可以使受教育者“挺立心志，自作主宰，而不再屈从于人以外的客体的宰制”，有助于“受教育的人格的建立与道德福祉的提升”①。

综上，通识教育具有“非职业性、非专业性、非功利性”等特征，其目的是“培养学生独立思考，认知不同学科，并将所学知识融会贯通的能力”。通识教育与专业教育的主要区别“在教育理念和教学方法上，而不能仅仅根据教学内容作出判断”②。所以，如果本着传授普通知识的初衷来开设通识教育课，那么就成了低配版的专业课，而非真正的通识课。如果专业的教学，“除讲授专业知识外，还能把思考和发现知识的过程、研究方法以及其他学科之间的关联融入其中，强化能力的培养，那么专业课程也就打上了通识教育的烙印”③。

3. 素质教育与人文教育

教育是“人类精神文化传承的主要渠道”④，是人的再生产的文化形式，是一个国家、民族人文精神传承发展的重要路径。如果从教育的目的来划分，教育主要包括应试教育和素质教育两种类型。

（1）应试教育

应试教育是“以单纯培养学生应对考试的能力为主要目的的教育”⑤。中国古代科举制就是一种应试教育，其最主要的目的不是为了“学做圣贤”

① 黄俊杰．全球化时代的大学通识教育 [M]. 北京：北京大学出版社，2006：89.

② 桑建平．自然科学经典导引 [M]. 武汉：武汉大学出版社，2018：1.

③ 桑建平．自然科学经典导引 [M]. 武汉：武汉大学出版社，2018：1–2.

④ 杨岚，张维真．中国当代人文精神的构建 [M]. 北京：人民出版社，2002：340.

⑤ 中国社会科学院语言研究所词典编辑室．现代汉语词典（第 7 版）[M]. 北京：商务印书馆，2016：1575.

（王阳明语），而是为了读书登第、金榜题名，这也体现了儒家一贯倡导的“学而优则仕”的教育理念。近现代教育大多采用应试教育的方式，学生学习的主要目的是通过考试和获得文凭。在一段时期内，片面强调学生的学习成绩，而忽视学生全面发展的应试教育不仅扼杀了受教育者的主体性、创造性，而且“严重阻碍了我国教育理念、教育模式的更新，影响了人文教育的发展”[①]。

（2）素质教育

与应试教育相对的是“素质教育”。它是指“以提高人的素质为根本宗旨的教育。在教育的各个环节中，全面实施德育、智育、体育、美育，着重培养学生的创新精神和实践能力”[②]。这里的“素质”主要是指受教育者各方面的素养。中国古代最伟大的教育家、儒家学派创始人孔子在春秋末期实行的“六艺”（礼、乐、射、御、书、数）教育就是一种素质教育，在于培养学生的综合素质。中国近现代著名教育家、新文化运动时期北京大学校长蔡元培所提倡的“五育并举”的“新教育”也是一种素质教育，他认为“五育”就好比一个人身体的各个部位，具有“不可偏废之理”，如“军国民主义者，筋骨也，用以自卫；实利主义者，胃肠也，用以营养；公民道德者，呼吸机循环机也，周贯全体；美育者，神经系也，所以传导；世界观者，心理作用也，附丽于神经系，而无迹象之可求”[③]。新中国成立后，我国对素质教育的探索开始于 20 世纪 80 年代中期。1985 年 5 月，邓小平在第一次全国教育工作会议上提出：“我们国家，国力的强弱，经济发展后劲的大小，越来越取决于劳动者的素质。”1986 年，《中共中央关于社会主义精神文明指导方针的决议》指出，要“提高整个中华民族的思想道德素质和科学文化素质。”之后，素质教育相继被写入我国的各类教育法中，如《中华人民共和国义务教育法》规定，“义务教育必须贯彻国家的教育方针，实施素质教育，

① 杨岚，张维真．中国当代人文精神的构建 [M]. 北京：人民出版社，2002：340.

② 中国社会科学院语言研究所词典编辑室．现代汉语词典（第 7 版）[M]. 北京：商务印书馆，2016：167，1248.

③ 欧阳哲生．中国近代思想家文库．蔡元培卷 [M]. 北京：中国人民大学出版社，2014：112.

提高教育质量，使适龄儿童、少年在品德、智力、体质等方面全面发展，为培养有理想、有道德、有文化、有纪律的社会主义建设者和接班人奠定基础。”1993 年 2 月，中共中央、国务院颁布的《中国教育改革和发展纲要》提出：“中小学要由‘应试教育’转向全面提高国民素质的轨道，面向全体学生，全面提高学生的思想道德、文化科学、劳动技能和身体心理素质，促进学生生动活泼地发展。”1999 年 6 月，党中央和国务院召开了全国教育工作会议，颁布了《中共中央国务院关于深化教育改革，全面推进素质教育的决定》，提出：“全党、全社会必须从我国社会主义事业兴旺发达和中华民族伟大复兴的大局出发，以邓小平理论为指导，全面贯彻落实党的十五大精神，深化教育改革，全面推进素质教育，构建一个充满生机的有中国特色社会主义教育体系，为实施科教兴国战略奠定坚实的人才和知识基础。”从此，素质教育成为全国教育改革和发展的主旋律。

（3）人文教育

人文教育是一种培养受教育者人文精神和文化素养、注重其自由全面发展的文化素质教育。有的学者认为，人文教育是指“文学、史学、哲学基础学科以及语言和艺术学科的教育”①，其作用在于提高人的精神境界。有的学者认为，人文教育是一种塑造人的德性的“成人教育”或者说是“人的自由教育”②，它“提供的是一个适合于自由人的教育的课目，按照启蒙时代的说法，则是适合‘绅士’（有教养者）的教育”③。这种教育所教授的内容主要包括语言、修辞、辩证（逻辑）、算术、音乐、几何和星象等。所以，人文教育是一种素质教育，是一种主体性教育。人文教育的实施，必然会促进中华文明及其基本精神即中华人文精神的传承和发展。

---

① 张岂之．大学的人文教育 [M]. 北京：商务印书馆，2014：28.

② 徐贲．阅读经典：美国大学的人文教育 [M]. 北京：北京大学出版社，2015：401.

③ 徐贲．阅读经典：美国大学的人文教育 [M]. 北京：北京大学出版社，2015：401.

### 4. 中华优秀传统文化教育与中华优秀传统经典教育

（1）中华优秀传统文化教育

中华优秀传统文化教育，是指各级各类学校及校外机构开展的关于中华优秀传统文化或国学的教育。教育部于2014年印发的《完善中华优秀传统文化教育指导纲要》提出：“加强中华优秀传统文化教育，是深化中国特色社会主义教育和中国梦宣传教育的重要组成部分。”“加强中华优秀传统文化教育，是构建中华优秀传统文化传承体系，推动文化传承创新的重要途径。”“加强中华优秀传统文化教育，是培育和践行社会主义核心价值观，落实立德树人根本任务的重要基础。”[①] 中共中央办公厅、国务院办公厅于2017年5月印发的《国家“十三五”时期文化发展改革规划纲要》在“传承弘扬中华优秀传统文化”部分提出“完善中华优秀传统文化教育，加强中华文化基因校园传承”[②]。所以，高校开展中华优秀传统文化教育，对于赓续中华民族的文化传统、筑牢文化自信的根基、维护国家文化安全、增强国家文化软实力、培养具有中国精神的时代新人都具有非常重要的意义。

（2）中华优秀传统经典教育

中华优秀传统经典教育，又称国学经典教育，是指通过对学生开展中华优秀传统经典方面的教育，从而提高其文化素养、陶冶其情操、净化其心灵的教育方式。中华优秀传统经典是指包含着中华民族智慧结晶和中华传统文化思想精髓的典籍著作，主要包括经、史、子、集四个方面的内容。中华经典是价值观念和民族精神的核心载体，是“传道”之“重器”。因此，通过经典教育来了解中华优秀传统文化这棵“生命之树”，是增强文化自信、传承中国精神、孕育中国气质的不二法门。高校作为思想的诞生地、学术的象牙塔、文化的传承地，应该成为开展中华优秀传统文化教育的“领头雁”，成为领读和研究中华经典的高地，为大学生打开一扇通往文化自知、自觉和

---

① 完善中华优秀传统文化教育指导纲要 [N]. 中国教育报，2014-04-02.

② 中共中央办公厅 国务院办公厅 . 国家“十三五”时期文化发展改革规划纲要 [EB/OL].[2017-5-7].http://www.xinhuanet.com/politics/2017-05/07/c_1120931794_3.htm.

自信的大门。

## 二、大学生文化自信的核心概念界定

大学生是国家的未来、民族的希望，是中华民族群体中最具有活力和创造力的群体，是文化自觉、文化自信与文化自强的最重要的主体。

### （一）大学生文化自觉

文化自觉是文化自信、文化自强的逻辑前提。大学生是国家的未来、民族的希望，是中华民族群体中最具有活力和创造力的群体，就像“八九点钟的太阳”。所以，大学生作为中华文化的主体之一，应该具备“文化自觉”。大学生文化自觉，是指大学生在文化维度上的自我觉知，即对中华文化有自知之明，能够正确处理中华文化与外来文化、当代文化与传统文化的关系，具有对中华文化转型的自主能力和推动中华文化创造性转化与创新性发展的能力。

### （二）大学生文化自信

文化自信是文化自觉的进一步深化。大学生文化自信，是指作为文化主体的大学生在文化自觉的基础上对中华文化感到自信和自豪的心理状态，对中华文化价值的充分肯定和对中华文化生命力的坚定信念。文化自信具有五个维度，其核心是价值观自信。所以，大学生文化自信的核心是对社会主义核心价值观的自信，对新时代践行和弘扬富强、民主、文明、和谐、自由、平等、公正、法治、爱国、敬业、诚信、友善的坚定信念。

### （三）大学生文化自强

文化自强是文化自觉、文化自信的逻辑旨归和最终目的。大学生文化自强，是指大学生能够立足中国传统和现实国情，在未来的文化发展中依靠自己的力量、坚持自己的特色，走中国特色社会主义文化发展道路，建设面向现代化、面向世界、面向未来，民族的、科学的、大众的社会主义先进文化，最终把我国建设成一个中国特色社会主义文化强国。

在新时代，树立文化自觉、坚定文化自信、实现文化自强对于当代大学生来说具有非常重要的意义。我们要从战略全局来深刻认识文化自觉、文化自信和文化自强的重大意义，为实现中华民族伟大复兴中国梦注入强大的文化动力。

## 三、文化自信与中华优秀传统文化的关系

中国自古以来就以文化立国、以王道安定天下，而非依靠武力、霸道来统治天下。中国对世界的影响也主要依靠中华文化的软实力和亲和力。因此，对于中华民族来说，文化自信不是一个简单的文化口号，而是具有丰富的历史内涵，它“首先来自我们有一份独特而丰厚的文化传统”[①]。文化自信与中华优秀传统文化之间有着密切的关系。

### 1. 中华优秀传统文化是文化自信的历史源泉和深厚根基，为中国人民和中华民族坚定文化自信增添了强大动力

中华优秀传统文化是文化自信的历史源泉，其“观乎人文，以化成天下”的崇德尚文传统铸就了中华民族博采众长的文化自信。在历史上很长的时间内，“中华民族是一个有着无比文化自信的民族。文化是立国之本，古代圣贤重视的是文化的高明，是仁政，是弘扬人的善性从而靠拢与把握天道的天人合一”。[②]

中华优秀传统文化是文化自信的深厚根基，中华民族有着源远流长的文明历史，为人类文明进步作出了不可磨灭的贡献。在五千多年的历史发展中，中华民族创造了辉煌灿烂的中华文明和博大精深的中华文化。中共中央办公厅、国务院办公厅印发的《关于实施中华优秀传统文化传承发展工程的意见》也指出：“中华文化独一无二的理念、智慧、气度、神韵，增添了中国人民和中华民族内心深处的自信和自豪。”[③] 所以，我们文化自信的根基

---

① 王蒙 . 王蒙谈文化自信 [M]. 北京：人民出版社，2017：33.

② 王蒙 . 王蒙谈文化自信 [M]. 北京：人民出版社，2017：33.

③ 中共中央办公厅、国务院办公厅 . 关于实施中华优秀传统文化传承发展工程的意见 [EB/OL].[2017-1-25]. http://www.rmzxb.com.cn/c/2017-01-25/1309605.shtml.

"正是我国五千年的中华优秀传统文化"①。在当今时代，坚定文化自信、建设社会主义文化强国、提高国家文化软实力对于全面建成社会主义现代化强国、实现中华民族伟大复兴的中国梦都具有举足轻重的地位。

2. 文化自信为摆脱近代以来的文化自卑心理、化解近代以来的文化危机、吹响推动中华民族伟大复兴的精神号角增添了坚定信念

中国是四大文明古国之一，有着悠久的历史和灿烂的文明。明朝中叶以前，中国是世界上经济、政治、文化、教育等最发达的国家，"有素称发达的农业和手工业，有许多伟大思想家、科学家、发明家、政治家、军事家、文学家和艺术家，有丰富的文化典籍"②。中华文明对周边国家和世界产生了巨大的影响，中国的造纸术、火药、印刷术、指南针、天文历法、哲学思想、民本理念等在世界上影响深远，有力推动了人类文明发展进程。中华文明的辉煌随着近代中国的衰落而陷入了停滞，面临着国家蒙辱、人民蒙难、文明蒙尘的重重危机，中华民族遭受了前所未有的劫难。在新文化运动中，许多学者和知识分子在引进西方文化、提倡"德先生"（democracy，即民主）和"赛先生"（science，即科学）的同时对中华传统文化采取激烈的批判态度。例如，"胡适等一些人提出来'打倒孔家店'，吴稚晖提出来'把线装书扔到茅厕里去'……钱玄同提出来'废除中文'"③。

中国共产党诞生后，坚持马克思主义的立场、观点和方法，在推动马克思主义中国化的进程中把马克思主义基本原理同中国具体实际相结合，同中华优秀传统文化相结合，承担起继承和弘扬中华优秀传统文化的光荣使命，推动了中华优秀传统文化的创造性转化、创新性发展，铸造了中华文化新辉煌。

踏上实现第二个百年奋斗目标的新征程，实现中华民族伟大复兴的中国梦，不仅要在硬实力方面把我国建成经济强国、工业强国、科技强国和军事

① 李环宇．讲好历史故事 坚定文化自信[N]. 中国社会科学报，2020-7-20.

② 毛泽东选集（第二卷）[M]. 北京：人民出版社，1991：622.

③ 王蒙．王蒙谈文化自信[M]. 北京：人民出版社，2017：52.

强国，而且要在软实力方面把我国建成教育强国、人才强国和文化强国，要能够“在文化领域与西方发达国家平等对话，把中国自己的事情，用中国话语叙述出来，向世界传播”[①]。因此，文化自信是一个时代性极强的命题。它“既是基于我们民族苦难和奋斗史的文化自觉与自豪，又是我们民族寻找自身伟大复兴之路的文化史的历史展示”[②]。它既“是反对‘西方文化中心论’，反对由于清中后期列强入侵、中国落后于西方所产生的民族自卑和文化自卑，又是吹响推动中华民族复兴的精神号角”[③]。

## 第二节　中华优秀传统文化教育与大学生文化自信的研究现状述评

中华民族是“文化根基深厚的民族”[④]，在历史上创造了辉煌灿烂的中华文化。中华民族博大精深的文化传统，使中华民族形成了坚强、持久的凝聚力。作为中华文化精华的中华优秀传统文化是中华民族生生不息的文化基因，深深地镌刻在每一位中国人的内心深处；是中华民族伟大复兴的文化根基，牢牢地支撑着全面建成社会主义现代化强国的第二个百年奋斗目标和中国梦的实现；是铸牢中华民族共同体意识、构筑中华民族共有精神家园的精神纽带，为增强中华民族的认同感、自豪感和凝聚力提供了精神动力；是高校坚持立德树人、培养时代新人的文化资源，为高校加强中华优秀传统文化教育、履行好文化传承创新的重要使命提供了文化自信的力量。

对当前我国高校中华优秀传统文化教育与大学生文化自信培育的研究现

---

① 李环宇．讲好历史故事 坚定文化自信 [N]. 中国社会科学报，2020-7-20.
② 陈先达．文化自信中的传统与当代 [M]. 北京：北京师范大学出版社，2017：111.
③ 陈先达．文化自信中的传统与当代 [M]. 北京：北京师范大学出版社，2017：113
④ 任继愈．任继愈文集（第 3 册）[M]. 北京：国家图书馆出版社，2014：416.

状进行深入研究和详细考察，是加强中华优秀传统文化教育、构建增强大学生文化自信的体系机制的前提。

## 一、中华优秀传统文化与文化自觉、文化自信关系的研究现状述评

国内关于中华优秀传统文化与文化自觉、文化自信关系的研究现状，主要集中在以下两个方面。

一是关于文化自觉、文化自信内涵及作用的研究。文化自觉是文化自信的前提。新中国成立后，费孝通最早提出“文化自觉”概念，“用来指生活在一定文化中的人对其文化有自知之明，目的是增强其对文化转型的自主能力”①。邹广文等认为，“文化自觉是人在文化维度上的自我觉知”②。

文化自信是文化自觉的深化。张克兵认为，“文化自信，是文化主体对自身文化的高度认同和自觉践行，是基于心理优越性和行为坚定性的文化表现”③。李鹏程认为，“文化自信是一个国家、一个民族、一个政党对自身文化价值的充分肯定，对自身文化生命力的坚定信念，是一种基于理性认识上的精神成熟度的表现”④。刘水静认为，“文化自信是指一国民众对其国家主流文化的充分肯定、积极认同和倾心归依。对于我们维护文化安全、促进民族认同、发展文化交流、坚定道路自信、实现文化自强等均具有极其重要的战略意义”⑤。沈壮海分析了构成文化自信的五个维度，指出“文化自信的核心是价值观自信”⑥。陈曙光等认为，“文化自信是国家文化软实力的核心，关乎中华民族的精神家园和当代中国的文化主权”⑦。

二是关于中华优秀传统文化与文化自觉、文化自信关系的研究。中华优

---

① 费孝通 . 反思 · 对话 · 文化自觉 [J]. 北京大学学报（哲学社会科学版），1997（03）：9.
② 邹广文，金迪 . 论文化自觉与人的自觉 [J]. 理论视野，2015（01）：66–68.
③ 张克兵 . 习近平关于当代中国文化自信力量源泉的三维审视 [J]. 湖湘论坛，2017，30（01）：19–23.
④ 李鹏程 . 在文化自信中自觉自强 [N]. 中国艺术报，2016–07–26.
⑤ 刘水静 . 当代中国文化自信建设的战略意蕴 [J]. 教学与研究，2016（11）：20–26.
⑥ 沈壮海 . 文化自信之核是价值观自信 [J]. 求是，2014（18）：41–42.
⑦ 陈曙光，杨洁 . 论文化自信 [J]. 文化软实力研究，2016（03）:19–26.

秀传统文化与文化自觉之间具有密切联系。楼宇烈认为，文化自觉与中华优秀传统文化之间的联系体现为："文化自觉就是要把我们的文化根植到传统中去。现代中国如没有传统文化的传承，没有文化的主体意识，我们就会被其他国家的文化所同化。"①

中华优秀传统文化与文化自信之间亦具有密切联系。王伟光认为，"中华优秀传统文化是我们文化自信的重要来源"②。林志友认为，"中华优秀传统文化是文化自信的历史根源"③。中共中央办公厅、国务院办公厅《关于实施中华优秀传统文化传承发展工程的意见》指出，"中华文化增添了中国人民和中华民族内心深处的自信"④。王蒙认为，"我们所说的文化自信就包括了对传统文化中的积极的、优秀方面的自信"⑤。

国外关于中华优秀传统文化及其与文化自觉、文化自信关系的研究现状，主要集中在以下三个方面。

一是关于"文化软实力"的研究：美国学者约瑟夫·奈最早提出"软实力"概念，用来指一个国家"硬实力"之外的"文化、制度、价值观的吸引力"，以及"在国际事务中制定规则和决定议题的能力"。⑥

二是关于"文化中国"的研究：海外新儒家杜维明提出"文化中国"概念，认为"文化中国"是"如何从文化的角度……来看中国或中华民族"⑦，"文化中国"这个概念"不仅指大陆，还包括港澳台地区、新加坡，乃至散布在世界各地的华人群体"，这是因为"我们的文脉是一样的，那就是认同儒家文化"⑧。"文化中国"概念的提出，是"为了突出价值理念，强调人文反

---

① 楼宇烈．中国文化的根本精神 [M]. 北京：中华书局，2016：5–6.

② 王伟光．坚定文化自信 传承和弘扬中华优秀传统文化 [J]. 求是，2016（24）:31–34.

③ 林志友．坚定中国文化自信的根源 [J]. 科学社会主义，2016（05）：17–23.

④ 中共中央办公厅 国务院办公厅．关于实施中华优秀传统文化传承发展工程的意见 [N]. 新华每日电讯，2017–01–25.

⑤ 王蒙．王蒙谈文化自信 [M]. 北京：人民出版社，2017：58.

⑥ [ 美 ] 约瑟夫·奈．软实力 [M]. 马娟娟，译．北京：中信出版社，2013：10–11.

⑦ 杜维明．文明对话中的儒家：21 世纪访谈 [M]. 北京：北京大学出版社，2016：262.

⑧ 杜维明．文明对话中的儒家：21 世纪访谈 [M]. 北京：北京大学出版社，2016：262–263.

思，使得中国也成为超越特定的族群、地域和语言含意的想象社群”[①]。

三是关于传统文化如何转化的研究：美籍华裔学者林毓生提出“创造的转化”概念，指“把一些中国文化传统中的符号与价值加以改造，使经过创造性转化的符号与价值系统，变成有利于变迁的种子，同时在变迁过程中，继续保持文化的认同”[②]。

## 二、中华优秀传统文化教育与大学生文化自信培育的研究现状述评

国内外关于中华优秀传统文化教育与大学生文化自信培育的研究现状，主要体现在以下几个方面。

1. 关于加强中华优秀传统文化教育的研究

张东刚认为，“加强大中小学生中华优秀传统文化教育，对于推进社会主义核心价值观建设具有基础性作用”[③]。迟成勇等认为，“优秀传统文化对大学生思想政治教育有着积极影响，有利于提升大学生思想道德境界”[④]。陈先达认为，“中华优秀传统文化教育的根本目的是引导中国人民树立正确的历史观、民族观、文化观”[⑤]。杨瑞森认为，“需要对中华优秀传统文化教育作出科学的顶层设计和制度安排”[⑥]。

教育部党组于2016年8月印发的《中共教育部党组关于教育系统深入开展爱国主义教育的实施意见》提出“完善中华优秀传统文化教育”的相关内容，主要包括：一是“深入落实《完善中华优秀传统文化教育指导纲要》，把中华优秀传统文化教育系统融入课程和教材体系”；二是“开展中华经典资源库建设，制定中华诗词新韵规范，开发完善经典诵读、书写、讲解专门课

① 杜维明．文明对话中的儒家：21世纪访谈[M].北京：北京大学出版社，2016：263.

② 林毓生．中国传统的创造性转化[M].北京：生活·读书·新知三联书店，1988：291.

③ 张东刚．完善青少年优秀传统文化教育[N].人民日报，2014-04-11.

④ 迟成勇，吴锦旗．论中国传统文化与大学生思想政治教育[J].北京青年政治学院学报，2008（03）：62-68.

⑤ 陈先达．马克思主义与中国传统文化[N].光明日报，2015-07-03.

⑥ 杨瑞森．弘扬中华优秀传统文化四题——学习习近平同志关于弘扬中华优秀传统文化重要论述的几点体会[J].思想理论教育导刊，2014（12）：47-53+136.

程”；三是“开展中华经典诵写讲行动，组织好中国汉字听写大会、中国成语大会、中国诗词大会、书法名家进校园、全国中小学书法教师培训等活动，开展‘礼敬中华优秀传统文化’‘少年传承中华美德’系列教育活动”；四是“开展职业院校民族文化传承与创新示范专业点建设，建立完善非物质文化遗产传承人‘双向进入’机制”；五是“开展中华优秀传统文化艺术传承学校与基地建设”；六是“大力推广和规范使用国家通用语言文字”；七是“完善关于加强高校校园文化建设的意见和办法”。① 中共中央办公厅、国务院办公厅于 2017 年 5 月印发的《国家“十三五”时期文化发展改革规划纲要》提出，“完善中华优秀传统文化教育，加强中华文化基因校园传承”②。教育部于 2018 年 5 月发布的《关于开展中华优秀传统文化传承基地建设的通知》指出，“深入推进中华优秀传统文化全方位融入高校教育，不断创新新时代高校传承中华优秀传统文化的理念、形式与方法”“决定在全国普通高校开展中华优秀传统文化传承基地建设”③。基地建设内容包括课程建设、社团建设、工作坊建设、科学研究、辐射带动、展示交流六个方面。基地建设目标是“计划到 2020 年在全国范围内建设 100 个左右中华优秀传统文化传承基地，探索构建具有高校特色和特点的中华优秀传统文化传承发展体系”④。

2. 关于大学生文化自信的研究

刘静、李桂山认为，“大学生文化自信包括文化自我认知意识、多元文化意识、文化忧患意识、跨文化交流体验、文化传承和文化创新六个要素”⑤。张志娟、秦东方提出了“开展理想信念教育、通识教育、传统文化教

---

① 中共教育部党组 . 中共教育部党组关于教育系统深入开展爱国主义教育的实施意见 [EB/OL].（2016-1-19）[2016-1-26].http://www.moe.gov.cn/srcsite/A13/s7061/201601/t20160129_229131.html.

② 中共中央办公厅 国务院办公厅 . 国家“十三五”时期文化发展改革规划纲要 [EB/OL].（2017-5-7）[2017-5-7].http://www.xinhuanet.com/politics/2017-05/07/c_1120931794_3.htm.

③ 教育部 . 教育部关于开展中华优秀传统文化传承基地建设的通知 [EB/OL].（2018-5-10）[2018-5-14].http://www.moe.gov.cn/srcsite/A17/moe_794/moe_628/201805/t20180523_336874.html.

④ 教育部 . 教育部关于开展中华优秀传统文化传承基地建设的通知 [EB/OL].（2018-5-10）[2018-5-14].http://www.moe.gov.cn/srcsite/A17/moe_794/moe_628/201805/t20180523_336874.html.

⑤ 刘静，李桂山 . 多元文化视野下的大学生文化自信研究 [J]. 教育理论与实践，2013，33（06）：12-13.

育、自我教育等培育大学生文化自觉与文化自信的实现路径”[①]。黄佳丽、杨文烨认为，当前我国大学生文化自信欠缺的主要成因是“西方文化的强势渗透、当代文化自信教育乏力、网络新媒体负面信息的冲击、大学生自身教育动力不足”[②]。张晶、田秋实从“重视思想政治课堂教育、实现思政教育广覆盖、丰富‘第二课堂’内容以及搭建网络教育平台等方面”提出了大学生文化自信提升办法。[③]钟天娥认为，“大学生文化自信的培育是思想政治教育的重要内容。新时代思想政治教育应不断强化传统文化与革命文化教育”[④]。

#### 3. 关于加强中华优秀传统文化教育与增强大学生文化自信关系的研究

教育部《完善中华优秀传统文化教育指导纲要》指出，“加强中华优秀传统文化教育，对于引导青少年学生增强民族文化自信和价值观自信，自觉践行社会主义核心价值观具有重要作用”[⑤]。熊晓梅认为，“文化自觉和文化自信来源于本民族文化，即中华民族五千多年的传统文化，中华人民共和国成立以来的马克思主义文化和改革开放以来的新思想新风尚”[⑥]。胡晓轩认为，“继承和弘扬传统文化是培育大学生文化自信的基石”[⑦]。

## 三、国内外关于加强中华优秀传统文化教育与增强大学生文化自信研究的不足之处

关于加强中华优秀传统文化教育与增强大学生文化自信的研究和探索，国内外学术界取得了一定的成果，但还存在一些不足之处。

---

① 张志娟，秦东方 . 大学生文化自觉与文化自信培育途径研究 [J]. 思想政治教育研究，2013，29（06）：126–130.

② 黄佳丽，杨文烨 . 新时代大学生文化自信的现状及其培育理路——基于对京津冀高校大学生的调研数据分析 [J]. 现代交际，2019（22）：21–22.

③ 张晶，田秋实 . 新时代理工科高校大学生文化自信现状及培育——基于安徽省理工类高校的调查 [J]. 安徽理工大学学报（社会科学版），2019，21（06）：97–100.

④ 钟天娥 . 新时代大学生文化自信培育探析 [J]. 高教论坛，2021（07）：4.

⑤ 教育部 . 完善中华优秀传统文化教育指导纲要 [N]. 中国教育报，2014–04–02.

⑥ 熊晓梅 . 文化自觉自信：高校思想政治教育的新向度 [J]. 中国高等教育，2012（18）：27–28.

⑦ 胡晓轩 . 培育当代大学生文化自信的途径探赜 [J]. 学校党建与思想教育，2014（16）：77–78.

一是对中华优秀传统文化教育重要性的认识有待进一步提高，未能充分认识到加强中华优秀传统文化教育对于增强大学生文化自觉自信的重要意义。

二是主要侧重研究国家、民族、政党层面的文化自信，较少关注大学生的文化自信问题。而大学生文化自信的培育，事关中国特色社会主义事业建设者和接班人的培养，事关中国特色社会主义文化自信和中国梦的实现。所以，对“加强中华优秀传统文化教育与增强当代大学生文化自信的路径与机制”这一课题开展研究，就变得非常重要和必要。

# 第二章　高校中华优秀传统文化教育与大学生文化自信培育现状与存在问题

要了解我国高校中华优秀传统文化教育与大学生文化自信的现状，就需要选取不同类型的高校开展深入调研，进一步摸清当前我国高校中华优秀传统文化教育与大学生文化自信培育的现状，研究当前我国高校中华优秀传统文化教育与大学生文化自信培育方面存在的主要问题，提出我国高校加强中华优秀传统文化教育、增强大学生文化自信的方法路径。

## 第一节　我国高校中华优秀传统文化教育现状与存在问题

### 一、我国高校中华优秀传统文化教育的现状

为了充分了解我国高校中华优秀传统文化教育的现状，本课题组制作了调研问卷，在国内高校进行了网络问卷调研，发出问卷 350 份，收到有效问卷 348 份。应用 SPSS 软件进行了统计分析，课题组得出了以下结论。

### 1. 调研高校统计及分布情况

本次调研共涉及我国国内高校 136 所，分布在全国 26 个省（自治区、直辖市），具体分布如表 2–1。

**表 2–1　调研高校统计及分布情况**

| 序号 | 省（自治区、直辖市） | 高校名称 | 高校数量（所） |
|---|---|---|---|
| 1 | 北京 | 清华大学、北京大学、中国人民大学、北京理工大学、北京师范大学、北京邮电大学、北京科技大学、北京交通大学、北京航空航天大学、中国政法大学、中国社会科学院大学、中国科学院大学、中国地质大学（北京）、北京建筑大学、首都经济贸易大学、北京工商大学、北京第二外国语学院、北京服装学院、北京信息科技大学、北京农学院、北京联合大学、北京城市学院、北方工业大学、北京卫生职业学院、北京中医药大学东方学院、首都师范大学科德学院 | 26 |
| 2 | 河北 | 河北大学、河北师范大学、河北经贸大学、河北工业大学、河北农业大学、河北科技大学、河北科技师范学院、华北科技学院、沧州师范学院、保定学院、河北水利电力学院、华北理工大学、河北北方学院、秦皇岛职业技术学院、承德医学院、河北工业职业技术学院、唐山学院、石家庄铁道大学四方学院、北华航天工业学院 | 19 |
| 3 | 天津 | 天津医科大学、天津科技大学、南开大学滨海学院、天津商务职业学院 | 4 |
| 4 | 山西 | 山西大学、山西师范大学、山西大同大学、运城学院、长治学院、中北大学、太原工业学院、山西农业大学信息学院、太原学院 | 9 |
| 5 | 内蒙古 | 内蒙古大学、内蒙古农业大学 | 2 |
| 6 | 辽宁 | 辽宁大学、东北师范大学、沈阳航空航天大学、沈阳师范大学、辽宁警察学院、沈阳化工大学、沈阳城市建设学院、辽宁师范大学海华学院、辽东学院 | 9 |
| 7 | 吉林 | 吉林农业科技学院、北华大学 | 2 |
| 8 | 山东 | 中国海洋大学、山东大学、山东体育学院、山东女子学院、山东政法学院、山东英才学院、山东科技大学、曲阜师范大学、临沂大学、德州学院、菏泽学院、青岛科技大学、青岛理工大学临沂校区、潍坊医学院、滨州学院 | 15 |
| 9 | 河南 | 河南师范大学、郑州大学、南阳师范学院、商丘师范学院、郑州升达经贸管理学院、新乡医学院 | 6 |
| 10 | 安徽 | 阜阳师范大学 | 1 |
| 11 | 江苏 | 南京理工大学、南京师范大学、江苏科技大学、江南大学、苏州大学、河海大学、南京邮电大学通达学院、南京工业大学 | 8 |
| 12 | 上海 | 华东师范大学、上海交通大学、东华大学 | 3 |
| 13 | 浙江 | 浙江理工大学 | 1 |

续表

| 序号 | 省（自治区、直辖市） | 高校名称 | 高校数量（所） |
|---|---|---|---|
| 14 | 湖北 | 湖北大学、中南财经政法大学 | 2 |
| 15 | 湖南 | 湖南师范大学、湖南工商大学、湖南工业大学 | 3 |
| 16 | 广东 | 中山大学、广州大学、广东工业大学、中山大学新华学院、华南农业大学珠江学院 | 5 |
| 17 | 海南 | 海南大学、海南师范大学 | 2 |
| 18 | 江西 | 南昌大学 | 1 |
| 19 | 福建 | 福建农林大学 | 1 |
| 20 | 四川 | 内江师范学院、西南交通大学、西南财经大学、成都大学 | 4 |
| 21 | 重庆 | 西南政法大学、西南大学 | 2 |
| 22 | 云南 | 云南大学、云南师范大学 | 2 |
| 23 | 贵州 | 贵州大学、贵州大学科技学院、贵州民族大学 | 3 |
| 24 | 广西 | 桂林理工大学、桂林电子科技大学 | 2 |
| 25 | 陕西 | 陕西师范大学、西安外国语大学、西安明德理工学院 | 3 |
| 26 | 新疆 | 塔里木大学 | 1 |
| 合计 | | | 136 |

### 2. 调研结果分析

通过对本次调研结果的分析，可以得出我国高校中华优秀传统文化教育的现状。

第一，对文化重要作用的认识，统计样本中 94% 的大学生非常赞同“文化是一个国家的软实力，对于实现中华民族伟大复兴中国梦具有重要意义”的观点，6% 的大学生比较赞同上述观点（见图 2–1）。这表明，我国大学生高度认同文化在当今时代的重要作用。

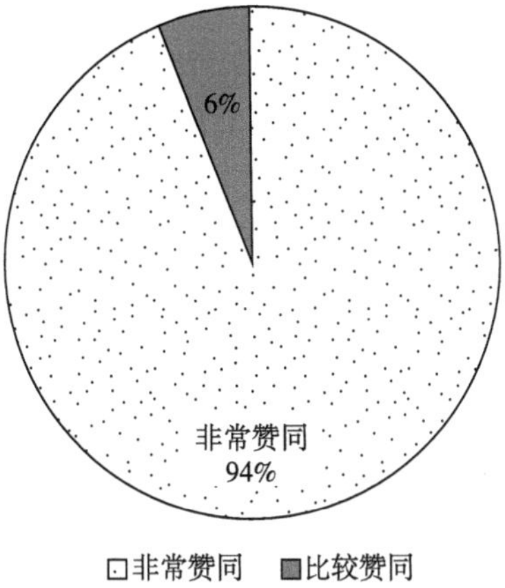


**图 2-1 大学生对“文化是一个国家的软实力，对于实现中华民族伟大复兴中国梦具有重要意义”观点的赞同程度**

第二，关于中华优秀传统文化的价值和作用，统计样本中 91.1% 的大学生非常赞同“中华优秀传统文化是中华民族独特的精神标识，是中国特色社会主义植根的文化沃土，对于延续和发展中华文明、促进人类进步发挥着重要作用”的观点，8.9% 的大学生比较赞同上述观点（见图 2-2）。这表明我国大学生高度认同中华优秀传统文化与其重要作用。

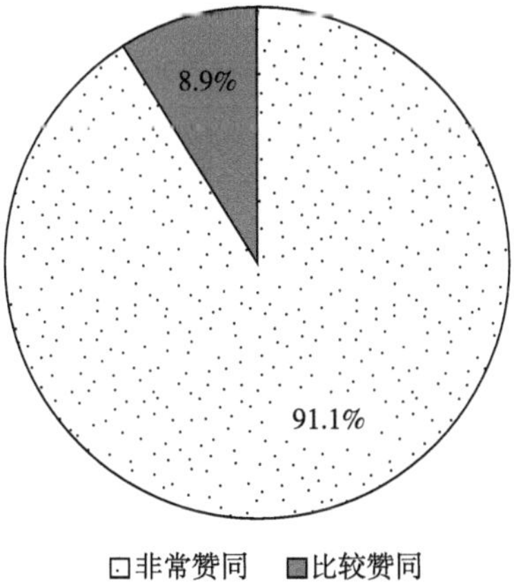


**图 2-2 大学生对“中华优秀传统文化是中华民族独特的精神标识，是中国特色社会主义植根的文化沃土，对于延续和发展中华文明、促进人类进步发挥着重要作用”观点的赞同程度**

第三，统计样本中对中华优秀传统文化的了解程度，非常了解的大学生占 18.7%，有一定了解的大学生占 67.8%，了解得较少的同学占 13.5%（见图 2-3）。

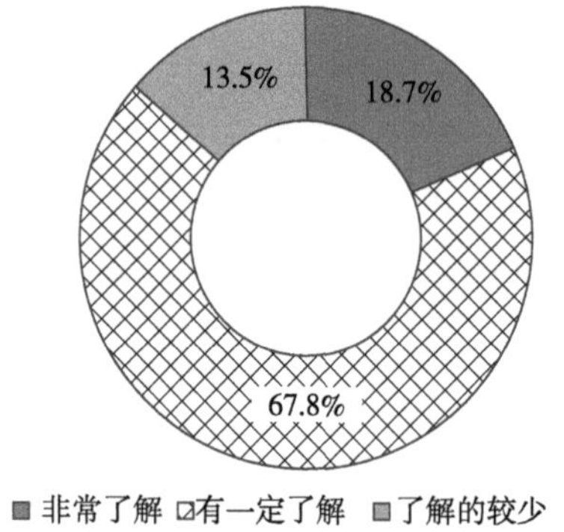


**图 2–3　大学生对中华优秀传统文化的了解程度**

第四，兴趣是最好的老师，是开展中华优秀传统文化教育的前提条件。统计样本中 51.4% 的大学生对中华优秀传统文化非常感兴趣，46% 的大学生对中华优秀传统文化有些感兴趣，2.6% 的大学生对中华优秀传统文化不太感兴趣（见图 2–4）。这表明统计样本中 97.4% 的大学生对中华优秀传统文化感兴趣，高校开展中华优秀传统文化教育具有良好的基础。

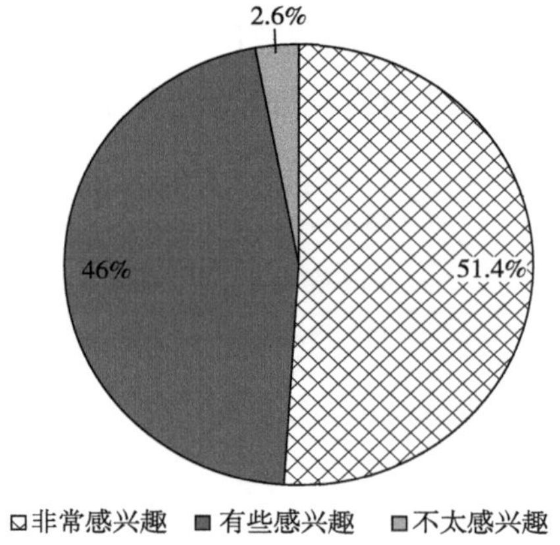


**图 2–4　大学生对中华优秀传统文化的兴趣**

第五，关于中华优秀传统文化的现代意义，统计样本中 97.7% 的大学生认为中华优秀传统文化在今天仍有积极意义，值得学习；0.9% 的大学生认为中华优秀传统文化在今天已经过时，不值得学习；1.4% 的大学生不清楚这一问题（见图 2–5）。这表明，我国绝大多数大学生对中华优秀传统文化的评价是正面的，统计样本中 97.7% 的学生认可中华优秀传统文化在现代社会的价值和意义。

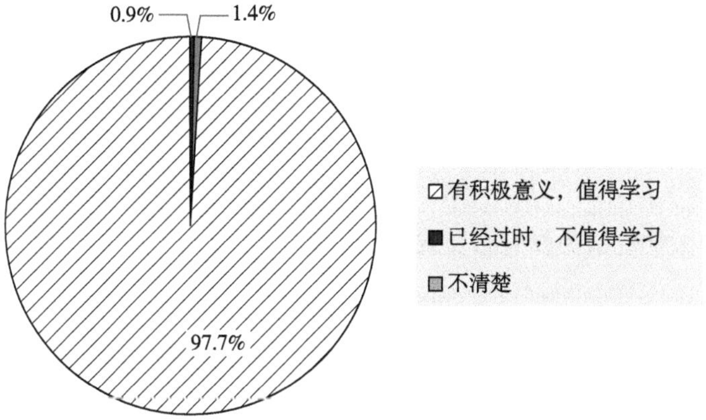


**图 2-5　大学生对于中华优秀传统文化现代意义的认识**

第六，对中华优秀传统文化不同内容的关注，统计样本中关注“经、史、子、集等国学经典”的大学生占 46.8%，关注“中华诗词歌赋”的大学生占 74.1%，关注“琴棋书画、戏剧等传统艺术”的大学生占 59.8%，关注“传统技艺与非物质文化遗产”的大学生占 67.2%，关注“民俗与传统节日”的大学生占 77%（见图 2-6）。这表明，统计样本中大学生最为关注“民俗与传统节日”，其次为“中华诗词歌赋”“传统技艺与非物质文化遗产”“琴棋书画、戏剧等传统艺术”，关注度最低的是“经、史、子、集等国学经典”。

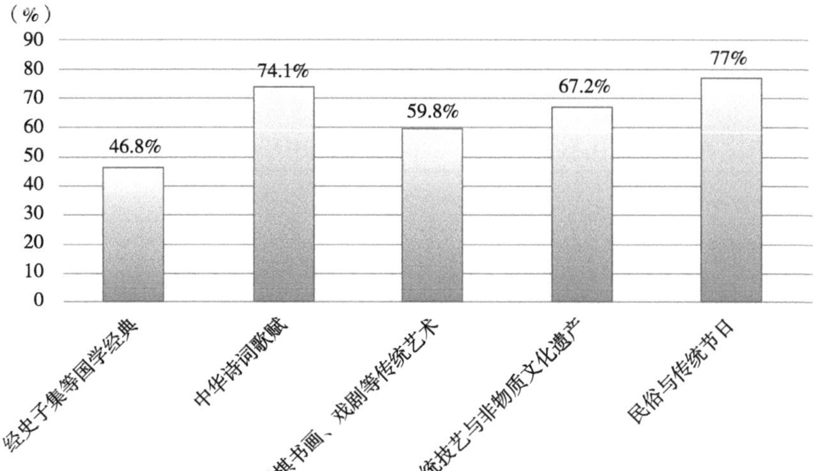


**图 2-6　大学生平时关注的中华优秀传统文化**

第七，关于高校开展中华优秀传统文化教育的必要性，统计样本中73.3% 的大学生认为非常有必要，25% 的大学生认为有一定必要，0.9% 的大学生认为没有必要，0.9% 的大学生认为无所谓（见图 2–7）。这表明，统计样本中 98.3% 的大学生认为高校有开展中华优秀传统文化教育的必要性，只有 1.8% 的大学生认为没有必要或者无所谓。

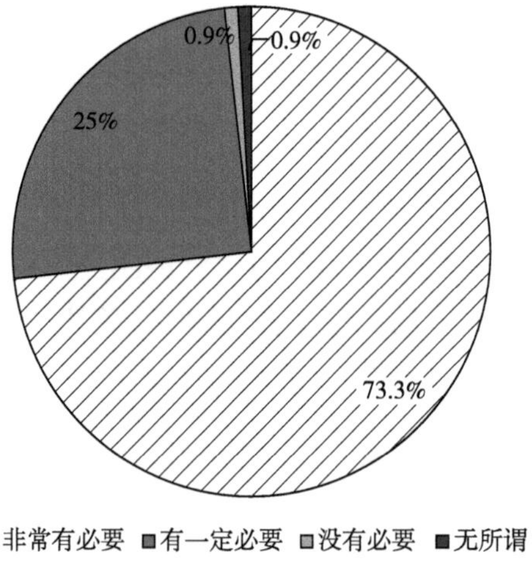


**图 2–7　大学生对高校开展中华优秀传统文化教育必要性的认识**

第八，关于高校开设中华优秀传统文化教育方面的相关课程的情况，统计样本中 75% 的高校开设了中华优秀传统文化教育方面的相关课程，25% 的高校依然没有开设中华优秀传统文化教育的相关课程（见图 2–8）。这表明，高校在中华优秀传统文化教育课程建设方面需要继续努力，争取开设更多更好的中华优秀传统文化教育课程，为高校实施中华优秀传统文化教育搭建好主渠道。

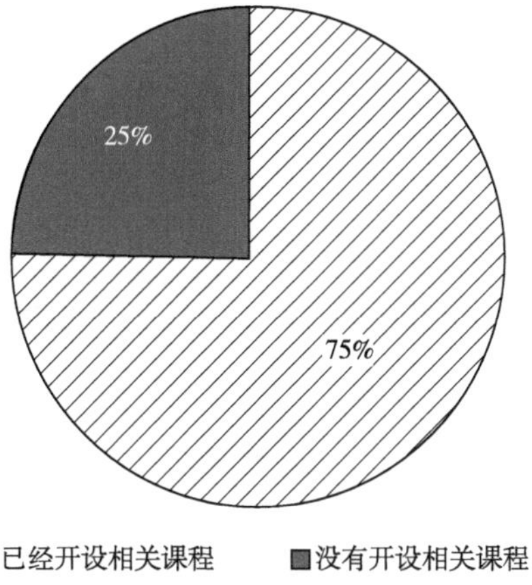


**图 2-8　我国高校开设中华优秀传统文化教育课程的情况**

第九，关于高校开设中华优秀传统文化教育课程的性质，统计样本中必修课占 26.7%，选修课占 46%，通识教育课占 27.3%（见图 2-9）。这表明，选修课仍然是高校开设中华优秀传统文化教育课程的主要路径，通识教育课和必修课则是次要渠道，高校需要进行课程改革，把中华优秀传统文化教育课程更多地纳入面向全体学生的通识教育核心课或人文素质教育必修课。

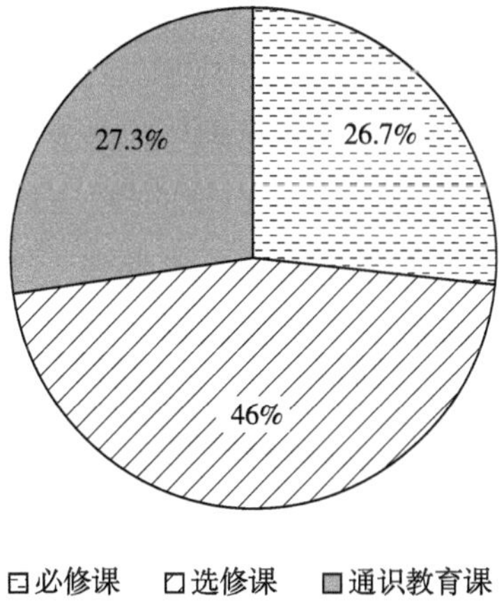


**图 2-9　我国高校开设中华优秀传统文化教育课程的性质**

第十，关于高校组织的中华优秀传统文化学习宣传活动，统计样本中选择“不论什么时候，只要有空都会参加”的大学生占 36.2%，选择“如果是周末休息时间，可能参加”的大学生占 56.9%，选择“不会参加，但是支持这样的活动”的大学生占6.6%，选择“不参加，也不支持”的大学生占0.3%（见图2–10）。这表明，统计样本中93.1%的大学生愿意并积极参加高校组织的中华优秀传统文化学习宣传活动，0.3%的大学生不愿意，也不参加高校组织的中华优秀传统文化学习宣传活动，6.6%的大学生虽然支持所在高校组织的中华优秀传统文化学习宣传活动，但选择了观望态度，由于各种原因不会参加这样的活动。

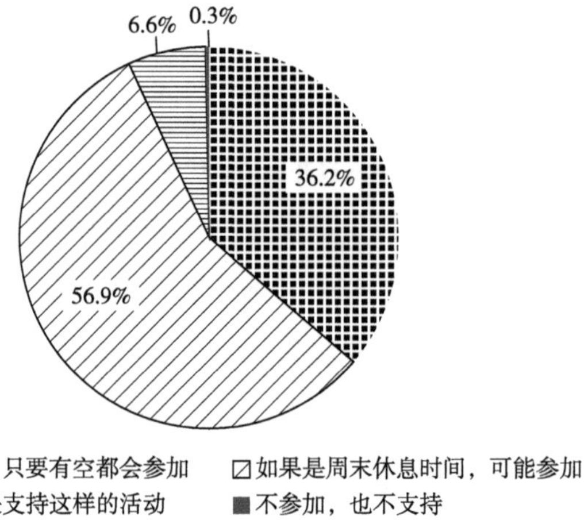


**图2–10　大学生是否会参加高校组织的中华优秀传统文化学习宣传活动**

第十一，关于高校开设中华优秀传统文化教育课程的具体名称，从大类区分有哲学类课程、文学类课程、历史类课程、政治类课程、艺术类课程、文化类课程、传统技艺与非物质文化遗产类课程、体育类课程，以及地域历史文化类课程，具体情况如表2–2所示。

**表2–2　我国高校开设中华优秀传统文化教育课程的具体名称**

| 课程大类 | 课程小类 | 课程名称 |
|---|---|---|
| 哲学类 | 总论、通论或概论课 | 中国哲学；中国哲学史；中国哲学思想史；中国传统思想通论；国学经典导读；中国传统文献导读；中国传统经典文献综述；中国伦理思想史；中国伦理学名著研读 |
| | 儒家系列 | 儒家经典；儒家传统文化；儒家哲学专题；先秦儒学；《论语》导读；《论语》解读；孔子与儒家文化；孔子与《论语》；《孟子》导读；《周易》；哲学 |
| | 道家、道教系列 | 《老子》或《道德经》；《庄子》选读；老庄与人生智慧 |
| | 兵家系列 | 《孙子兵法》 |

续表

| 课程大类 | 课程小类 | 课程名称 |
|---|---|---|
| 文学类 | 总论、通论或概论课 | 大学语文；汉语言文学；文学鉴赏；古典文学；中国古代文学经典选读；中国古代文学史 |
| | 诗词系列 | 中华诗词；中华优秀诗词；中国古诗词鉴赏；中国诗词赏析；中华古典诗词赏析；传统诗词歌赋发展史；唐诗宋词赏析 |
| | 小说系列 | 中国古代小说鉴赏；明清小说；《红楼梦》解读 |
| | 语言文字系列 | 汉语言文字及其演变 |
| 历史类 | 总论、通论或概论课 | 中国文化史；中国历史鉴赏 |
| | 中国历史 | 国史纲要 |
| 政治类 | 总论、通论或概论课 | 中国政治思想 |
| 艺术类 | 总论、通论或概论课 | 中国传统艺术课；中华艺术鉴赏 |
| | 电影 | 电影赏析 |
| | 服饰 | 汉服 |
| | 戏剧 / 曲 | 中国戏曲鉴赏；京剧艺术鉴赏；川剧；河南坠子 |
| | 音乐 | 音乐作品鉴赏；陶笛；古琴 |
| | 美术 / 学 | 中华美学；中国传统书画鉴赏 |
| 文化类 | 总论、通论或概论课 | 中国传统文化课；中华文化传承；中华传统文化经典导读；中华古典文化鉴赏；中华传统经典文化赏析；中国传统文化经典选读；中国传统文化诵读；中国传统文化概论；中国传统文化精选；中国传统文化修养；中国优秀传统文化研究；中国传统礼仪文化；中华文化概论；中华文化研究；中国古代文化鉴赏；中华优秀传统文化教育 |
| | 水文化 | 水文化 |
| | 建筑文化 | 中国古建筑赏析；中国古建筑文化与鉴赏 |
| 传统技艺与非物质文化遗产类 | 总论、通论或概论课 | 中国传统艺术课；中华艺术鉴赏 |
| | 茶艺 | 中国茶文化；茶艺文化；茶艺课 |
| | 书法与篆刻 | 中国书法；中国篆刻 |
| | 剪纸 | 中国剪纸 |
| | 陶瓷技艺 | 中国陶瓷艺术鉴赏 |
| | 非物质文化遗产 | 中国非物质文化遗产 |
| | 文物 | 中国文物鉴赏 |
| 体育类 | 总论、通论或概论课 | —— |
| | 武术 | 中华武术 |
| | 太极 | 太极；太极扇；太极拳 |
| | 形意拳 | 形意拳 |
| 地域历史文化类 | —— | 南京文化与历史；扬州旅游文化鉴赏；沂蒙思想文化；走进西藏 |

第十二，关于希望高校开设中华优秀传统文化的相关课程的主题，统计样本中选择“中华传统文化经典选读”的大学生占49.7%，选择“诗词歌赋与文学经典学习”的大学生占64.4%，选择“琴棋书画、戏剧、篆刻等传统艺术”的大学生占64.4%，选择“非物质文化遗产、传统技艺与民俗文化”的大学生占64.9%，选择“太极拳、蹴鞠等中华武术与传统体育”的大学生占64.9%（见图2–11）。这表明，统计样本中大约2/3的大学生喜欢传统技艺、传统体育、传统艺术、诗词歌赋类课程，大约1/2的大学生喜欢中华传统文化经典选读类课程。

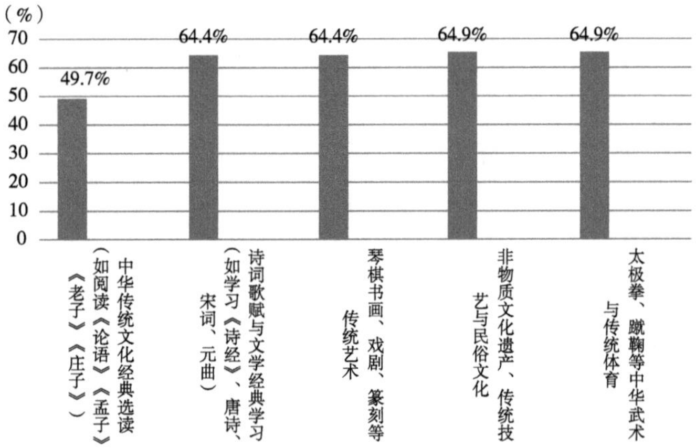


**图2–11　大学生希望高校开设中华优秀传统文化课程的主题**

第十三，大学生对高校开展好中华优秀传统文化教育的建议主要包括“课程建设”“切入点”“教材建设”“教育（学）内容”“教育（学）形式”“教学评价与考核”“实践教学活动”“宣传与传播”“现代转化与创新发展”“教育（学）原则”“经费支持与财务保障”“师资建设与投入力度”12个方面，如表2-3所示。

**表 2–3　我国大学生对高校开展好中华优秀传统文化教育的建议**

<table>
<tr><th>建议分类</th><th colspan="2">具体建议</th></tr>
<tr><td rowspan="3">课程建设</td><td>课程数量</td><td>希望每个学校都开设中华优秀传统文化教育课程，弘扬民族文化；继续加强，积极开设更多的中国优秀传统文化课程，大力加强中华优秀传统文化教育；大力推广中华优秀传统文化的学习，加强大学生对于中华优秀传统文化的掌握；多开设相关课程，多举办相关活动，让更多人了解、喜爱中华优秀传统文化；增添中华优秀传统文化教育科目；中华优秀传统文化教育课程应该成为每一位大学生的学习课程，以增强其对于本国文化的认同与自信；要扩大普及度，不要只针对专业学生</td></tr>
<tr><td>课程性质与种类</td><td>高校中华优秀传统文化课程的开设类型太窄，要拓宽课程类型，丰富课程种类；好课程都可以，不要为了开设而开设；多开设一些此类型的必修课；建议上升到必修的层次，将中华优秀传统文化的学习作为一门必修课，与高等数学一样受到重视；为更加重视中华优秀传统文化课程，建议将其改成必修课；可以通过选修课的形式，多设置一些相关的选修课程；加强选修课的宣传；开设大学语文课；设置单独的中华优秀传统文化课学分；注重国学经典研读课，不过分娱乐化；需要激发学生对中华优秀传统文化的兴趣，不只开设经典导读课程，更应该开设一些学习传统技艺等实践类课程</td></tr>
<tr><td>课程融入</td><td>可以将中华优秀传统文化融入思政课之中；建议全方面开展，融入每一门课程；将中华优秀传统文化的元素在专业课中有机体现出来，发掘专业课中的中华优秀传统文化因素</td></tr>
<tr><td>切入点</td><td colspan="2">从学生兴趣点出发，多用兴趣吸引人；多一些技艺方面的内容，激发学习兴趣；结合大学生实际情况安排课程；增强课程的趣味性与故事性；不要赋予过多功利性和目的性；注重培养学生的文化自信和自主学习中华优秀传统文化的意识，让学习中华优秀传统文化成为大学生的自觉活动；加强师生交流互动</td></tr>
<tr><td>教材建设</td><td colspan="2">传统文化经典图书</td></tr>
<tr><td>教育（学）内容</td><td colspan="2">充实内容，落到实处；多发掘传统文化的优点，更好发扬；多落实，少空喊口号，站在学生角度引导学习，传统与创新相结合；因地制宜，开展特色中华优秀传统文化教育；文字是传统文化的重要载体，非常有必要将书法纳入中华优秀传统文化教育；解读经典，取其精华，去其糟粕；开设早读，读经典；阳明心学是文化自信的重要根基，四部曲对人生的引导至关重要；创新传统节日，让学生通过节日文化树立文化自信；进行周礼复原与礼仪文化建设，如成人礼、冠礼；多一些诗歌类课程</td></tr>
<tr><td>教育（学）形式</td><td colspan="2">丰富教育形式；创新中华优秀传统文化的现代表现形式，但不要局限于形式，不要流于形式；形式要灵活，不要那么生硬；不要盲目去搞，做好融入式教学，认真地把传统文化融入学生当中；出精品，长期办下去；在潜移默化中接受中华优秀传统文化的熏陶；多读书；多看视频；多举办讲坛或开展相关活动，让同学们喜欢上中华优秀传统文化；多点真诚，少点不真诚的讲座或活动；深入挖掘传统文化，努力使中华优秀传统文化融入日常生活，成为日常生活的一部分；形式多样，实践与理论相结合；入脑入心，知行合一，身体力行；教育活动要有所创新，更加多元化；不要一味地硬性灌输传统文化；可以以专题形式讲授；增加体验式教学，如现场教学、游学；采用学生喜闻乐见的形式，把握好深度与趣味之间的平衡；形式多样，结合现实</td></tr>
<tr><td>教学评价与考核</td><td colspan="2">纳入学分；只教育就好，不要求考试；别太难，“门槛”别太高</td></tr>
</table>

续表

| 建议分类 | 具体建议 |
|---|---|
| 实践教学活动 | 积极开展、广泛参与丰富的传统文化实践活动和文化交流活动；多实践，少讲道理，多开展一些关于中华传统文化的活动并设置奖项，提升同学们的兴趣；多举行有关中华优秀传统文化的活动，让更多人感受中华优秀传统文化的魅力；多办讲坛，多组织讲座，可以多邀请专业人士开展讲座；设置一些实践活动，让学生切实感受到中国文化的博大精深；开展文化活动节，将传统文化融入校园文化建设；多开展一些诗词和古文的讲解活动；可以请民间传统技艺传承人来学校给学生们上实践课，开展有趣味、有意义的活动；建设与中华优秀传统文化有关的学生活动中心；理论加实践，可以带学生去图书馆或博物馆，让学生比较直观地感受传统文化的魅力；支持研究学习型社团开展学习传统文化的活动；落实落细 |
| 宣传与传播 | 加强宣传活动，给学生以适当的引导；加大宣传力度，让学生学习并传承中华优秀传统文化；多多普及中华优秀传统文化，让更多人了解；广泛传播，培养学生主动学习的意识 |
| 现代转化与创新发展 | 古今结合，融会贯通；多与现代元素相结合，与现代化教育相结合，寓教于乐；迎合时代，开创传统文化新局面；与现代教育技术结合起来；与现实相结合；可以将中华优秀传统文化教育与当前社会发展结合起来，不要将传统文化置于空中楼阁的地位；加强中华优秀传统文化教育的同时应该注意与现代社会的发展需要相结合；将传统文化与时代热点结合在一起，增强学生对传统文化学习的热情 |
| 教育原则 | 以人为本；因地制宜，因材施教；寓教于乐，多开展趣味性学习；要落在实处，不要假大空，浮于表面，喊口号；要注重激发学生兴趣，切忌盲目灌输；要新颖，适合学生发展，紧跟社会节奏；要意识上肯定、重视，才有开设课程、进行教育的可能；贴近实际和生活 |
| 经费支持与财务保障 | 教育部门和学校给予经费支持 |
| 师资建设和投入力度 | 加大师资投入，加强中华优秀传统文化教育，加大教育投入力度；选择对中华优秀传统文化了解较深的老师进行讲课；做好授课人筛选，防止伪专家进课堂 |

通过以上分析，充分说明统计样本中绝大多数同学对中华优秀传统文化是认同的，也充满了浓厚的兴趣，在中华优秀传统文化教育方面有较强的需求。但是，样本中的高校却存在中华优秀传统文化教育供给不足的问题，25% 的高校依然没有开设中华优秀传统文化教育的相关课程；在已经实施中华优秀传统文化教育的高校中，必修课只占高校开设的中华优秀传统文化教育课程的 26.7%，通识教育课也只占 27.3%，选修课的比例却高达 46%。这表明，我国高校应该加大中华优秀传统文化教育“供给侧改革”，建设更多数量、更高质量的中华优秀传统文化通识教育核心课程或必修课程，以满足广大学生对中华优秀传统文化教育的需求。

## 二、我国高校中华优秀传统文化教育存在的主要问题

通过问卷调研和数据分析，并结合国内相关研究成果，可以发现当前我国高校在中华优秀传统文化教育方面主要存在以下问题。

第一，一些高校对中华优秀传统文化教育重要性的认识还不高，教育内容的系统性、整体性明显不足。

第二，一些高校在中华优秀传统文化教育方面存在重知识讲授、轻实践养成的问题，对中华优秀传统文化和中华传统美德的吸收融入和转化创新动力不足，缺乏相关的顶层设计和体制机制。

第三，一些高校开展的中华优秀传统文化教育未能与思想政治教育、专业课程教育形成合力和协同效应，导致其开展的中华优秀传统文化教育缺乏吸引力、实效性和生动性。

第四，由于一些高校长期缺乏中华优秀传统文化教育机制，导致部分大学生缺乏对中华优秀传统文化的了解，人文素养不高，个别学生出现了价值观偏差、理想信念匮乏、道德冷漠等与社会主义核心价值观和中华传统美德相背离的问题。

第五，部分大学生对中华优秀传统文化的了解和认同存在矛盾，从情感上高度认同中华文化，但是对于中华优秀传统文化的认知却是模糊的，未熟读过“四书”“五经”等国学经典，对老子、孔子、庄子、孟子等中国思想家的哲学思想和核心观念也是一知半解或不甚了解。

## 三、我国高校加强中华优秀传统文化教育的必要性和重要性

第一，我国高校加强中华优秀传统文化教育，是传承中华优秀传统文化、筑牢文化自信根基、维护国家文化安全、增强国家文化软实力的重要途径。中华优秀传统文化是中华民族的文化基因和突出优势，是我们最深厚的文化软实力。高校加强中华优秀传统文化教育，具有重要意义。

第二，我国高校加强中华优秀传统文化教育，是高校落实立德树人、文化育人使命任务，完善文化传承创新重要功能的有效路径。中华文化是中华

民族在五千多年的历史发展进程中所创造的物质财富与精神财富的总和，是中华民族集体智慧的结晶，是中华民族的文化基因和中国人的文化血脉，是中华民族有别于其他民族的独特标识，是中华民族对于人类的伟大贡献。我国高校“作为推进文化传承创新的基地，肩负重要的文化使命。一方面，大学教育以青年学生为对象，必须始终贯彻文化育人的方针……以正确而丰富的价值观对学生加以引导；另一方面，大学的研究，必须把文化传承创新置于重要地位……成为文化传承创新理论学术研究的主力军”①。

第三，我国高校加强中华优秀传统文化教育，是坚定大学生文化自信的必然要求。作为担当民族复兴大任的时代新人，大学生有掌握和传承创新中华优秀传统文化的责任与义务。大学生学习中华优秀传统文化，可以深入了解中华民族与中华文化融合发展的过程，把握中华价值理念、中华人文精神和中华传统美德。

第四，我国高校加强中华优秀传统文化教育，是提高大学生文化素养，培养具有深厚国学底蕴，能够担当民族复兴大任的时代新人的重要抓手。我国高校开设《中华文化概论》《中华传统文化经典选读》等中华优秀传统文化课程，对于培养大学生的人文素养和国学素养，培养具有中国价值和中国精神的时代新人都具有非常重要的意义。

## 四、我国高校加强中华优秀传统文化教育的方法路径

第一，对习近平总书记关于中华优秀传统文化教育的重要论述开展深入研究，并以这些重要论述为指导方针，来设计我国高校加强中华优秀传统文化教育的顶层机制和基本原则。

第二，加强中华优秀传统文化教育的课程建设、教学改革和实践创新，构建我国高校加强中华优秀传统文化与增强大学生文化自信的路径机制。

一是面向全体本科生开设《中华文化概论》《中华传统文化经典选读》

---

① 陈来．文化传承创新对于中华文化发展的重要意义 [EB/OL].（2011-6-30）[2021-8-11].https://mp.weixin.qq.com/s/nWkZHhc4rHaccsVznQbszg.

《中国哲学专题研究》等通识课程和必修课程，旨在提高当代大学生的文化素养和国学素养，增强其文化自信和对中华优秀传统文化的认同。

二是积极探索中华优秀传统文化教育与思想政治教育、通识教育、专业教育有机融合的方法路径，推动中华优秀传统文化融入高校思想政治理论课和专业课，使大学生把中华优秀传统文化学习与思想政治素质培养、专业技能提升充分结合起来，切实增强大学生的文化自信。

三是编纂和出版《中华传统经典诵读文本》《大学生国学经典读本》等中华优秀传统文化教育方面的教材和经典诵读文本，使中华优秀传统文化教育有可靠的文本依据。

第三，应用人工智能（AI）、新媒体技术进行中华优秀传统文化教育教学策略改革，加强中华优秀传统文化教育的网络载体建设，推动中华优秀传统文化线上教育和网络传播。例如，北京建筑大学应用新媒体技术，建立微信公众号“亮课堂”，开展线上教学和网络直播。“亮课堂”公众号自2018年开通以来，共发布“‘第二个结合’视域下中华文明的生命更新和现代转型”“传统‘德治’思想的现代转化”“先秦道家生态哲学思想与生态文明建设”“《吕氏春秋》中‘和’的思想探析”“跟我学经典之《论语》”“跟我学经典之《孟子》”“《道德经》哲学思想解读”“《大学》主要思想解读”“浅析周敦颐《通书》的核心范畴‘诚’”“信息时代阅读国学经典的意义”等网络文章200余篇，累计订阅用户1500余人，累计阅读量16000多次。“亮课堂”上的文章融合了中华优秀传统文化的核心理念和典型案例，丰富了高校中华优秀传统文化教育资源，拓展了教学路径，提高了教学效果。

# 第二节　我国高校大学生文化自信培育现状与存在问题

青年是国家的希望、民族的未来，肩负着实现中华民族伟大复兴中国梦的重任。大学生是当代中国青年的优秀代表，是实现全面建成社会主义现代化强国的第二个百年奋斗目标的社会主义建设者和接班人，是坚定文化自信的重要主体。培养具有高度文化自觉和文化自信的时代新人、培养合格的社会主义建设者和可靠接班人，是高校落实立德树人的根本任务、履行文化传承创新功能的重要目的。对我国高校大学生文化自信培育现状开展调研，对其存在问题进行充分了解，是加强大学生文化自信培育的前提条件。

## 一、我国高校大学生文化自信培育现状

本课题组为了充分了解我国高校大学生文化自信培育的现状，制作了调研问卷，在国内高校进行了网络问卷调研，发出问卷 350 份，收到有效问卷 348 份。通过对收到的网络问卷进行分析，课题组得出了以下结论。

第一，我国大学生文化自信的相关现状。经过调研发现，样本中 98% 的大学生对中华文化感到自信（见图 2–12）。

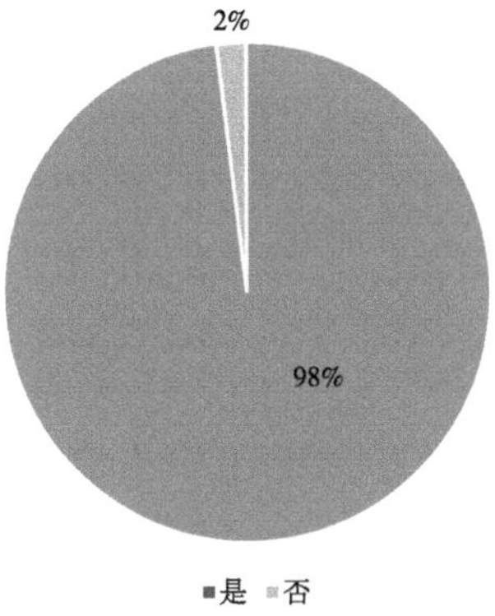


**图 2–12　我国大学生是否对中华文化感到自信**

第二，关于继承和弘扬中华优秀传统文化对于培养当代大学生文化自信具有重要意义，样本中 89.1% 的大学生选择“非常赞同”，10.6% 的大学生选择“比较赞同”，0.3% 的大学生选择“不太赞同”（见图 2–13）。这表明样本中 99.7% 的大学生认同继承和弘扬中华优秀传统文化对于培养当代大学生文化自信具有重要意义。

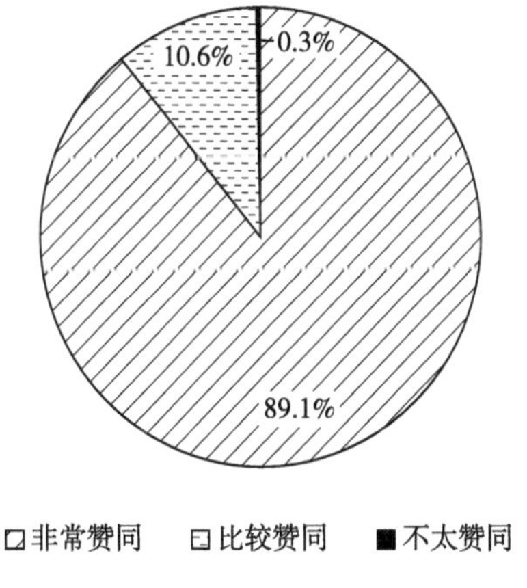


**图 2–13　对“中华优秀传统文化对于培养大学生文化自信具有重要意义”观点的赞同程度**

第三，对中西方节日的认同，样本中 65.6% 的大学生更喜欢中国传统节日，1.4% 的大学生更喜欢西方节日，31% 的大学生对两种节日都喜欢，2% 的大学生对两种节日都不喜欢（见图 2–14）。这表明样本中 96.6% 的大学生喜欢和认同春节、清明节、中秋节、重阳节等中国传统节日，这也反映了大学生内在的文化自信。

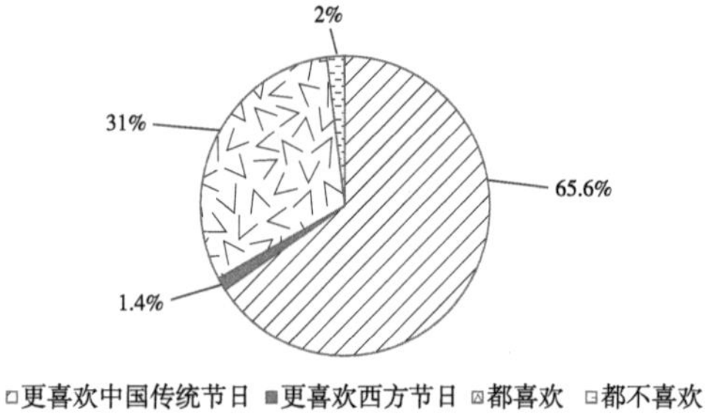


**图 2–14　大学生对中国传统节日和西方节日的喜欢和认同度**

第四，对中西方经典的认同，样本中 51.7% 的大学生更喜欢中国经典，1.7% 的大学生更喜欢西方经典，41.1% 的大学生对两类经典都喜欢，5.5% 的大学生对两类经典都不喜欢（见图 2–15）。这表明样本中 92.8% 的大学生喜欢《论语》《道德经》《诗经》《史记》等中国经典，这也反映了大学生内在的文化自信。

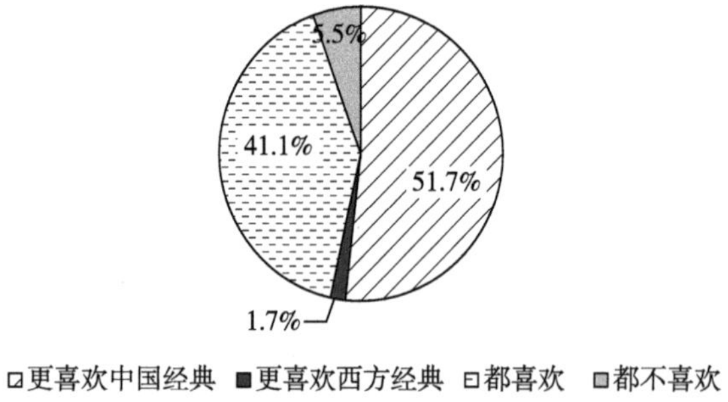


**图 2–15　我国大学生对中国经典和西方经典的喜欢和认同度**

## 二、我国高校大学生文化自信培育存在的主要问题

通过问卷调研和数据分析，并结合国内相关研究成果，可以发现当前我国高校在大学生文化自信培育方面主要存在以下问题。

第一，我国大学生具有较强的文化自信和高度的文化认同，从情感上高度认同中华文化、充满文化自信。经过调研发现，样本中 98% 的大学生对中华文化感到自信。

第二，我国大学生对中华文化的高度自信，既体现为对中华文化经典的热爱，又体现为对中国传统节日的认同。经过调研发现，样本中 92.8% 的大学生喜欢《论语》《道德经》《诗经》《史记》等中华文化经典，96.6% 的大学生喜欢和认同春节、清明节、中秋节、重阳节等中国传统节日，这充分反映了我国大学生在思想观念、生活方式、礼仪风俗等多维度的文化自信。

第三，我国大学生文化自信产生于中西方文化交流融合的时代背景下，体现了当代大学生的全球视野和开放心态。经过调研发现，样本中 41.1% 的大学生对中华文化经典和西方经典都喜欢，31% 的大学生对中西方节日都认同，体现出具有全球视野、自由观念的当代大学生基于中西方文化的对比、选择后所具有的高度文化自信和开放包容心态。这样的文化自信，与过去的文化自负和文化保守主义不同，也与全盘西化式的文化自卑和文化虚无主义不同，是对中华文化的真正自信，是对中华文化的当代转化和发展前景的高度认可。

第四，我国大学生文化自信也存在一定的矛盾和不足之处，主要体现在以下几个方面。

一是部分大学生对中华优秀传统文化的了解程度并不高，其文化自信缺乏深厚的文化底蕴。通过对样本进行分析发现，对中华优秀传统文化非常了解的大学生只占 18.7%，不到 1/5；有一定了解的大学生占 67.8% ，了解较少的大学生占 13.5%，两者加起来的比例超过 4/5。这表明样本调查的大学生中真正熟悉和了解中华优秀传统文化的比例还不够高，一些同学对于中华优秀传统文化只是一知半解甚至不了解；而缺乏对中华优秀传统文化的认知，就难以赓续中华文化命脉，就会使大学生的文化自信由于缺乏文化底蕴而动力不足。

二是部分大学生对中华优秀传统文化兴趣不浓，其文化自信缺乏真正的内在信仰。经过调研发现，一些大学生的文化自信缺乏真正的内在信仰。同时，个别大学生对民族文化和主流文化认同感低，缺乏对社会主义核心价值观、中华传统美德的价值观自信和道德自信。

三是部分大学生不了解中华优秀传统文化的现代价值和意义，缺乏内在的文化自信。调研样本中，有部分大学生对中华优秀传统文化在现代社会的价值和意义这一问题缺乏理性认知，其文化自信的程度不高或动力不足。

四是部分大学生的文化自信主要体现在“技”或“艺”的浅层次，在“道”即思想、价值观层面却非真正自信。中华优秀传统文化的“道”（核心理念、文化精神、传统美德、价值观等内容）主要体现在中华传统文化经典（国学经典）之中。经过调研发现，我国大学生最关注“民俗与传统节日”（比例为 77%），其次为“中华诗词歌赋”（比例为 74.1%）、“传统技艺与非物质文化遗产”（比例为 67.2%）、“琴棋书画、戏剧等传统艺术”（比例为 59.8%），关注度最低的反而是“经、史、子、集等国学经典”——只有 46.8%（见图 2–6）的大学生对这部分内容给予关注。这一现象说明一些大学生缺乏对中华文化之“道”的自信，“对传统文化和主流文化的认知大多停留在表层，缺乏主观能动性，文化意识相对淡薄，认识与行动没有达到内在统一”①。

## 三、我国高校大学生文化自信培育的必要性和重要性

第一，加强大学生文化自信培育是我国高校学习、贯彻习近平新时代中国特色社会主义思想，全面推动习近平新时代中国特色社会主义思想进教材、进课堂、进学生头脑的题中应有之义。教育部印发的《新时代高校思想政治理论课教学工作基本要求》指出，要“全面推动习近平新时代中国特色社会主义思想进教材进课堂进学生头脑，牢固树立‘四个意识’，坚定‘四个自信’，培养德智体美全面发展的中国特色社会主义合格建设者和可靠接班人，培养担当民族复兴大任的时代新人”。

第二，加强大学生文化自信培育是我国高校抵制西方价值观输出和文化渗透，消除文化虚无主义、文化保守主义等错误思潮的影响，增强大学生对社会主义先进文化和中国梦的认同，坚定“四个自信”的必然要求。西方某

---

① 张志娟，秦东方．大学生文化自觉与文化自信培育途径研究 [J]. 思想政治教育研究，2013，29（06）：126–130.

些组织和机构通过网络媒体、教科书、影视作品等渠道宣扬“普世价值”、文化虚无主义等错误的社会思潮，试图对中国高校进行价值观输出和文化渗透。“普世价值”是一种“以抽象人性论为依据、以绝对的普遍性为方法的唯心主义价值观”①，是一种错误思潮。虚无主义也是一种错误思潮，它“代表着现代社会的悲观与颓废精神，是集怀疑主义、自由主义、解构主义与颓废主义于一身的一种现代文明危机，把任何信仰、价值都看作可有可无，不仅贬损主流、权威等崇高价值，而且无视传统精神价值和现代社会价值，最终导致价值无序、信仰危机、道德滑坡和思想迷茫”②。文化虚无主义是虚无主义在文化领域的表现，它是“一种以彻底否定民族文化传统、主张全盘西化为特征的文化思潮”，它“否定崇高、正义等先进价值观念，使文化日益呈现出低俗化、媚俗化、庸俗化、恶俗化。这种思潮背后，是一些别有用心的西方敌对势力意识形态的渗透，其目的是通过文化入侵和围剿，腐蚀我们的思想根基，摧毁我们的文化自信，进而动摇中国特色社会主义的道路自信、理论自信、制度自信、文化自信，最终达到西化和分化中国的图谋”③。文化保守主义是与文化虚无主义相对的一种文化思潮，它主张对本民族传统文化的“复古”和“回归”，主张从传统文化与历史中寻求解决当代社会问题的方案；它“表现为一种‘泛人文主义’和‘泛文化主义’的焦虑，并在焦虑中对现代化的价值取向产生怀疑”④。随着互联网的迅猛发展，文化虚无主义、文化保守主义等错误思潮一度借助互联网，试图影响生活在信息时代的大学生。面对这些错误思潮，我国高校应加强大学生文化自信培育，坚定其文化自信。

第三，加强大学生文化自信培育是我国高校落实立德树人的根本任务，培养“社会主义建设者和接班人”、培养担当民族复兴大任的时代新人，充分发挥文化传承创新功能，实现以文化人、以德育人的目标的重要路径。教

---

① 陈先达 . 论普世价值与价值共识 [J]. 哲学研究，2009（04）：3-9+128.
② 孙丽珍，李泽泉 . 文化虚无主义的表现、本质及治理 [J]. 红旗文稿，2018（09）：26-28.
③ 孙丽珍，李泽泉 . 文化虚无主义的表现、本质及治理 [J]. 红旗文稿，2018（09）：26-28.
④ 邹广文 . 当代中国大众文化论 [M]. 沈阳：辽宁大学出版社，2000.

育部印发的《高校思想政治工作质量提升工程实施纲要》指出，高校思想政治工作质量提升工程的总体目标是“坚持以习近平新时代中国特色社会主义思想为指导，紧紧围绕统筹推进‘五位一体’总体布局和协调推进‘四个全面’战略布局，坚持和加强党的全面领导，充分发挥中国特色社会主义教育的育人优势，以立德树人为根本，以理想信念教育为核心，以社会主义核心价值观为引领，以全面提高人才培养能力为关键，强化基础、突出重点、建立规范、落实责任，一体化构建内容完善、标准健全、运行科学、保障有力、成效显著的高校思想政治工作质量体系，形成全员全过程全方位育人格局，切实提高工作亲和力和针对性，着力培养德智体美全面发展的社会主义建设者和接班人，着力培养担当民族复兴大任的时代新人，不断开创新时代高校思想政治工作新局面”[①]。因此，加强大学生文化自信培育，是我国高校落实立德树人的根本任务，发挥以文化人的文化传承创新功能，完成培养德智体美劳全面发展的社会主义建设者和接班人、培养担当民族复兴大任的时代新人的共同使命的重要路径。

第四，加强大学生文化自信培育，有利于增强我国大学生的文化主体意识、文化认同和民族认同。“主体”（subject）作为一个哲学概念，是指“实践活动和认识活动的承担者”。文化主体是指文化活动的承担者，即创造文化的能动者。文化主体意识，作为文化创造者的自我意识，是对自身所处文化和所从事的文化实践的觉解。“如果没有主体意识，那么人在文化自信中就会缺少主动性和主导性，就会对自身文化产生怀疑，对外来文化盲目追求，从而失去自我。”[②]加强大学生文化自信培育，可以培养我国大学生的文化主体意识，增强其对自身文化的认同，提高其对中华民族和中国文化的自信心。

第五，加强大学生文化自信培育，是基于当前我国高校大学生文化自信的

① 中共教育部党组．高校思想政治工作质量提升工程实施纲要 [EB/OL].（2017-12-4）[2017-12-5].http://www.moe.gov.cn/srcsite/A12/s7060/201712/t20171206_320698.html.

② 梁兴印．当代大学生文化自信现状及其培育——基于宁波高校的调查 [J]. 浙江理工大学学报（社科版），2017，38（02）：182-188.

现状及存在问题的逻辑分析。经过研究发现，总体而言我国高校大学生具有高度的文化自信，但是也存在一些问题，如有些大学生缺乏对中国特色社会主义文化的理性认知和情感认同，是缺乏文化自信的表现。加强大学生文化自信培育，使其成为有理想、敢担当、能吃苦、肯奋斗的新时代好青年和立大志、明大德、成大才、担大任的时代新人。

## 四、我国高校大学生文化自信培育的方法路径

第一，以习近平总书记关于文化自信的重要论述为指导，筑牢思想理论之基。习近平总书记关于文化自信的重要论述具有极其重要的当代价值；同时，还具有深远的现实意义，为培育践行社会主义核心价值观、弘扬发展当代中国精神提供了文化动力，为发展中国特色社会主义文化、提高国家文化软实力、全面建成社会主义现代化强国提供了思想指导。

第二，培育和践行社会主义核心价值观，增强价值观自信。价值观自信是文化自信的核心。增强我国大学生的文化自信，就要培育和践行社会主义核心价值观，强化教育引导、实践养成、制度保障，培养具有执着信念、优良品德、丰富知识、过硬本领、高度文化自信和价值观自信，能够担当民族复兴大任的时代新人，培养爱国、励志、求真、力行的社会主义建设者和接班人。

第三，加强理想信念教育，引导大学生树立正确的“四观”。正确的“四观”即历史观、民族观、国家观、文化观，是大学生坚定文化自信的题中应有之义。增强我国大学生的文化自信，就要加强高校理想信念教育，加强爱国主义、集体主义、社会主义教育，引导大学生树立正确的历史观、民族观、国家观、文化观。

第四，注重内涵式发展，全面提升大学人才培养质量。一是加强中华优秀传统文化教育与思想政治教育、大学通识教育、专业教育的有机融合，通过多种路径提升大学生的文化自信；二是重点开展家国情怀教育、社会关爱教育和人格修养教育，增强大学生传承弘扬中华文化的责任感和使命感；三是打造一支具有高度文化自信和价值观自信的高校教师骨干队伍。

# 第三章　高校加强中华优秀传统文化教育的指导原则与主要内容

## 第一节　我国高校加强中华优秀传统文化教育的指导原则

高校开展中华优秀传统文化教育，对于赓续中华民族的根与魂，筑牢中华民族共有精神家园，夯实民族文化自信的根基，维护国家文化安全，增强国家文化软实力，培养具有中国人的志气、骨气、底气的时代新人，都具有非常重要的意义。

### 一、我国高校加强中华优秀传统文化教育的指导思想

高举中国特色社会主义伟大旗帜，以习近平新时代中国特色社会主义思想为指导，全面贯彻党的二十大精神，贯彻落实中共中央办公厅、国务院办公厅印发的《关于实施中华优秀传统文化传承发展工程的意见》、教育部印发的《完善中华优秀传统文化教育指导纲要》，坚持创造性转化、创新性发展，不断增强中华优秀传统文化的生命力和影响力。

第一，中华文化对中国发展和人类文明作出了重要贡献。习近平总书记在纪念孔子诞辰 2565 周年国际学术研讨会暨国际儒学联合会第五届会员大会开幕会上的讲话指出："孔子创立的儒家学说以及在此基础上发展起来的儒家思想，对中华文明产生了深刻影响，是中国传统文化的重要组成部分。儒家思想同中华民族形成和发展过程中所产生的其他思想文化一道，记载了中华民族自古以来在建设家园的奋斗中开展的精神活动、进行的理性思维、创造的文化成果，反映了中华民族的精神追求，是中华民族生生不息、发展壮大的重要滋养。中华文明，不仅对中国发展产生了深刻影响，而且对人类文明进步作出了重大贡献。"①

第二，理解并掌握中国传统文化所具有的主要特征。中国传统文化具有以下三个主要特征。一是儒家思想和中国历史上存在的其他学说既对立又统一，既相互竞争又相互借鉴，虽然儒家思想长期居于主导地位，但始终和其他学说处于和而不同的局面之中。二是儒家思想和中国历史上存在的其他学说都是与时迁移、应物变化的，都是顺应中国社会发展和时代前进的要求而不断发展更新的，因而具有长久的生命力。三是儒家思想和中国历史上存在的其他学说都坚持经世致用原则，注重发挥"以文化人"的教化功能，把对个人、社会的教化同对国家的治理结合起来，达到相辅相成、相互促进的目的。

第三，明确中华优秀传统文化的当代意义。首先，中华优秀传统文化中蕴藏着解决当代人类面临的难题的重要启示，可以为人们认识和改造世界提供有益启迪，可以为治国理政和道德建设提供有益启发。其次，中华优秀传统文化已经成为中华民族的文化基因，潜移默化地影响着中国人的思想方式和行为方式，为提倡和弘扬社会主义核心价值观提供丰富营养。

第四，理解正确对待中国传统文化的四大基本原则：一是维护世界文明多样性；二是尊重各国各民族文明；三是正确进行文明学习借鉴；四是科学

① 习近平．在纪念孔子诞辰 2565 周年国际学术研讨会暨国际儒学联合会第五届会员大会开幕会上的讲话[N]. 人民日报，2014-09-25.

对待文化传统。

第五，中华优秀传统文化“创造性转化”与“创新性发展”的重要命题，为加强中华优秀传统文化教育提供了方法指导。

第六，中国特色社会主义推动五大文明（物质文明、政治文明、精神文明、社会文明、生态文明）协调发展，创造了人类文明新形态。

## 二、我国高校加强中华优秀传统文化教育的基本原则

第一，坚持马克思主义的指导思想地位和正确价值导向，以马克思主义的立场、观点、方法和基本原理来推动中华优秀传统文化教育和教学研究。在具体的教学研究和教育实践中，要遵循辩证唯物主义和历史唯物主义，秉持客观、科学、礼敬的态度，对中华传统文化取其精华、去其糟粕，有鉴别地加以对待，有扬弃地予以继承。

第二，坚守中华文化立场，以客观、科学、礼敬的态度对待中华优秀传统文化，推动中华优秀传统文化教育实践和文化基因校园传承，使大学生增强做中国人的志气、骨气、底气。中共中央办公厅、国务院办公厅于 2017 年 5 月印发的《国家“十三五”时期文化发展改革规划纲要》提出，要“坚守中华文化立场，坚持客观科学礼敬的态度，扬弃继承、转化创新，推动中华文化现代化，让中华优秀传统文化拥有更多的传承载体、传播渠道和传习人群，增强做中国人的骨气和底气”。要让高校莘莘学子和广大中国青年增强做中国人的志气、骨气、底气，一要加强中华优秀传统文化研究挖掘和创新发展，系统梳理中华文化的历史渊源、发展脉络、时代影响，阐明中华文化的独特创造、价值理念，厘清中华优秀传统文化的内涵，赋予新的时代内涵和现代表达形式；二要完善中华优秀传统文化教育，加强中华文化基因校园传承。

第三，坚定文化自信和价值观自信，坚持中华优秀传统文化教育与培育社会主义核心价值观相结合，正确处理文化自信与价值观自信的关系。在具体的教学研究和教育实践中，要结合时代要求，衔接古今，赋予中华优秀传统文化新的时代内涵和现代表达形式，促进中华优秀传统文化的创造性转化

和创新性发展，使其成为涵养社会主义核心价值观的重要源泉。

第四，落实“立德树人”的根本任务，完善“文化传承创新”的教育功能，以“双一流建设”和新文科建设为引领，推动中华优秀传统文化教育与思想政治教育、大学通识教育、专业教育的有机融合，形成“大思政”格局和以文化人、以文育人的协同育人机制。

新文科是以全球新科技革命、新经济发展、中国特色社会主义进入新时代为背景，突破传统文科的思维模式，以继承与创新、交叉与融合、协同与共享为主要路径，促进多学科交叉与深度融合，推动传统文科的更新升级，从学科导向转向以需求为导向，从专业分割转向交叉融合，从适应服务转向支撑引领。新文科具有战略性、创新性、融合性、发展性等特征。

2020 年 11 月 3 日，由教育部新文科建设工作组主办的新文科建设工作会议在山东大学（威海）召开，会议研究了新时代中国高等文科教育创新发展举措，发布了《新文科建设宣言》，对新文科建设作出了全面部署。会议指出，文科教育是培养自信心、自豪感、自主性，产生影响力、感召力、塑造力，形成国家民族文化自觉的主战场、主阵地、主渠道。新文科建设对于推动文科教育创新发展，构建以育人育才为中心的哲学社会科学发展新格局，加快培养新时代文科人才，提升国家文化软实力具有重要意义。

2021 年 3 月发布的《教育部办公厅关于推荐新文科研究与改革实践项目的通知》指出：为深入学习贯彻习近平新时代中国特色社会主义思想，贯彻落实全国教育大会精神，落实新文科建设工作会议要求，全面推进新文科建设，构建世界水平、中国特色的文科人才培养体系，经研究，我部决定开展新文科研究与改革实践项目立项工作。新文科研究与改革实践项目面向全国普通本科高校开展。《新文科研究与改革实践项目指南》主要包括“新文科建设发展理念”“专业优化”“人才培养模式改革”“重点领域分类推进”“师资队伍建设”“特色质量文化建设研究与实践”6 个选题领域、22 个选题方向。项目建设周期一般为 3 年。

2021 年 7 月，教育部高等教育司公布了首批新文科研究与改革实践项目拟立项项目名单，其中与中华优秀传统文化教育研究和改革实践相关的项目主要有以下十类。第一类，关于新文科建设发展理念的研究项目，主要包括：“耕读教育融入新文科建设发展理念的研究与实践”（河北农业大学）、“培根铸魂——以中华优秀传统文化涵养新文科建设”（曲阜师范大学）等。第二类，关于新文科建设改革与发展的研究项目，主要包括：“国际语境下的中国美术教育改革研究”（中央美术学院）、“面向中华文化国际传播时代的新文科建设”（四川大学）。第三类，关于新文科建设政策与支撑体系的研究项目，主要包括：“以嵩阳书院为依托的人文科学实验班新文科人才培养模式的创新与实践”（郑州大学）。第四类，关于新文科课程体系和教材体系建设实践的研究项目，主要包括：“新文科背景下‘中国乐派’课程体系和教材体系建设与实践”（中国音乐学院）、“新文科背景下医学人文与中医文化传播素养课程建设及实践研究”（天津中医药大学）等。第五类，关于新文科创新创业教育与实践的研究项目，主要包括：“弘扬中华美育精神构建新文科背景下传统中国画专业教育教学新模式”（鲁迅美术学院）。第六类，关于文史哲领域新文科建设实践的研究项目，主要包括：“国学视域下‘书院制’教育的文史哲新文科建设实践探索”（浙江师范大学）、“基于书院优秀教育传统的历史学人才培养模式创新与实践”（湖南大学）等。第七类，关于艺术学领域新文科建设实践的研究项目。主要包括：“文化遗产保护再生新文科建设与实践”（同济大学）、“基于文化自信的农林高校美育教育体系建设”（西北农林科技大学）、“中华传统文化推广背景下新疆地方高校美育课程体系改革与实践”（新疆师范大学）等。第八类，关于基础学科拔尖创新人才培养创新与实践的研究项目，主要包括：“古典教育与新人文拔尖人才培养”（北京大学）、“新文科理念下民族舞蹈拔尖人才培养模式改革与实践”（中央民族大学）。第九类，关于文科复合型人才培养创新与实践的研究项目，主要包括：“古典学交叉专业学科建设”（清华大学）。第十类，关于高素质涉外人才培养创新与实践的研究项目，主要包括：“中国文化国际传播复合型人才培养模式探索与创新”（北京语言大学）。

# 第二节 我国高校加强中华优秀传统文化教育的主要内容

教育部印发的《完善中华优秀传统文化教育指导纲要》提出“开展中华优秀传统文化教育的主要内容”主要包括三大方面：一是开展以天下兴亡、匹夫有责为重点的家国情怀教育。二是开展以仁爱共济、立己达人为重点的社会关爱教育。三是开展以正心笃志、崇德弘毅为重点的人格修养教育。[①]中共中央办公厅、国务院办公厅印发的《关于实施中华优秀传统文化传承发展工程的意见》指出，实施中华优秀传统文化传承发展工程的主要内容包括三个方面：一是大力弘扬讲仁爱、重民本、守诚信、崇正义、尚和合、求大同等核心思想理念。二是大力弘扬自强不息、敬业乐群、扶危济困、见义勇为、孝老爱亲等中华传统美德。三是大力弘扬有利于促进社会和谐、鼓励人们向上向善的中华人文精神。[②]结合上述文件和国内外相关研究成果，我国高校中华优秀传统文化教育的主要内容应该包括中华传统思想理念、中华传统美德、中华人文精神。

## 一、中华传统思想理念

高校加强中华优秀传统文化教育，传承发展中华优秀传统文化，就要大力弘扬中华优秀传统文化“讲仁爱、重民本、守诚信、崇正义、尚和合、求大同”等核心思想理念。

---

① 教育部 . 完善中华优秀传统文化教育指导纲要 [N]. 中国教育报，2014-04-02.

② 中共中央办公厅 国务院办公厅 . 关于实施中华优秀传统文化传承发展工程的意见 [N]. 新华每日电讯，2017-01-25.

### 1. 仁爱理念与仁民爱物、民胞物与的思想

“仁爱”是中华优秀传统文化最主要的核心思想理念，是中华文化的核心理念。中国人崇奉“以儒家‘仁爱’思想为核心的道德规范体系，讲究和谐有序，倡导仁义礼智信，追求‘修身、齐家、治国、平天下’的道德修养和人生境界，崇尚‘己所不欲，勿施于人’‘己欲立而立人，己欲达而达人’的‘仁爱’原则”[①]和仁民爱物、民胞物与的思想。“仁”是儒家思想的核心范畴之一，也是中华传统伦理道德最为重要的一个哲学概念。在孔子之前，“仁”主要是指人对双亲的爱，所谓“爱亲之谓仁”（《国语・晋语一》）。孔子把“仁”作为儒家最高的道德观念。在孔子看来，“仁”的基本含义是人所本有的对于他人的关爱。孔子的学生樊迟问“仁”，孔子回答说：“爱人。”（《论语・颜渊》）孔子还强调，“仁”的本质是给他人与社会带来益处。“仁”是一个可以包含忠、恕、孝、悌、恭、宽、信、敏、惠等德目的“大德”。孔子的学生子张问“仁”于孔子，孔子回答说：“能行五者于天下，为仁矣。”孔子进一步解释说：“恭、宽、信、敏、惠。”（《论语・阳货》）冯友兰认为：“仁为孔子‘一贯’之道，中心之学说。故《论语》中亦常以仁为人之全德之代名词……孔子常以之统摄诸德。”[②]孟子继承了孔子的仁学思想，进一步提出“仁政”论。他主张：“夫国君好仁，天下无敌。”（《孟子・离娄上》）又说：“君仁莫不仁，君义莫不义，君正莫不正。一正君而国定矣。”（《孟子・离娄上》）此外，孟子等先秦儒家还把“仁”由专指对父母或亲人的“亲爱”转化为普遍的、公正无私的“仁爱”。孔孟之后，历代儒家学者都对“仁”这一核心理念进行了探讨。《礼记》主张“仁”的基本内涵是爱，提出：“仁以爱之，义以正之，如此，则民治行矣。”（《礼记・乐记》）《礼记》还认为“仁”是天子或国君所应具备的基本道德，提出“为人君，止于仁”的思想。儒家不仅把“仁”由爱自己的亲人推及到爱天下之人，还把这种爱推广到天地万物，提出了“仁民爱物”的思

---

① 翟博．中华优秀传统文化教育读本：仁爱 [M]. 北京：中国大百科全书出版社，2020：18.

② 冯友兰．中国哲学史（上）[M]. 重庆：重庆出版社，2009：66–67.

想。孟子最先提出了“仁民爱物”的思想，他在《孟子·尽心上》中说：“君子之于物也，爱之而弗仁；于民也，仁之而弗亲。亲亲而仁民，仁民而爱物。”“仁民爱物”是指“仁”施于众民，而“爱”施于万物。“仁民爱物”在儒家历来都是一种重要的思想，蕴含着人与自然和谐共生的儒家生生之道和丰富的生态伦理学思想。北宋理学家程颢、程颐提出：“民须仁之，物则爱之。”（《二程集·二先生语六》）

儒家“仁者爱人、仁民爱物”的思想理念彰显了中华文化的核心力量，在当今时代仍然有着重要价值。

2. 民本理念与安民富民、忧民乐民的思想

“民本”是“民惟邦本”的简称，它是儒家治国理政的核心思想之一，也是中华优秀传统文化的一大核心理念；它强调人民是国家的根本，人民的安乐和福祉是国家政治的根本目的；它主张治国理政要得民心、顺民心，乐民之乐，忧民之忧。这种“民惟邦本”的理念和忧民乐民之心是儒家责任意识、担当精神的生动体现，反映了儒家由“自我关怀”推至“群体关怀”的“民本”思想和行政伦理。

中国古代最早的历史文献《尚书》中明确提出了“民惟邦本”的思想，即“皇祖有训，民可近，不可下，民惟邦本，本固邦宁”（《尚书·夏书·五子之歌》）。以孔子为代表的先秦儒家向来“把人道作为理论研究的中心”①，主张“仁者爱人”和“博施济众”的思想。在孔子看来，“博施于民而能济众”是一种高于“仁”的“圣”的境界。所以，要达到“圣”，就不仅要“修己以敬”，更要“修己以安百姓”，把仁爱之心推及至全天下的百姓，给广大人民群众带来幸福的生活。孟子在孔子人道原则和仁爱思想的基础上提出了“民贵君轻”的“民本”思想。在《孟子·尽心下》中，孟子详细阐述了“民贵君轻”的思想，他说：“民为贵，社稷次之，君为轻。”孟子在中国思想史上第一次提出了“民贵君轻”的主张，认为作为集体概念的“民”

---

① 宋志明，向世陵，姜日天. 中国古代哲学研究 [M]. 北京：中国人民大学出版社，1998：11.

的地位要高于社稷（代指国家）和国君，认为治理国家应当以民为本，认为民心向背关系到国家的兴衰和存亡，所以他才把人民置于比国家、国君更为重要的位置。在此基础上，孟子提倡“仁政”，认为“三代之得天下也以仁，其失天下也以不仁”(《孟子·离娄上》)。因此，孟子的“民贵君轻”等思想充分体现了先秦儒家的“民本”理念。战国末期儒家思想家荀子继承了孔子、孟子等先秦儒家的“民本”理念，进一步提出：“天之生民，非为君也；天之立君，以为民也。”(《荀子·大略》) 荀子还通过舟水之喻来说明君民关系：“《传》曰：‘君者，舟也，庶人者，水也。水则载舟，水则覆舟。’此之谓也。”(《荀子·王制》) 在荀子看来，君主如果想要国泰民安、政权稳定，就要得到庶人即广大人民群众的拥护；而要得到广大人民群众的拥护，就要做到勤政爱民和富民安民。北宋政治家范仲淹在“民本”理念的基础上提出了“先天下之忧而忧，后天下之乐而乐”的思想。

“民惟邦本”的“民本”理念，经过时代转化成为中国共产党人的初心使命和根本宗旨，成为党的群众路线的核心理念。党的二十大报告强调：“中华优秀传统文化源远流长、博大精深，是中华文明的智慧结晶，其中蕴含的天下为公、民为邦本、为政以德、革故鼎新、任人唯贤、天人合一、自强不息、厚德载物、讲信修睦、亲仁善邻等，是中国人民在长期生产生活中积累的宇宙观、天下观、社会观、道德观的重要体现”“我们必须坚定历史自信、文化自信，坚持古为今用、推陈出新，把马克思主义思想精髓同中华优秀传统文化精华贯通起来、同人民群众日用而不觉的共同价值观念融通起来，不断赋予科学理论鲜明的中国特色”。[①]

### 3. 诚信理念与诚实守信、恪守承诺的思想

诚信是中华优秀传统文化的核心理念和基本价值，是儒家比较看重的道德，也是社会主义核心价值观的重要内容。诚信在中国古代主要是由“诚”“信”两个概念构成的合成词。“诚”的基本含义是“（心意）真实，实

---

① 习近平．高举中国特色社会主义伟大旗帜 为全面建设社会主义现代化国家而团结奋斗——在中国共产党第二十次全国代表大会上的报告 [M]. 北京：人民出版社，2022：18.

在"[1]。"信"的基本含义是"相信，信奉；信用，凭据"[2]。作为中国古代社会一种重要的伦理道德规范，"信"强调的是为人信实、交往守信。孔子大力提倡"信"德，"信"字在《论语》里多次出现，例如孔子说："人而无信，不知其可也。"（《论语·为政》）这句话表明一个人如果没有"信"德，就无法在社会上立足。孟子认为，"诚"是天之道，"思诚"是人之道，人们在处理人伦关系时既要"思诚"，又要取得朋友的信任。他说："诚者，天之道也；思诚者，人之道也。至诚而不动者，未之有也；不诚，未有能动者也。"（《孟子·离娄上》）意思是说："真诚是大地的法则，追求诚信是做人的法则。待人非常真诚而不能使人感动的，是不存在的；不真诚，是不能够感动人的。"[3]此外，孟子还提出"仁义忠信，乐善不倦，此天爵也"（《孟子·告子上》）等思想，认为追求仁义忠信是天赐的爵位；反躬自问、诚实无欺，是人最大的快乐。从汉代开始，"信"德获得了与"仁义礼智"这四德同样重要的地位，构成了"历史上中国人道德生活中最有影响力的'仁义礼智信'。汉代提出的'五常'（即仁义礼智信）……成为两千年来影响中国社会至深的基本道德"[4]。

诚信不仅是中华民族的传统美德，而且是社会主义核心价值观的重要内容，在当今时代仍然有重要价值。"言必信，行必果""人而无信，不知其可也"。我们应该大力弘扬"诚信"理念，诚实守信，忠诚待人，坚守正道。

4. 正义理念与政者正也、崇仁重义的思想

正义是中华优秀传统文化的一大核心理念，也是人类文明的基本价值和普遍法则。"正义"之"义"具有双重内涵，一是指适宜，符合一定的目的，如《礼记·中庸》："义者，宜也。"二是指行为符合正确的道德原则，如《墨子·天志下》："义者，正也。"因此，正义"既是一种伦理道德规范，

---

① 中国社会科学院语言研究所词典编辑室．现代汉语词典（第7版）[M]. 北京：商务印书馆，2016：167.

② 中国社会科学院语言研究所词典编辑室．现代汉语词典（第7版）[M]. 北京：商务印书馆，2016：1460.

③ 翟博．中华优秀传统文化教育读本：诚信 [M]. 北京：中国大百科全书出版社，2020：82.

④ 陈来．中华文明的核心价值：国学流变与传统价值观 [M]. 北京：生活·读书·新知三联书店，2015：218–220.

又是人们对一定社会合理秩序的追求”①，它主要包括“政者正也”和“崇仁重义”等思想内容。

一是“政者，正也”的思想。它是儒家主要的治国理政思想，形成了中华优秀传统文化“崇正义”的优良传统。这一思想的原始含义是强调“政以治民”(《春秋左传・隐公十一年》)，即管理、规范和纠正人民。孔子对这一思想作出了新的诠释，倡导“正己”，认为“正”的对象首先应该是君主自己，君主要率先作表率。只有执政者以身作则，率先示范，老百姓才会效法，才会按照执政者提倡的方式去做。因此，“政者，正也”就是强调正名分，强调执政者具备与自己的身份地位相符合的政治道德。据《论语・颜渊》记载，鲁国执政的上卿季康子向孔子询问为政之道，孔子回答说：“政者，正也。子帅以正，孰敢不正？”这就是说，政就是端正。执政者带头端正，谁敢不端正？这句话体现出执政者立身端正、率先垂范的道理。二是崇仁重义的思想。它是正义理念的主要内容，亦体现了以儒家为主体的中华优秀传统文化“崇正义”的优良传统。据《论语・颜渊》记载，孔子的学生樊迟问“仁”，孔子回答说：“爱人。”《中庸》继承了孔子的“崇仁”思想，并进一步提出“三达德”。《中庸》说：“知、仁、勇三者，天下之达德也，所以行之者一也。”所以，在孔子、曾子等先秦儒家看来，“仁”和“智”“勇”之间具有密切的联系，它们一起构成了天下之“达德”。因此，“仁”的基本内涵是关爱他人，“义”的基本内涵是端正自我。“崇仁重义”是处理自我与他人关系的基本原则，体现了儒家“关爱他者的利他主义文化传统”②。

### 5. 和合理念与以和为贵、和而不同的思想

和合是中华优秀传统文化的核心理念之一，是中华民族的文化基因。“和”的本义是调和五味，协调五音。据《左传・昭公二十年》记载，晏子

---

① 肖群忠．崇正义——中华优秀传统文化漫谈（五）[N]. 中国教育报，2014-05-30.

② 朱晓红，张应杭．新时代开掘中华优秀传统文化价值以增强文化自信的若干思考 [J]. 毛泽东邓小平理论研究，2018（09）：36-41，108.

论和同之异说：“和如羹焉，水、火、醯、醢、盐、梅，以烹鱼肉，燀之以薪，宰夫和之，齐之以味，济其不及，以泄其过。君子食之，以平其心。君臣亦然。君所谓可而有否焉，臣献其否，以成其可；君所谓否而有可焉，臣献其可，以去其否，是以政平而不干，民无争心……先王之济五味、和五声也，以平其心，成其政也。声亦如味，一气，二体，三类，四物，五声，六律，七音，八风，九歌，以相成也；清浊、小大、短长、疾徐、哀乐、刚柔、迟速、高下、出入、周疏，以相济也。”后来，“和”的含义逐渐由调味、音乐扩展到人际关系、社会关系、国家关系、身心关系等，引申出和谐、和平、协和等内涵。“合”则是指合作。“和合”就是和谐、合作之义，这一理念主要包括“以和为贵”与“和而不同”等思想。

一是“以和为贵”的思想。它是儒家处理人际关系的重要理念之一，体现了中华优秀传统文化“尚和合”的传统。据《论语·学而》记载，孔子的学生有若明确提出了“礼之用，和为贵”的主张，强调礼仪的作用在于“和”即恰到好处、从容不迫。尧、舜、禹、周文王等先王都是依靠和的原则来治国理政的，他们做任何事情都能从容中道而不逾矩。二是“和而不同”的思想。它是儒家关于人际交往和国际交往的重要规则之一，亦体现了中华优秀传统文化“尚和合”的传统。孔子说：“君子和而不同，小人同而不和。”（《论语·子路》）这句话是说，君子与他人和谐相处而不盲目求同，小人盲目求同而不与他人和谐相处。这里体现了孔子“尚和合”的理念。从人际交往的角度看，世界上没有完全相同的两片树叶，也没有完全相同的两个人。每个人的性格脾气、学识涵养、职业地位等各不相同，所以，人与人之间相处要彼此尊重对方，做到和谐相处而不苟同。从国际交往的角度看，“和而不同”就是尊重彼此间的差异，尊重各国各民族的基本国情、文化传统等，平等和谐地相处，以达到互惠互利、合作共赢的目的。

“以和为贵、和而不同”的“和合”理念是中华民族的文化基因，已经深深地融入中华民族的血脉，缔造了崇尚和平、协和万邦的文明古国，也成为当今中国处理国际关系、构建人类命运共同体的重要思想资源。

### 6. 大同理念与天下为公、天下一家的思想

大同是中华优秀传统文化的一大核心理念，是中华民族的社会政治理想，是“中华文明的世界理想”①，是中华优秀传统文化关于处理世界上不同国家、民族、文明之间关系的哲学思想。它强调财产和权力的公有、社会关系的和谐友善、国际关系的协和公正。它主要包括“大道之行，天下为公”和“协和万邦，天下一家”等思想内容。

一是“大道之行，天下为公”的思想。天下为公的大同世界，是儒家追求的最高社会理想，体现了中国人对天下为公、和谐有序的理想社会的真诚向往，对财产共有共享、人格独立自主、社会公平正义的渴望追求，反映了中国人的天下情怀和人类精神。儒家经典《礼记》首倡“大道之行，天下为公”的大同理念，主张“大道之行也，天下为公，选贤与能，讲信修睦。故人不独亲其亲，不独子其子，使老有所终，壮有所用，幼有所长，鳏寡孤独废疾者皆有所养，男有分，女有归。货恶其弃于地也，不必藏于己；力恶其不出于身也，不必为己。是故谋闭而不兴，盗窃乱贼而不作，故外户而不闭。是谓大同”。(《礼记・礼运》)“天下为公”的大同社会在制度方面，主张“权力和财产共有；实行的是以德行为评判标准的禅让制，推举贤能之士掌握国家公共权力，人们各得其所，社会中‘鳏寡孤独’的弱势群体不被社会随意抛弃而得到给养和关怀”②。在民风方面，讲信修睦、人际关系的和谐融洽、诚信友善、互敬互爱、爱人如己，各尽其力并自觉履行自己的使命，敬职敬责而不自私自利。二是“协和万邦，天下一家”的思想。“天下”是表达中国古人天下观或世界意识的重要概念，是中华民族关于社会理想、外部世界的基本认知，体现出中华文化“天下高于国家、民族”的基本观念。在秦朝以前，“天下”作为周王朝的代名词，代表比“国”更高一级的统一性价值。面临礼崩乐坏的天下局势，孔子仍坚持“礼乐征伐自天子出”的治

① 陈来．中华文明的核心价值：国学流变与传统价值观 [M]. 北京：生活・读书・新知三联书店，2015：117–118.

② 肖群忠．求大同——中华优秀传统文化漫谈（七）[N]. 中国教育报，2014–06–20.

理原则，强调周天子才是天下的代表。孟子以“王天下”为政治目标，强调“天下”是超越各诸侯国的更大世界。《礼记·大学》也提倡在“治国”基础上“平天下”的政治追求，提出“齐家，治国，平天下”的政治纲领。由此可见，“天下一家”从来都是儒家追求的社会理想和政治目标。在国家治理方面，儒家始终把家、国、天下看成一个连续性的结构，主张“天下之本在国，国之本在家”（《孟子·离娄上》），认为治理家庭的原则也适用于国家，治理国家的原则也适用于天下。“天下一家”思想体现了以儒家为主体的中华优秀传统文化协和万邦、共享发展的大同理念，以及对和平发展道路、人类命运共同体的不懈追求。

“天下为公、天下一家”的大同理念是中华文化的优秀传统，体现出中国人民的家国情怀和天下理念，成为构建人类命运共同体的重要思想资源。

## 二、中华传统美德

道德是“人们共同生活及其行为的准则和规范”，[①]“是人类社会在共同生活中形成的对社会成员起约束和团结作用的准则”[②]，“是以善恶为评价方式，主要依靠社会舆论、传统习俗和内心信念来发挥作用的行为规范的总和”[③]。美德是一种特殊的道德。中文中的“美德”是指“美好的品德”[④]，如勤劳节俭是中国人民的传统美德。英文中的“virtue”（美德）来自古希腊文的“arete”。在古希腊语中，“arete”（译为美德或德性）的本义是指任何事物的天然特长、用处和功能，它意味着一种“卓越”或“优秀”。《伦理学大辞典》认为“美德”是“对良好的道德行为和道德品质的肯定性评价。不同时代、社会和阶级，对美德有不同的理解。在古希腊，智慧、勇敢、节制、正义是奴隶主提倡的四种主要美德。在中国，儒家提出孝、悌、忠、信四种美

① 中国社会科学院语言研究所词典编辑室．现代汉语词典（第7版）[M]. 北京：商务印书馆，2016：269.

② 何九盈，王宁，董琨．辞源（3版）[M]. 北京：商务印书馆，2015：4047.

③《思想道德与法治（2021年版）》编写组．思想道德与法治：2021年版[M]. 北京：高等教育出版社，2021：131.

④ 中国社会科学院语言研究所词典编辑室．现代汉语词典（第7版）[M]. 北京：商务印书馆，2016：888.

德，而历代劳动人民则把勤劳、勇敢、节俭、诚实看作美德。不同时代、不同阶级对于美德的不同理解，反映了不同时代、不同阶级所处的地位条件和道德要求”①。马克思主义道德学说科学地揭示了社会条件和人的品德之间的辩证关系，认为“美德”是人们在社会实践中产生和发展起来的，有利于集体、社会及其成员的发展和进步的道德。在社会主义社会，“热爱祖国、热爱人民、热爱劳动、热爱科学、热爱社会主义是每个公民应当具备的基本美德”②。

传统美德是指传统道德的精华部分即“那些比较好地反映了人与人之间、人与社会集体之间以及人与天地万物之间关系的本质要求的优秀道德原则、规范、范畴和道德品质等的总和”③。中华传统美德是指中华传统道德中“那些经过历史实践证明其具有善美价值并以时代标准衡量，在今天仍有价值的合理成分和精华内容”④。中华传统美德具有广阔的外延和丰富的内容。中共中央办公厅、国务院办公厅印发的《关于实施中华优秀传统文化传承发展工程的意见》指出，“中华优秀传统文化蕴含着丰富的道德理念和规范，如天下兴亡、匹夫有责的担当意识，精忠报国、振兴中华的爱国情怀，崇德向善、见贤思齐的社会风尚，孝悌忠信、礼义廉耻的荣辱观念，体现着评判是非曲直的价值标准，潜移默化地影响着中国人的行为方式”⑤。中共中央、国务院发布的《新时代公民道德建设实施纲要》指出：“中华传统美德是中华文化精髓，是道德建设的不竭源泉”“深入挖掘自强不息、敬业乐群、扶正扬善、扶危济困、见义勇为、孝老爱亲等传统美德，并结合新的时代条件和实践要求继承创新，充分彰显其时代价值和永恒魅力，使之与现代文化、现实生活相融相通，成为全体人民精神生活、道德实践的鲜明标识”⑥。

① 朱贻庭．伦理学大辞典（修订本）[M]. 上海：上海辞书出版社，2011：43.

② 朱贻庭．伦理学大辞典（修订本）[M]. 上海：上海辞书出版社，2011：43.

③ 王泽应．中华传统美德通论 [J]. 南通大学学报，2005（03）：9.

④ 肖群忠，王苏，杨建强．中华传统美德的时代价值 [M]. 北京：人民出版社，2020：2.

⑤ 中共中央办公厅 国务院办公厅．关于实施中华优秀传统文化传承发展工程的意见 [N]. 新华每日电讯，2017-01-25.

⑥ 新时代公民道德建设实施纲要 [M]. 北京：人民出版社，2019：10.

高校加强中华优秀传统文化教育，传承发展中华优秀传统文化，就要大力弘扬自强不息、敬业乐群、扶正扬善、扶危济困、见义勇为、孝老爱亲等中华传统美德，就要大力弘扬中华传统美德蕴含的爱国情怀、担当意识、荣辱观念和社会风尚等思想精华。

### 1. 精忠报国、振兴中华的爱国情怀

“精忠报国、振兴中华”的传统美德，体现了中华民族的家国情怀和爱国精神。“忠”是儒家关于人际交往的最重要的伦理规范之一，是一种重要的中华传统美德。“忠”原来是指臣子在君、臣这种特殊的政治关系中应该恪守的道德义务，强调对于君主的忠诚。春秋战国时期，“忠”具有了更普遍的意义，不仅可以指忠于君主，还可以指忠于国家社稷、忠于政务，也就是“尽心为人”的意思。曾子“吾日三省吾身”中的一条就是“为人谋而不忠乎”（《论语·学而》），强调我有没有尽心为人。孔子等先秦儒家提倡“忠恕之道”，把“忠”的内涵界定为“己欲立而立人，己欲达而达人”。（《论语·雍也》）据《论语·颜渊》记载，孔子的学生子张问“政”，孔子的回答是“居之无倦，行之以忠”。“忠”在这里主要是指公职人员在执行政令时所遵循的道德规范。在孔子看来，为政者治国理政既要做到勤勉，又要做到忠诚。忠于祖国，忠于人民，是古往今来所有为政者和公职人员最重要的职业道德。

“振兴中华”是近代以来中国人最大的梦想，是无数仁人志士的理想追求。中华传统美德中“精忠报国、振兴中华”的家国情怀和爱国精神，体现了中国人民对自己祖国的深厚感情，对自己家园以及民族和文化的归属感、认同感、尊严感和荣誉感，形成了以爱国主义为核心的伟大民族精神，在当今时代依然有着重要的价值。

### 2. 天下兴亡、匹夫有责的担当意识

“天下兴亡、匹夫有责”，是对中华民族爱国主义精神的凝练概括和形象表达。它是明末清初著名思想家顾炎武提出的重要思想，体现了中华传统美德的责任意识和担当精神。顾炎武在《日知录·正始》中说：“有亡国，有亡

天下。亡国与亡天下奚辨？曰：易姓改号，谓之亡国。仁义充塞而至于率兽食人，人将相食，谓之亡天下……保国者，其君其臣肉食者谋之；保天下者，匹夫之贱与有责焉耳矣。”这段话是说，保一朝一姓之“国”是“其君其臣肉食者”的事；而保卫礼法、道德，维护君臣父子的社会秩序，则不分贵贱，人人都有责任。近代维新派思想家麦孟华“在新的历史条件下，以‘变法维新’‘救亡图存’为宗旨，吸收西方近代的社会政治学说，继承并升华了顾炎武的这一思想，将其概括为‘天下兴亡，匹夫有责’”。在《论中国之存亡决定于今日》一文中，麦孟华将上述思想正式表述为“天下兴亡，匹夫有责”八个字（见《清议报》第38册）。后来，梁启超在《痛定罪言》（1915年）中引用“天下兴亡，匹夫有责”一语。后来又经过许多政治家、思想家的宣传，这句话遂成为中国家喻户晓之名言。“天下兴亡，匹夫有责”这句名言旨在说明每一个国民对于国家兴衰、天下兴亡所具有的义不容辞的责任，体现了中华优秀传统文化倡导的担当意识，对激发中国人民的爱国主义精神，唤起国人的主人翁感和社会责任感，曾产生巨大的积极影响。

今天，传承弘扬“天下兴亡、匹夫有责”的传统美德和爱国主义精神，对于人们积极投身振兴中华的伟大事业、实现中华民族伟大复兴的中国梦都具有持久的激励作用。今天面对中华民族伟大复兴战略全局和世界百年未有之大变局，广大中国青年要继承弘扬中华民族“天下兴亡、匹夫有责”的传统美德，弘扬伟大的爱国主义精神，增强责任意识和担当精神，成为担当民族复兴大任的时代新人。

3. 崇德向善、见贤思齐的社会风尚

“崇德向善、见贤思齐”体现了中国人民对明德、至善等价值理念和圣贤、君子等理想人格的向往和追求，体现了中华传统美德良好的社会风尚。

“崇德向善”是中华传统美德中的一项重要内容，是儒家内圣外王、修德养性的理念和实践的生动体现。据考古学家、历史学家、古文字学家的研究发现，最早的“德”字可以追溯到西周初期康王时期的大盂鼎和何尊。在大盂鼎铭文中出现了“敬雍德经”的记载，在何尊铭文中出现了“唯王恭德裕天”的记载。“德”字在《尚书·周书》中出现了120余次。这些充分说明“周人把德视为最重要的和人相关的品质”①。儒家创始人孔子在继周人“敬德”“明德”等思想的基础上进一步提倡“崇德向善”的社会风尚。据《论语·颜渊》记载，孔子的学生樊迟陪着孔子在舞雩台下散步，请教说：“敢问崇德，修慝，辨惑。”就是说，“如何提高道德，去除邪念，辨别疑惑？”孔子的回答是：“善哉问！先事后得，非崇德与？攻其恶，无攻人之恶，非修慝与？一朝之忿，忘其身以及其亲，非惑与？”孔子认为，先努力做事而后有所收获，就是提高道德。要做到“崇德”，就要先义后利，为所当为，而不计功利；就要做到“主忠信”和“徙义”；就要忠诚信实，见义而从，明辨事理，坚守中道。孔子不仅“崇德”，而且“好德”，对于当时“知德者鲜矣”和“好色而不好德”的社会现象发出了感慨。据《论语·子罕》记载，孔子感叹说：“吾未见好德如好色者也。”这句话表明孔子希望人们对道德喜好，能够如“好好色，恶恶臭”那样达到心悦意诚。孔子把“崇德”“好德”的思想应用到政治领域，进一步提倡“为政以德”思想。孔子说：“为政以德，譬如北辰，居其所而众星共之。”（《论语·为政》）“为政以德”就是以德治国，用道德来感化民众。“为政以德”是儒家政治思想的核心，体现了儒家“崇德向善”的政治传统。“崇德向善、见贤思齐”的传统美德在当今时代仍然有着重要作用，可以为社会风尚建设、公民道德建设、理想人格培育、时代新人塑造等提供有益启迪。

### 4. 孝悌忠信、礼义廉耻的道德观念

“孝悌忠信、礼义廉耻”的道德观念，是中华传统美德的重要内容，是社会主义核心价值观、荣辱观的重要思想资源。

“孝悌忠信”是中华民族的传统美德，是社会主义道德建设、公民道德建设的丰厚资源。“孝悌”是基于血缘关系的道德条目，也是儒家追求的家庭美德和伦理规范，强调晚辈对于长辈的敬爱。孔子大力提倡“孝”“悌”

---

① 许亮．传统“德治”思想的现代转化[J]．理论视野，2015（10）：26–28.

等美德，主张“弟子入则孝，出则悌，谨而信，泛爱众，而亲仁。行有余力，则以学文”。(《论语·学而》)“孝”是指善事父母。“悌”是指善事兄长。[①]孔子认为，弟子的职责是先学习“孝悌”“仁爱”“谨信”等伦理规范。在学好这些人伦道德的基础上，弟子如果还有多余的精力，再去学习“六艺之文”即《诗》《书》《礼》《易》《乐》《春秋》。因此“孝悌”是人在家里侍奉父母和兄长时所遵循的美德，孔子说：“出则事公卿，入则事父兄，丧事不敢不勉，不为酒困，何有于我哉？”(《论语·子罕》)孔子的弟子有子继承了孔子重“孝悌”的思想，进一步提出“孝弟也者，其为仁之本”的观点(《论语·学而》)，强调孝顺父母、敬爱兄长，是行仁之根本。

“忠信”是一种重要的中华传统美德。“忠”——“敬也。从心，中声”[②]。“信”——“诚也。从人，从言，会意”[③]。孔子在《论语》里多次提倡“忠信”思想，先后提出了“主忠信”“言忠信”等观点。据《论语·卫灵公》记载，孔子的学生子张问如何才能行得通？孔子的回答是：“言忠信，行笃敬，虽蛮貊之邦，行矣。”孔子认为，一个人说话忠诚守信，行为笃实谨慎，即使到了蛮貊地区，也可以行得通；说话不忠诚守信，行为不笃实谨慎，即使是在州里乡里，也行不通。由此可见，孔子对“忠”“信”等美德非常重视，并且用这些美德来教育学生。《论语·述而》有“子以四教：文、行、忠、信”。“忠”是指忠诚、忠心。“信”是指信实、诚信。孔子主要从文艺、德行、忠诚、信实四个方面来教育学生，强调“德”本“才”末，重视“立德树人”。《礼记·中庸》认为“为天下国家有九经”，其中第五条即“忠信重禄，所以劝士也”。因此，“忠”这种传统美德，“不仅指忠于团体和一定的人群，而且还指忠于事，在这个意义上，往往忠敬连用，或者说忠德中也包含忠诚于事业，以敬临事的敬业精神……孔子把为国立功、恭敬职事

① （宋）朱熹．四书章句集注 [M]. 北京：中华书局，2016：48–49.
② （汉）许慎 著，班吉庆、王剑、王华宝 点校．说文解字校订本 [M]. 南京：凤凰出版社，2004：299.
③ （汉）许慎 著，班吉庆、王剑、王华宝 点校．说文解字校订本 [M]. 南京：凤凰出版社，2004：65.

视为‘忠’，把兢兢业业、恪尽职守看作‘忠’的内涵”[①]。今天，我们大力弘扬“忠信”的传统美德，其核心要义就是“要我们每一个人自觉地为国出力，爱国报国，同时，也热爱我们的民族文化……做一个忠于祖国、忠于民族、忠于人民的现代公民”[②]。

“礼义廉耻”是中华传统美德的重要理念，是中国古代社会推行的道德准则，具体是指“崇礼、行义、廉洁、知耻”[③]。“礼义廉耻，国之四维”的提法最早出自《管子·牧民》：“四维不张，国乃灭亡……何谓四维？一曰礼，二曰义，三曰廉，四曰耻。礼不逾节，义不自进。廉不蔽恶，耻不从枉。”[④]宋代学者欧阳修解释说，“《传》曰：‘礼义廉耻，国之四维，四维不张，国乃灭亡。’善乎，管生之能言也。礼义，治人之大法；廉耻，立人之大节。盖不廉，则无所不取；不耻，则无所不为。人而如此，则祸乱败亡，亦无所不至，况为大臣而无所不取，无所不为，则天下其有不乱，国家其有不亡者乎。”（《新五代史·杂传第四十二》）因此，“礼义廉耻”作为治理国家的四种重大制度，体现了中华民族对荣辱问题的高度重视，成为社会主义荣辱观的道德根源。

每一个时代都要提出自己的基本道德。“孝悌忠信”与“礼义廉耻”这八种传统美德曾经在古代中国起过非常重要的作用。即使到了现在，“孝悌忠信、礼义廉耻”等传统美德经过时代转化和创新发展依然可以给我们提供重要启示。

#### 5. 敬业乐群、精益求精的敬业精神

“敬业乐群、精益求精”的敬业精神，是中华传统美德的重要内容，可以为社会主义职业道德、劳动精神和价值观建设提供丰富的思想资源。

“敬业乐群”出自《礼记·学记》，其中提道“古之教者，家有塾，党有庠，术有序，国有学。比年入学，中年考校。一年视离经辨志。三年视敬业

---

① 肖群忠，王苏，杨建强．中华传统美德的时代价值 [M]. 北京：人民出版社，2020：61.

② 肖群忠，王苏，杨建强．中华传统美德的时代价值 [M]. 北京：人民出版社，2020：61.

③ 中国社会科学院语言研究所词典编辑室．现代汉语词典（第 7 版）[M]. 北京：商务印书馆，2016：798.

④ 姜涛．管子新注 [M]. 济南：齐鲁书社，2009：2–3.

乐群，五年视博习亲师，七年视论学取友，谓之小成。九年知类通达，强立而不反，谓之大成。夫然后足以化民易俗，近者说服而远者怀之，此大学之道也”①。“敬业”是指“专心致志于学习”，“乐群”是指“与同学友朋愉快相处”②。“敬业乐群”是指“专心于学业或工作，乐于与同事、朋友一起切磋、交流”③。在中国古代，“敬业”是一种广泛的社会道德，它不仅是对臣子、下属的道德要求，而且也是对国君、天子的道德要求，“敬德保民”就是要求国君、天子“以敬慎态度对待王事，要主一专心，不懈怠”。这种敬业的优秀传统也体现在商人、教师、医生等职业领域。

“精”之原意是指“纯净的上等米”，引申为“精华，精神，精气，精通”等。④“精益求精”，是指“好上加好，达到尽善尽美”⑤，是指学术、技术、作品、产品等“好了还求更好”⑥。朱熹在注解《论语·学而》篇中“如切如磋，如琢如磨”一句时最先提出“精益求精”的主张，他说：“言治骨角者既切之而复磋之，治玉石者既琢之而复磨之，治之已精而益求其精也。”（《论语集注》）“精益求精”既是一种中华传统美德，又是工匠精神的核心内涵。工匠精神是不同行业、职业的劳动者与从业人员在具体的劳动实践中所具备的精神理念、价值取向、职业操守和行为表现，它包括精益求精、追求卓越的职业理想，爱岗敬业、恪尽职守的职业道德，严谨求实、创新进取的工作态度，淡泊名利、甘于奉献的价值取向等方面的内容，其本质是一种崇尚劳动、热爱劳动的精神，以及对自己所从事职业和工作的认同感、荣誉感和使命感。

“敬业乐群、精益求精”的敬业精神在当今时代仍然有着重要价值，可以为培育工匠精神、劳模精神、劳动精神，弘扬社会主义核心价值观提供

① （元）陈浩 注，金晓东 校点．礼记[M]. 上海：上海古籍出版社，2016：415.
② 何九盈，王宁，董琨．辞源（3版）[M]. 上海：商务印书馆，2015：1775.
③ 中国社会科学院语言研究所词典编辑室．现代汉语词典（第7版）[M]. 北京：商务印书馆，2016：695.
④ 何九盈，王宁，董琨．辞源（3版）[M]. 上海：商务印书馆，2015：3162.
⑤ 何九盈，王宁，董琨．辞源（3版）[M]. 上海：商务印书馆，2015：3162.
⑥ 中国社会科学院语言研究所词典编辑室．现代汉语词典（第7版）[M]. 北京：商务印书馆，2016：690.

思想启迪。“敬业乐群”体现出的敬业精神，是“敬业”这一社会主义核心价值观的生动体现，也是职业道德建设的重要内容。党的十八大提出，倡导富强、民主、文明、和谐，倡导自由、平等、公正、法治，倡导爱国、敬业、诚信、友善，积极培育和践行社会主义核心价值观。“敬业”是对公民职业行为准则的价值评价，要求公民忠于职守，克己奉公，敬畏和热爱自己所从事的职业并愿意为了自己的职业无私奉献。中华民族历来有“敬业乐群”“忠于职守”的传统美德，中华工匠精神历来倡导“业精于勤”“敬事而信”的职业道德，倡导人们行事要严肃认真而不怠慢，工作要专心致志而不懈怠。

6. 扶危济困、见义勇为的利他精神

“扶危济困、见义勇为”的传统美德，体现了中华民族扶危济困、乐于助人的团结精神和见利思义、见义勇为的利他精神。“扶危济困”是指“扶助处境危急的人，救济生活困难的人”①。“见义勇为”是指“看到正义的事情奋勇地去做”②。孔子在“义利之辨”的基础上提倡“见利思义”“见危授命”“义以为上”等传统美德。据《论语·宪问》记载，孔子的学生子路问“成人”。孔子回答说：“今之成人者何必然。见利思义，见危授命，久要不忘平生之言，亦可以为成人矣。”“见利思义”，是指看到利益要想到它是否符合道义。“见危授命”，是指遇到危险愿意付出生命。孔子认为，完美之人就是德、才、性、艺、勇全面发展的人，类似于我们今天所讲的德、智、体、美、劳全面发展的人。这是一种已经达到“仁”的境界的理想人格，是我们每个人不懈努力的发展方向。如果做不到这一点，退而求其次，做到“见利思义，见危授命，久要不忘平生之言”即重义轻利、见义勇为、穷而守志，也可以算是完美的人。孔子还提倡用“义”来节制“勇”的思想。据《论语·阳货》记载，子路问孔子：“君子尚勇乎？”孔子回答说：“君子义以为上。君子有勇而无义为乱，小人有勇而无义为盗。”孔子认为勇敢需要

---

① 中国社会科学院语言研究所词典编辑室．现代汉语词典（第7版）[M]. 北京：商务印书馆，2016：399.

② 中国社会科学院语言研究所词典编辑室．现代汉语词典（第7版）[M]. 北京：商务印书馆，2016：640.

符合“义”德的标准。如果勇敢的行为是符合道义的，那么这种见义勇为的行为就是正当的。反之，如果有勇而无义，君子就会犯上作乱，小人就会偷盗犯罪，他们的行为就都不是正当的。

“扶危济困、见义勇为”的中华传统美德在当今时代依然有重要价值。经过创造性转化、创新性发展，这一传统美德可以成为弘扬社会主义核心价值观的道德资源和精神滋养。

综上，中华传统美德是中华文化的精髓，是中华优秀传统文化的核心和灵魂，是“社会主义道德建设的源头活水”①，是新时代弘扬社会主义核心价值观、加强中华优秀传统文化教育的思想道德资源。中华民族是一个有着伟大民族精神和优良道德传统的国家，这些伟大民族精神和优良道德传统是支撑中华民族生生不息、发展壮大的不竭动力。弘扬社会主义核心价值观，加强中华优秀传统文化教育，坚定文化自信，都需要进一步继承弘扬中华传统美德，并使之发扬光大。

## 三、中华人文精神

中华人文精神是中华优秀传统文化的重要内容和集中体现，是中华优秀传统文化的精髓和灵魂，是中华民族“精神生活各种形式的总和”，是中华民族生生不息的精神动力。中华民族在五千多年的历史进程中不仅创造出辉煌灿烂的中华文明，而且塑造出独特的精神气质和精神品格，形成了历久弥新的中华人文精神。传承发展中华优秀传统文化，加强中华优秀传统文化教育，需要对中华人文精神的丰富内涵和时代价值进行研究阐释，并结合时代要求做好“创造性转化”和“创新性发展”工作。

“人文”是中国固有的名词，出自《周易·贲卦·彖传》：“观乎天文，以察时变；观乎人文，以化成天下。”“人文”是指人之道、人之理，是指人类社会及其运行法则，是指“一种以礼乐为教化天下之本，以及由此建立

① 《思想道德与法治（2021 年版）》编写组．思想道德与法治：2021 年版 [M]. 北京：高等教育出版社，2021：145.

起来的一个人伦有序的理想文明社会”[①]。“人文精神”是指“一种主张以人为本，重视人的价值，尊重人的尊严和权利，关怀人的现实生活，追求人的自由、平等和解放的思想和行为”[②]。“中华人文精神”是指“自古以来中华民族各种文化现象所蕴含的基本的文化精神和优良品格”[③]，是指中国人民“关于人的精神生活的方式、态度、思想、观点”[④]。方立天认为，中华人文精神“包括人的价值、人性的内涵与道德的修养、人格尊严与社会责任心、人的生死，以及人的理想等方面，其核心是关于人的价值观念”[⑤]。楼宇烈认为，“以人为本的人文精神是中华文化的根本精神之一，也是中华民族对人类的一项重要贡献”[⑥]。南怀瑾认为，“中国文化最讲究‘人道’，人文的精神最为浓厚……‘参赞天地之化育’，正是人道价值之所在”[⑦]。因此，中华人文精神就是中华民族的人文精神，体现出中华文化天人合一、以人为本、参赞化育、人文化成的基本特征，体现出中国先民和圣贤时哲对人的生命、人的价值、人的尊严、人的自由而全面发展的高度关注。

中华人文精神“以其丰富博大的内容和生命力存在于古代社会以及当今社会的主流形态及民间广大民众之中”，成为中华民族生生不息的精神支撑。挖掘、继承和弘扬中华优秀传统文化中蕴含的人文精神（中华人文精神）具有重要的现实意义。高校加强中华优秀传统文化教育，传承发展中华优秀传统文化，要大力弘扬有利于促进社会和谐、鼓励人们向上向善的中华人文精神。

### 1. 天人合一，道法自然

这是中华人文精神的基础，体现中华优秀传统文化对天人关系即人与自然关系的哲学思考，包含着丰富的生态哲学智慧和生命共同体思想。唐君

---

① 楼宇烈．中国文化的根本精神 [M]. 北京：中华书局，2016：223.

② 中国社会科学院语言研究所词典编辑室．现代汉语词典（第 7 版）[M]. 北京：商务印书馆，2016：1099.

③ 吴毅，朱世广，刘治立．中华人文精神论纲 [M]. 北京：人民出版社，2011：9–10.

④ 方立天．国学之魂：中华人文精神 [J]. 党政论坛，2008（03）：1.

⑤ 方立天．国学之魂：中华人文精神 [J]. 党政论坛，2008（03）：1.

⑥ 楼宇烈．中华人文精神的两大传统 [N]. 人民日报，2016–07–18.

⑦ 南怀瑾．老子他说 [M]. 上海：复旦大学出版社，2018：280–281.

毅在《中国文化之精神价值》中主张中华人文精神的本原和核心是“天人合一”思想①。刘纲纪在《中华人文精神的基本特征》中用《周易》中的“太和精神”来指称和标志中华人文精神②。张岂之在《中华人文精神》一书中把中华人文精神归纳为六点，第三点就是“究天人之际——天人关系的艰苦探索精神”③。所以，天人关系（人与自然的关系）问题，是中华人文精神关注的核心问题，也是“生态理念”“生态哲学”的核心问题。人类文明的演进，总是伴随着人与自然关系的转换。人类文明的转型，是人对自然的认识、理解和价值发生变革的结果。天人关系问题主要思考人在宇宙中的地位的问题，而人在宇宙中的地位问题涉及人生意义的问题。

“天人合一”是中华传统文化与儒家哲学关于天人关系的第一个基本思想。这里的“天”主要是指外在于人的天地或自然。“天人合一”的哲学思想蕴含着整体、和谐、共生的理念，倡导把天、地、人“三才”看作一个密不可分、相互联系、彼此影响与制约的整体。人与自然、人与天地之间在本质上是相通的，“天道”是“人道”的根源，“人道”出于“天道”，“人性”来自“天命”赋予，即《礼记·中庸》所言：“天命之谓性，率性之谓道，修道之谓教。”人要效法“天地之道”，要遵守自然界的客观规律，才能达到天人相通即人与自然的和谐融洽。张岱年认为，“天人合一”的思想“主要包含两层含义。第一层含义是，人是天地生成的，人的生活服从自然界的普遍规律。第二层含义是，自然界的普遍规律和人类道德的最高原则是一而二、二而一的……中国哲学家认为肯定天人合一才达到人的自觉，这可谓高一级的自觉”④。北宋理学家张载明确提出“天人合一”理念，他说：“儒者则因明致诚，因诚致明，故天人合一，致学而可以成圣，得天而未始遗人。”（《张载集·正蒙·乾称篇》）从“天人合一”的角度出发，张载又提出“民胞物与”的思想。他说：“乾称父，坤称母；予兹藐焉，乃浑然中处。故

① 唐君毅 . 唐君毅全集 . 中国文化之精神价值 · 中国文化与世界 [M]. 北京：九州出版社，2016：1.
② 刘纲纪 . 传统文化、哲学与美学 [M]. 桂林：广西师范大学出版社，1997：17.
③ 张岂之 . 中华人文精神 [M]. 西安：陕西人民出版社，2007：1–3.
④ 张岱年 . 文化与哲学 [M]. 北京：教育科学出版社，1988：15.

天地之塞，吾其体；天地之帅，吾其性。民吾同胞，物吾与也。”（《张载集·正蒙·乾称篇》）在“天人合一”哲学的基础上，张载又提出了著名的“横渠四句教”——“为天地立心，为生民立命，为往圣继绝学，为万世开太平。”（《张载集·语录中》）

“天人合一”的生态理念在道家主要体现为“道法自然”的思想。《老子》第二十五章说：“有物混成，先天地生。寂兮寥兮，独立而不改，周行而不殆，可以为天下母。吾不知其名，强字之曰道，强为之名曰大。大曰逝，逝曰远，远曰反。故道大，天大，地大，人亦大。域中有四大，而人居其一焉。人法地，地法天，天法道，道法自然。”[①] “道法自然”是老子哲学思想的核心理念，也是道家生态哲学的核心思想。蒙培元认为，“在老子那里，‘自然’与人的生命存在是不能分开的，人即在‘自然’中存在，人是‘自然’的一部分……‘自然’对人而言就是根源性的，同时又是目的性的，‘自然’是人的最原始本真的存在状态，是人的生命活动的最终归宿”[②]。“道法自然”要求人们认清人与自然的关系，自然是一个大的生态系统，人类只是其中的一个子系统。人类是自然的成员，而非自然的主宰。作为“道”的产物以及天地万物中的成员，人应该遵循和效法地、天、道，与自然和谐相处、和合共生，不破坏、不损害天地万物和自然生态。因此，人和自然之间不是主客观的对立关系，而是和合共生的关系。老子提出的“道法自然”思想对于当前我国的生态文明建设具有重要的启示。中共中央、国务院印发的《新时代公民道德建设实施纲要》指出：“绿色发展、生态道德是现代文明的重要标志，是美好生活的基础、人民群众的期盼。要推动全社会共建美丽中国，围绕世界地球日、世界环境日、世界森林日、世界水日、世界海洋日和全国节能宣传周等，广泛开展多种形式的主题宣传实践活动，坚持人与自然和谐共生，引导人们树立尊重自然、顺应自然、保护自然的理念，树立绿水

---

① 许亮．大学生国学经典读本——道德经 [M]. 保定：河北大学出版社，2014：86.

② 蒙培元．人与自然——中国哲学的生态观 [M]. 北京：人民出版社，2004：195.

青山就是金山银山的理念，增强节约意识、环保意识和生态意识。”[①] 所以，“天人合一，道法自然”的生态理念对于培养生态道德、建设生态文明和美丽中国都具有重要意义。

2. 以人为本，生命至上

这是中华人文精神的核心，体现中华优秀传统文化对人的生存、生命的关注和对人的价值、意义的重视。中华优秀传统文化富有“以人为本”的精神，体现为重视人道、重视生命、重视民本等思想。“以人为本”出自《管子·霸言》：“夫霸王之所始也，以人为本。本理则国固，本乱则国危。”这一思想体现了中华文明敬仰生命的人文精神。

3. 文以载道，以文化人

这是中华人文精神蕴含的教化之道，也是中华优秀传统文化关于人文教化和德治礼教的核心思想。“文以载道”指文章是用来说明道理、表达思想（道：旧时多指儒家思想）。“文以载道”的思想说明文艺作品要传递真善美，传递积极向上的价值观，引导人们增强道德判断力和道德荣誉感，向往和追求讲道德、尊道德、守道德的生活，达到以文化人、以德育人的效果。

4. 自强不息，厚德载物

这是中华人文精神蕴含的自强精神和包容精神，也是中华优秀传统文化关于处理人与自然关系的哲学智慧和生态伦理。张岱年认为，中国文化的基本精神之一就是“刚健自强”，即《周易·乾卦·象传》所说的“天行健，君子以自强不息”。张岂之在《中华人文精神》一书中把中华人文精神归纳为六条，第四条就是“厚德载物——人格养成的道德人文精神”[②]。陈来也认为，“刚健不息、厚德载物，是中国文化的基本精神。”[③] 因此，自强不息、厚德载物是中华民族的宝贵精神品格。

---

① 新时代公民道德建设实施纲要 [M]. 北京：人民出版社，2019：10.

② 张岂之 . 中华人文精神 [M]. 西安：陕西人民出版社，2007：1–3.

③ 陈来 . 中华文明的核心价值：国学流变与传统价值观 [M]. 北京：生活·读书·新知三联书店，2015：117–118.

“自强不息”是指“自己努力向上，永远不懈怠”①。自强不息精神就是“奋发图强、独立自主、孜孜不倦、坚忍不拔、百折不挠、锲而不舍的精神”，这种精神“体现在个人价值方面，就是自我超越、持之以恒；体现在社会价值方面，就是锐意进取、革故鼎新；体现在国家价值方面，就是发愤图强、民族振兴”②。“厚德”是指“宽厚的德行；高尚的道德”③。“厚德载物”是指用宽厚之德来承载万物。厚德载物精神就是“要有宽广的胸怀、深厚的修养和博大的精神，包容万物、博采众长”，这种精神体现在中华文化的各个方面：“在人与人关系方面，体现为虚怀若谷、宽以待人；在人与自然关系方面，体现为善待万物、和谐共生；在国与国、民族与民族关系方面，体现为协和万邦、和睦共容；在思想文化方面，体现为兼容并包、海纳百川。”④孔子、孟子等先秦儒家不仅提倡自强不息的人生哲学，而且身体力行、勇于践行自强不息的人文精神。

自强不息、厚德载物的人文精神已经融入中华民族和中国人民的文化基因和精神血脉之中，成为党带领全国各族人民全面建设社会主义现代化国家，实现中华民族伟大复兴中国梦的强大精神支柱，在当今时代仍然具有重要的价值，可以为人文教育、道德建设和治国理政等实践提供有益启发。

5. 求同存异，和而不同

这是中华人文精神蕴含的处世方法，也是中华优秀传统文化关于处理人与人之间关系的道德准则。“求同存异”是指“找出共同点，保留不同点”⑤。“和而不同”是指追求和睦协调，而不追求苟同（随意地同意）。

求同存异、和而不同的人文精神体现了中华传统文化“和同之辩”的丰富智慧，对于“解决当前人与自然、人与社会、人与人、人自身心灵以及不同文明之间的冲突，构建和谐的身心关系、人际关系和国际关系，构建人类

---

① 中国社会科学院语言研究所词典编辑室 . 现代汉语词典（第 7 版）[M]. 北京：商务印书馆，2016：1738.
② 包心鉴 . 中国道路具有深厚历史文化内涵 [N]. 人民日报，2016-5-17.
③ 中国社会科学院语言研究所词典编辑室 . 现代汉语词典（第 7 版）[M]. 北京：商务印书馆，2016：546.
④ 包心鉴 . 中国道路具有深厚历史文化内涵 [N]. 人民日报，2016-05-17.
⑤ 中国社会科学院语言研究所词典编辑室 . 现代汉语词典（第 7 版）[M]. 北京：商务印书馆，2016：1074.

命运共同体提供有益启发”①。

6. 形神兼备，情景交融

这是中华人文精神蕴含的美学思想，也是中华传统艺术精神的生动体现。“形”是指形体，形貌。“神”是指神情，精神。“形神兼备”是指形貌神情同时兼备，是指书法、雕塑、绘画等艺术作品不但具有美妙的形态，而且具有内在的神韵，成为艺术作品中的上品。“情”是指感情，情感。“景”是指风景，景致。“情景交融”出自宋人张炎的《词源·离情》：“离情当如此作，全在情景交炼，得言外意。”它是指“文学作品把写景和抒情紧密地结合起来”②，是指文艺作品中环境的描写、气氛的渲染，同人物思想感情的抒发结合得很紧密。

形神兼备、情景交融的人文精神已经融入中华民族和中国人民的文化基因和精神血脉之中，成为加强大中小学美育和艺术教育、构建新时代中国美学的重要内容和内在支撑。

7. 俭约自守，中和泰和

这是中华人文精神蕴含的生活哲学，也是中华优秀传统文化关于“崇俭尚朴”生活理念的生动体现。清代学者朱柏庐在《朱子家训》中提倡“俭约”的生活智慧，他说：“一粥一饭，当思来处不易；半丝半缕，恒念物力维艰…… 自奉必须俭约，宴客切勿流连。”新文化运动领袖陈独秀发表于1916年的《我之爱国主义》一文则主张，“吾之所谓持续的治本的爱国主义者：曰勤……曰俭……曰廉……曰洁 ……曰诚……曰信……之数德者，固老生之常谈，实救国之要道。人或以为视献身义烈为迂远，吾独以此为持续的治本的真正爱国之行为”。所以，“勤”“俭”都是爱国的表现。“中和”是儒家倡导的重要理念，出自《礼记·中庸》：“中也者，天下之大本也；和也者，天下之达道也。致中和，天地位焉，万物育焉。”“中”是指居中不偏，它是“天下之正道”。“和”是指和谐，它是矛盾双方达到平衡的状态。把

① 许亮.《吕氏春秋》中“和”的思想探析 [J]. 国学学刊，2020（01）：60–65，142–143.

② 中国社会科学院语言研究所词典编辑室 . 现代汉语词典（第 7 版）[M]. 北京：商务印书馆，2016：1068.

“中和”思想推而及之，就可以使天地安其所，使万物遂其生。“泰和”是指天地间的冲和之气，喻指天地万物稳定和谐的状态。“中和”“泰和”体现了中华民族尚中、尚和的哲学精神和居中、居正的中庸之道。

俭约自守、中和泰和的人文精神已经融入中国人民的文化基因和精神血脉之中，成为新时代实现人民美好生活目标的精神支柱。

8. 经世致用，实事求是

这是中华人文精神蕴含的人生哲学，也是中华优秀传统文化崇实理念和笃行精神的生动体现。张岂之在《中华人文精神》一书中把中华人文精神归纳为六个方面，第六点是“经世致用——以天下为己任的责任精神”[①]。郭齐勇把中华人文精神归纳为六点，第六点是“经世务实，戒奢以俭”[②]。经世致用、实事求是的人文精神已经成为中国人的文化基因，成为中华文化的基本特征。这一精神在当今时代仍然具有重要的价值。

9. 居安思危，忧国忧民

这是中华人文精神蕴含的忧患意识和“忧患精神”。中华人文精神的基本动力是“忧患意识”。这种基于忧患意识的心性之学，“不仅是儒家思想的基本品格，也是中国文化的基础”[③]，构成了中华人文精神的重要维度。先秦儒家代表孔子和孟子富有“忧患意识”。孔子谈“忧”，说：“德之不修，学之不讲，闻义不能徙，不善不能改，是吾忧也。”（《论语·述而》）这里孔子谈到了“四忧”即担忧学生们做不好四件事情——道德不修养，学问不讲求，听闻义不能迁移，有缺点不能改正。孔子亦谈“患”，强调：“不患无位，患所以立；不患莫己知，求为可知也。”（《论语·里仁》）所以，孔子所忧患的是自己的道德修养而非工作职位。孟子提出“君子有终身之忧”的思想，说：“君子所以异于人者，以其存心也。君子以仁存心，以礼存心……是故君子有终身之忧，无一朝之患也。乃若所忧则有之：舜，人

① 张岂之 . 中华人文精神 [M]. 西安：陕西人民出版社，2007：1–3.
② 郭齐勇 . 中华人文精神的自觉与文明间的对话 [J]. 人文论丛，2014（01）：21.
③ 徐复观 . 中国人性论史（先秦篇）[M]. 北京：九州出版社，2018：125.

也；我，亦人也。舜为法于天下，可传于后世，我由未免为乡人也，是则可忧也。忧之如何？如舜而已矣。若夫君子所患则亡矣。非仁无为也，非礼无行也。如有一朝之患，则君子不患矣。”（《孟子·离娄下》）意思是说，“君子有长期的忧虑，却没有突发的痛苦。这样的忧虑是有的：舜是人，我也是人。舜呢，为天下人的模范，名声传于后代，我呢，仍然不免是一个普通人。这个才是值得忧愁的事”[①]。那么，作为一个普通人，我们忧愁了怎么办呢？孟子认为，就是要尽力向舜学习罢了。至于君子别的痛苦那就没有了。不是仁爱的事不干，不是合于礼节的事不做。即使一旦有意外飞来的祸害，君子也不以为痛苦了。所以，我们应该担忧自己是否做到了“仁”“礼”，在道德修养方面是否达到了君子、圣贤的境界，而不要担忧他人的误解和责难，以及其他不可抗力的外在祸患。孔孟关于忧患的论述，表明“儒家将忧患的情感和理智大大突出，作为学说的基本，悬为做人的鹄的”[②]。

居安思危、忧国忧民的人文精神在当今时代仍然具有重要的价值，可以为实现国家安全和世界和平发展提供有益启发。

10. 革故鼎新，与时俱进

这是中华人文精神之创新精神的生动体现。“革”卦和“鼎”卦是《周易》中前后相连的两卦，“革”是“去故”，“鼎”是“取新”。“革故鼎新”是指去除旧者、鼎立新者，多指重大变革。中华民族是富有创新精神的民族，很早就提出了“革故鼎新”的思想观念。创新创造是中华民族最深沉的民族禀赋。我们的祖先很早就提出了“苟日新，日日新，又日新”“穷则变，变则通，通则久”等与创新、创造有关的思想观念。在历史长河中，因革损益、革故鼎新、与日偕新、与时俱进等思想观念逐渐积淀为中华民族最深沉的民族禀赋。汤之《盘铭》曰：“苟日新，日日新，又日新。”（《大学·传》第二章）意思是说，一个人如果能够每天通过洗涤自己身上的污垢而焕然一新，那就应该天天这样，使自己有一个新的面貌，而且应该坚持不懈，长久

---

① 杨伯峻．孟子译注 [M]. 北京：中华书局，2008：153.

② 庞朴 著，冯建国 编．忧乐圆融——中国的人文精神 [M]. 上海：上海教育出版社，2020：274.

保持新的面貌。中华民族这种勇于创新、善于创造的民族禀赋，使我国古代在天文历法、数学、农学、医学、地理学等众多科技领域取得了举世瞩目的成就。这些发明创造同生产紧密结合，为农业和手工业发展提供了有力支撑，并对周边国家和地区发挥了重要辐射和引领作用。相关资料显示，16 世纪以前世界上最重要的 300 项发明和发现中，我国占 173 项，远远超过同时代的欧洲。历史上，中华民族凭借创新、创造的民族禀赋和精神传统创造了辉煌灿烂的中华文明，在思想文化、社会制度、经济发展、科学技术等方面对世界产生了重要的影响。新中国成立以来，中国人民在建设社会主义美好家园的伟大实践中迸发出创新创造的生机活力，尤其是在改革开放新时期以来，终于迎来了改革创新的时代大潮。

革故鼎新、与时俱进的人文精神已经融入中国人的文化基因之中，体现了以改革创新为核心的时代精神，是全面改革开放和创新驱动发展的重要支撑。

由上可知，中华优秀传统文化“凝聚着中华民族自强不息的精神追求和历久弥新的精神财富，是发展社会主义文化的深厚基础，是建设中华民族共有精神家园的重要支撑”①。高校加强中华优秀传统文化教育，就要注重对中华人文精神的继承和弘扬，“把中国文化当中具有跨越时空、超越国度、富有永恒魅力、具有当代价值的文化精神弘扬起来……造福于世界人民和世界文明”②。在新时代，继承和弘扬中华人文精神，就要“以自强不息的人文精神，推动伟大斗争；以追求至善精神，推动新时代立德树人；以化成天下精神，推动人类命运共同体建设”③。

---

① 陈来 . 中华文明的核心价值：国学流变与传统价值观 [M]. 北京：生活 · 读书 · 新知三联书店，2015：117–118.

② 陈来 . 中华文明的核心价值：国学流变与传统价值观 [M]. 北京：生活 · 读书 · 新知三联书店，2015：117–118.

③ 崔兰海 . 弘扬中华人文精神正当其时 [N]. 安徽医大报，2020–09–20.

# 第四章　高校加强中华优秀传统文化教育的主要路径与机制建构

## 第一节　第一种主要路径
### ——中华优秀传统文化专业教育

高等院校是传承发展中华优秀传统文化和实施中华优秀传统文化教育的主要机构。中华优秀传统文化进大学课程，是强化中华优秀传统文化铸魂育人功能，落实以中华优秀传统文化涵养社会主义核心价值观，实现中华优秀传统文化传承发展系统化、长效化、制度化的重要举措。专业教育和通识教育是高等院校实施中华优秀传统文化教育的主要路径。中华优秀传统文化专业教育是指通过成立国学院等机构组织的方式来培养国学专门人才，如北京大学、中国人民大学、武汉大学等高校的国学人才培养模式。中华优秀传统文化通识教育是指高校面向全体学生开设中华优秀传统文化或国学类通识课程，旨在提高全体学生的文化素养，这是国内大多数高校实施中华优秀传统文化教育的基本方式。

专业教育是高校开展中华优秀传统文化教育的主要路径之一，各高校可以结合自己的办学定位、培养目标和学校特色，通过成立国学院等教学单位和研究机构的方式开展中华优秀传统文化专业教育。

## 一、成立国学院等教学单位和研究机构，开展中华优秀传统文化专业教育

### 1. 国学研究与教学机构的历史溯源

“国学”在中国古代是一种教育机构，是指“国家设立的学校，如太学、国子监”[①]。近代以来，西学东渐，西方文化与学术的传入，使得以儒学为核心的中国传统思想文化与学术走向衰落。西方教育方式和人才培养模式的传入，使得传统的“国学”走向衰落。“国学”也变成与“西学”相对而言的一种思想文化或学术，成为中国传统学术文化的代名词。这种意义上的国学，又常常被称为“国故学”“中学”“汉学”“中国固有学术”等。与中国近代历史进程相适应，“国学”观念主要呈现为三种形态：“救亡意识主导下的、政治取向的国学观念，启蒙思潮主导下的、文化取向的国学意识，以世界汉学（东方学）为参照的、学术研究的国学观念……这三个方面展开为三个阶段的发展。”[②]

1840年鸦片战争以来，中华民族不断遭到西方列强的侵略，面临着空前的民族危机。这种民族危机，激发起中国人民强烈的民族救亡意识。“在此形势下，对国学概念的思考与中华民族的国家命运紧密地联系在一起，‘国学’成为当时表达民族思想的一个方式，其代表即邓实与晚清国粹派……国粹派人士认为国家面临着灭亡的危险，就此，他们提出了‘国’和‘学’的关系”。邓实在《国学讲习记》中主张“国以有学而存，学以有国而昌”[③]，在《拟设国粹学堂启》中指出：“近日国学之亡，较嬴秦蒙古之祸尤酷……夫国于天地，必有与立。学也者，政教礼俗之所出也。学亡则一国之政教礼俗均

① 中国社会科学院语言研究所词典编辑室 . 现代汉语词典（第 7 版）[M]. 北京：商务印书馆，2016：499.

② 陈来 . 中华文明的核心价值：国学流变与传统价值观 [M]. 北京：生活 · 读书 · 新知三联书店，2015：120.

③ 桑兵，等 . 国学的历史 [M]. 北京：国家图书馆出版社，2010：81.

亡；政教礼俗均亡，则邦国不能独峙……是则学亡之国，其国必亡，欲谋保国，必先存学。”[①]邓实等国粹派的观点反映了国家与学术之间相互依赖、共同存亡的关系，他们“将国学的兴亡和国家的兴亡联系在一起，提出了国学这一概念，保守固有文化，有着深刻的政治意义”[②]。此外，邓实把爱国学与爱国联系起来，认为“国学存则爱国之心有以依附，而神州（中国）或可再造”“国学者何？一国自有之学也……君子生是国则通是学，知爱其国无不知爱其学”[③]。邓实与刘师培创办的《国粹学报》，亦提出了“保种、爱国、存学”的办刊方向。由上可知，清末“国学”概念的提出，主要是针对西方列强欲灭亡中国而言，是为了救亡图存，保存中国传统文化和学术，唤起民族意识和文化自觉，激发国人的爱国心和强国志。

辛亥革命之后到新文化运动，“国学”概念的发展进入了第二个阶段。“这个阶段的国学观念主要是文化意义的，而不是政治意义的；人们关注的不是把国学作为国家兴亡的文化基础，反而是从文化的角度，批判原有文化（中国传统文化），引进西方文化价值（科学与民主等）来发展现代中国的文化。”[④]陈独秀、胡适等新文化运动领袖主要从东西方文化比较的角度对国学和传统文化展开批判，当时争论的焦点是启蒙思想主导的西方文化与中国的文化保守主义之争。

1920 年初期到末期，“国学”概念的发展进入了第三个阶段。这一时期，“国学的概念开始广泛流行，而越来越成为一个学术概念了”[⑤]。在胡适等人倡导的“整理国故”运动的影响下，中国第一所具有近代意义的大学国学研究机构诞生了。1922 年，北京大学成立了北京大学研究所国学门。“国学门主任沈兼士敦请王静安先生为指导教授，王先生不克北上，遂聘为函授导师，书笺往返，诸研究生受益良多。”（王德毅：《王国维年谱》，第244–259页）

---

① 桑兵，等．国学的历史 [M]. 北京：国家图书馆出版社，2010：89.

② 陈来．中华文明的核心价值：国学流变与传统价值观 [M]. 北京：生活・读书・新知三联书店，2015：122.

③ 桑兵，等．国学的历史 [M]. 北京：国家图书馆出版社，2010：81.

④ 陈来．中华文明的核心价值：国学流变与传统价值观 [M]. 北京：生活・读书・新知三联书店，2015：127.

⑤ 陈来．中华文明的核心价值：国学流变与传统价值观 [M]. 北京：生活・读书・新知三联书店，2015：129.

1925 年，清华成立研究院国学门（通称为清华国学研究院）。清华校长曹云祥先于 1924 年秋计划改制，设大学各学系及国学研究院。曹云祥想把研究院办好，请胡适代为设计。胡适仿昔日书院及英国大学制，为研究院绘制一蓝图，如置导师（不称教授）数人，常川驻院，主讲国学重要科目，指导研究生专题研究，并共同治院；置特别讲师，讲授专门学科。曹云祥敦请胡适为导师，胡适很谦逊地说："非第一流学者，不配做研究院的导师，我实在不敢当，你最好去请梁任公（梁启超）、王静安（王国维）、章太炎三位大师，方能把研究院办好。"1925 年春，曹云祥敦聘梁启超、王国维、章太炎、赵元任为导师，李济之为特别讲师。梁、王、赵、李先后应聘，唯章氏不肯就。4 月 17 日，王国维到校，居清华园西院，校方恳请王国维主持院务，王国维坚辞，院中遂设办公厅，聘吴雨僧（宓）教授为主任。时院务草创，凡购置图书及招考研究生诸事，均请示王国维而后定。8 月，赵元任、李济之均到校。9 月 8 日，梁启超到校，居清华园北院。新考取的研究生，亦陆续来院注册。9 月 28 日，研究院开学，同学皆行拜师礼，礼毕，同学各做自我介绍，各位先生也都讲话，对同学多有诫勉与启发。1925 年冬，梁启超以陈寅恪于欧洲诸国语文及梵文、巴利文、蒙文、藏文、满文等修养极深，提请校方聘为导师。1926 年 5 月，陈寅恪始到校。在这四位大师及李济之的主持领导下，研究院步入昌隆之运。后来李济之追忆说："民国十四年（1925 年），为清华学堂开办国学研究院的第一年，这在中国教育界，可以说是一件创举。关系研究院的基本观念，是想用现代科学的方法整理国故。清华为研究院所请的第一批教授（实称导师），有王国维、梁启超及陈寅恪、赵元任诸先生，我是受聘去做讲师的一人。那时华北的学术界的确是很活跃的，不但是纯粹的近代科学，如生物学、地质学、医学等均有积极的研究工作表现，受人重视，就是以近代科学方法整理国故为号召，也得到社会上热烈的支持。"1929 年，由于师资不足等原因，清华国学研究院停办。

1926 年，厦门大学成立国学研究院，由当时的校长林文庆任院长，语言文学家林语堂任总秘书，语言学家沈兼士任研究主任，聚集了鲁迅、林语堂、沈兼士、顾颉刚、张星烺、孙伏园、陈万里、张颐、俄国人类学家史禄国、法国汉学家戴密微等中外著名学者。

1929年，创办于1920年的无锡国学专修馆更名为无锡国学专修学校（简称无锡国专），专门培养国学人才。由此，中国高等教育领域掀起了一场创办国学研究院所与教学机构的热潮，推动了国学研究和教育的蓬勃发展，为国家培养了许多著名的国学大师和一大批研究中华传统文化的专门人才。例如，无锡国专在30多年的时间内培养了上千名国学人才和“许多有名的学者，如王遽常、钱仲联、唐兰、吴其昌、蒋天枢、周振甫、冯其庸等，成为传承中国传统文化的重镇”[①]。冯其庸不仅成为著名的红学专家，而且还成为中国人民大学国学院的首任院长。

由上可见，国学作为一个现代高等教育学科，形成于20世纪20—30年代。当时北京大学的国学门、清华大学的国学研究院、燕京大学的国学研究所及无锡国专等纷纷成立。

2. 国学院的当代发展

20世纪90年代以来，中国传统学术在“文史哲艺”诸学科分别发展，整体性的国学研究势力渐微。现代学术呈现出明显的交叉、融合趋势，本来就强调义理、经世、考据、辞章并重，文史哲艺融通的“国学”研究与教学出现了新的热潮。中华民族在政治、经济等方面的崛起，也使社会各界对传统文化由漠视转向推崇，这也为新一轮国学学科的复兴创造了较好的外部环境。因此，国内高校纷纷创办国学院等国学教学和研究机构，开展中华优秀传统文化教育。

1992年，北京大学中国传统文化研究中心成立并出版《国学研究》。2000年，北京大学中国传统文化研究中心更名为北京大学国学研究院，是跨学科的学术研究机构，融合了北京大学文、史、哲、考古等领域的优势学科资源。北京大学国学研究院以充分发挥北京大学文、史、哲、考古等学科

① 彭林．礼乐文明与中国文化精神[M].北京：中国人民大学出版社，2016：322.

雄厚的学术力量，发掘与弘扬中华民族优秀传统文化为宗旨，联系着北京大学从事中国传统文化研究的学者共160余人。多年来，北京大学国学研究院坚持“以虚体办实事”，秉承“龙虫并雕”的方针，一方面致力于高端学术研究，撰写了《中华文明史》等重要著作；另一方面注重将中华优秀传统文化贡献给社会，与有关单位一道，制作了大型系列电视片《中华文明之光》等，引起了热烈的社会反响。北京大学国学研究院在“国学热”中一直保持着自己的本色，专心致志地投入学术研究和学生培养。北京大学国学研究院具有前沿的学术理念、扎实的学术功底、独特的办学体制和幽雅的学习环境。

2001年，武汉大学在中国率先创办国学试验班。2005年开始，国学挂靠相关学科招收硕士生。2007年，正式挂靠哲学一级学科设立国内首个国学博士点和硕士点，并报国务院学位办备案批准。2010年3月，武汉大学正式成立了国学院。

2005年5月28日，中国人民大学国学院正式宣布成立。作为新中国成立以来第一家国学院，中国人民大学国学院顺应了21世纪中华民族伟大复兴的历史潮流，标志着中国人民大学将全面启动中国新形势下的正规国学教育与研究，标志着中国人民大学决心以此为契机，为振兴国学作出贡献。中国人民大学国学院以接续文脉、培养人才、传承文明、弘扬国学、立足当今、走向未来为办学思路，以传承中华文明、弘扬国学精髓、培养国学人才和建设和谐社会等为义不容辞的神圣职责，努力在传承本国固有的悠久学术与教育传统、构建培养创新人才体系等方面发挥积极的作用。学院从海内外聘请调入一批著名专家学者，从文学院、历史学院、哲学院选调骨干教师共同组建了国学院的基本学术团队，构成了国学院强大的师资阵容。国学院的教研机构主要包括四个教研室（国学基础教研室、经学与子学教研室、国史教研室、国文教研室），三个研究所（西域历史语言研究所、中国古典文学研究所、中国古代历史研究所），两个研究中心（经学研究中心、汉藏佛学研究中心）。

2006年12月底，厦门大学正式复办国学研究院，来自教育部、福建省、厦门市领导和海内外著名高校、重要研究机构的国学研究专家代表及厦门大学领导、师生参加了复办典礼。复办后的厦门大学国学研究院以“萃取国学精华，弘扬中华文化”为宗旨，秉持“兼容并蓄、开拓创新”的学术精神，放眼世界文明发展，研究中华文化和中华学术；集聚海内外国学研究专才，构建高水平学术平台，培育国学研究新秀。厦门大学国学研究院聚集了朱崇实、陈鼓应、林安梧、林庆彰、王旭、王晓波、汪毅夫、朱水涌、李建发、陈支平、陈明光、徐梦秋、黄俊杰、郑培凯等国内外国学研究专家和专兼职教授。

2009年11月1日，清华大学国学研究院宣告正式成立。清华大学国学研究院直属清华大学，为跨学科研究机构，国学研究院特聘及专职研究人员以高、精、尖为原则。国学研究院设立访问学者制度，支持学者的研究，国内外学者亦可自带经费申请到国学研究院访问。国学研究院设立“梁启超讲座”“王国维讲座”“陈寅恪讲座”，以纪念这三位奠立了清华文科基石的大师。国学研究院编辑《清华国学文存》和《清华国学研究》，以展现本院的国学研究成果。

2014年1月，北京中医药大学国学院成立。北京中医药大学国学院以传承和弘扬中医药文化与中华优秀传统文化为使命，推进中华民族优秀文化的伟大复兴。北京中医药大学国学院下设的教研机构有中医文化教研室、医古文教研室、国学经典与大学语文教研室、国学教育与传播教研室和美育教研室等。北京中医药大学国学院立足于以中医药文化为特色的中华优秀传统文化研究，重点开展儒释道与中医学研究、易学与中医学研究、中医典籍与汉语文化研究、中医哲学与中华文明研究；整合国内外专家资源，搭建相关研究高端平台，与国内外有关机构协同创新、合作承担重大项目，在中医药文化与中华传统文化相关研究领域保持国内外领先地位；承担全校国学通识课，加强“中国哲学”“中医哲学”“医古文”“中国传统文化概论”“国学经典导读”等课程的教育教学，探讨各级各类学生国学教育模式。北京中医药大学国学院开展中医药文化与中华传统文化的科普宣传，开设中医国学讲座、论坛，利用新媒体技术宣传和推广中医药文化与中华文化，增强国家文化软实力。

2014年5月，曲阜师范大学国学院成立。该院充分发挥孔子故里的区位优势、在儒学和传统文化教育研究方面的历史积淀，以协同理念整合国内外国学学术资源，凝聚海内外国学高层次人才，联合海内外致力于弘扬中华优秀传统文化的有识之士，积极开展国学教育研究，大力培养具有深厚传统文化底蕴和当代国际视野的高水平国学人才。其建设目标为：建成以孔子儒学为特色、在海内外具有重要影响的中华优秀传统文化研究、教育教学高地，打造成中华优秀传统文化的“三基地、两中心”——国学协同创新基地、国学人才培养基地、国学高端培训基地、国学信息资料中心和国学文化产业中心，为培育和弘扬社会主义核心价值观、建设中华民族共有精神家园、推进中华文化走向世界、实现中华民族伟大复兴的中国梦提供智力支持和人才支撑。曲阜师范大学国学院建有古籍研究所、国文研究所、礼乐研究所、儒家文化研究室、经学研究所、伦理学研究所、数字多媒体研究中心、自然国学传播中心，实现了对海内外国学研究学术力量的有效整合。孔子第79代嫡长孙孔垂长先生任名誉院长，曲阜师范大学校长傅永聚教授任院长，学术委员会由来自清华大学、山东大学、北京师范大学、韩国首尔大学等12位海内外著名国学大家组成。

## 二、招收国学等相关专业学生，培养中华优秀传统文化专门人才

### 1. 北京大学国学研究院的国学教育与人才培养模式

北京大学国学研究院以培养文、史、哲相通的人才为目标，于2002年开始招收博士生，先后聘请文、史、哲及考古方面的七位学有专长的著名学者共同担任导师，提供有利于各学科交叉的课程安排、学习形式及论文指导方式，在中国传统文化的大方向下，鼓励学生选择多方向交叉的博士论文选题，以培养知识和视野较为开阔、能够进行跨学科综合研究的博士生，学制3—4年，第一学期不固定导师，第二学期确定方向及导师，学生修满学分，

并且通过论文答辩，即授予博士学位。

北京大学国学研究院为博士生开设了两门独立课程：一门是传统文化原典著作课“专书研读”，每学期由一名导师讲授一部原典著作，楼宇烈讲授的《论语》、袁行霈讲授的《陶渊明集》、陈来讲授的《中庸》等；另一门是“中国传统文化专题研讨”，课程秉承“教学相长”的精神，每学期由一位导师每周上一次讨论课，由导师讲授当前传统文化的前沿问题、最新状况，师生共同讨论，如严文明讲授“中国考古的新发现”，谈论的就是当前考古学界最新的进展。通过上述两门课程，国学研究院的博士生系统地了解了当今中国文学、历史、哲学和考古等学科的研究方法、研究思路、研究动态。北京大学国学研究院以北京大学最强的学术资源培养国学方面的高层次人才，拓展了国学跨学科研究的新路径，为北京大学的传统文化研究作出了突出贡献。国学研究院中国传统文化博士生班已招收了多届学生，秉着“宁缺毋滥”的原则严格控制报考名额，几年来，报考与录取比例大约为10∶1。

2. 中国人民大学国学院的国学教育与人才培养模式

中国人民大学国学院，学制六年，本硕连读，毕业授予硕士学位。硕士毕业后，有志于继续深造者，可以继续在本院攻读博士学位。为了提高教育质量，国学院学生从三年级开始，进入导师制，由导师引导学生尽快进入学术研究的前沿。以研究带动学习，是国学院重要的教学方法。国学院课程设置主要有学科基础课、专业必修课和专业选修课，总学分六年共180分。课程以元典研读为主，如《论语》研读、《左传》研读等，此外还有“国学概论”“海外汉学研究”等课程。

目前，中国人民大学国学院已经招收多届学生，建立了基本的课程体系，编写了系统的教科书，受到国内外学界的高度赞赏。在专业国学教育的基础上，中国人民大学国学院也致力于在社会上推广国学，要让国学深入人心，为中国文化的未来发展作出自己应有的贡献。

3. 武汉大学国学院的国学教育与人才培养模式

武汉大学国学院采取了“弘毅学堂”国学班这种基础学科拔尖学生培

养实验计划的国学教育方式。这种教育方式秉持“根基经典，回归传统，面向现代”的培养思路和“多学科交叉融合、综合创新”的教育理念，强调人文学术的知识整合、经典文本的细读、中学和西学的融通、传统考据和思想关怀并重、知识诠释和知识创新，进而向价值关怀、人格自律的次序递进，融人文博雅教育和现代学术教育为一体。国学班设计了全新的培养方案和教育改革模式，提出了学生应该具备的知识结构和素养：（1）接受周备的中国古典学术训练，具备相当的古典文本的阅读能力、考据能力和阐释能力，可以熟练地搜集、利用和处理文献资料，从事独立的研究和写作；（2）知识结构合理而具有特色，具备强烈的自我教育意识和很强的知识适应力，在“博学于文”的基础上形成个体的知识兴趣和知识关怀；（3）本科毕业生的知识能力可以基本达到同类高校文、史、哲相关专业硕士毕业生的现有水平；（4）心智稳定而健康，行己有耻，文质彬彬，有强烈的道德自律和社会关怀意识；（5）开放的文化心态，具有强烈的文明对话意识和文化创造意识；（6）熟练地掌握第一外语，第二外语要达到培养方案规定的水平。

“弘毅学堂”国学班专业课程体系以中国古典学术为主干，析为核心课程、高级研究课程和讲座课程三个递进层次。课程设计架构包括以文本为中心的经典精读课程、以学术思辨训练为中心的方法论课程和以研究意识为中心的专题课程。在教学模式上，贯彻“因材施教”理念，实行导师制，甄选学术多方、富有热情的导师，对学生进行针对性指导，激发学生的兴趣，培养其自我教育的能力和思辨的能力。通过以古典文本为中心的古典学训练，俾使学生考据、义理、辞章并重，在研习经典的基础上，对中国古代知识传统产生“理解之同情”，并养成现代学术之眼光，塑成相当的文化理解力和知识创造力。同时，标举“博学于文，行己有耻”，知识训练以心智之提升为最终诉求，激发学生的弘毅之心和人文关怀，塑造以“士操”“君子”自任的知行人生。国学班采取自主招生、高考招生录取、学校各专业中选拔等方式招录学生，采取遴选和淘汰相结合的滚动式机制。国学班学制为四年，学分要求为140学分，毕业授予文学学士、哲学学士或历史学学士学位，并颁发武汉大学“弘毅学堂”证书。

4. 厦门大学国学研究院的国学教育与人才培养模式

厦门大学国学研究院以“萃取国学精华，弘扬中华文化”为宗旨，研究中华文化和中华学术，开拓国学研究领域，放眼世界文明发展，促进哲学社会科学繁荣；秉持“兼容并蓄、开拓创新”的学术精神，聚集海内外国学研究专才，构建高水平学术平台，深入开展国学研究，培育国学研究新秀。

厦门大学国学研究院继承发扬厦门大学国学研究的优良传统，发挥多学科交叉整合优势，突出国学主流和区域性研究特色，努力建构国学研究的东南风格。厦门大学国学研究院采取以研究课题为中心的管理方式，精简管理机构和运行程序，突出学术研究和学术品位，激励重大学术问题的研究与创新，以具体课题研究的方式培养国学人才，努力培育学术精品，为构建和谐文化和实现中华民族伟大复兴，促进世界和平和文明事业发展，作出自己的重要贡献。

## 三、结合高校办学定位和学科特色，培养交叉学科的复合型人才

1. 立足学校办学定位，结合新文科建设开展传统文化教育与国学教育

教育部、中央政法委、科技部等 13 个部门于 2019 年 4 月 29 日在天津联合启动“六卓越一拔尖”计划 2.0，全面推进新工科、新医科、新农科、新文科（简称“四新”）建设，以提高高校服务经济社会发展能力。其中，新文科建设要把握新时代哲学社会科学发展的新要求，积极推动哲学社会科学与新一轮科技革命和产业交叉融合，形成哲学社会科学的中国学派，培养新时代的哲学社会科学家，创造光耀时代、光耀世界的中华文化。新文科与新工科、新医科和新农科交织交融、相互支撑，为新工科、新医科和新农科注入新元素，共同成为新一轮高等教育改革的先行者、探索者和引领者。基于此，各高校要立足自己学校的办学定位，结合新文科建设开展中华优秀传统文化教育与国学教育。

### 2. 结合学校学科优势，培养国学与自然科学、人文社会科学交叉融合的复合型人才

近年来，国学热也延伸到了企业管理领域，各种类型的企业、公司开始从中国传统文化中寻找管理智慧。基于此，各高校可以结合学校学科优势，培养国学与自然科学、人文社会科学交叉融合的复合型人才。一些著名高校举办的MBA、EMBA、总裁班的学员开始学习国学经典，希冀在中国传统文化中寻求国学智慧与管理哲学。例如，北京大学国学研究院开设了“北京大学商界领袖国学高级研究班”“博雅国学商道高级研究班”。复旦大学开设了国学与经营哲学企业家课程。

### 3. 结合地域文化特色，培养大国学范围内的冷门学科和绝学人才

冷门学科主要是指一些学术关注度低、成果产出难、研究群体小的传统人文学科领域和研究方向。绝学是冷门学科中文化价值独特、学术“门槛”很高、研究难度极大、研究群体很小甚至面临后继无人的濒危学科。甲骨学、简牍学、敦煌学、古文字学、濒危语言（方言）研究、少数民族语言文字与历史研究（藏学、蒙古学、西夏学等）、特色地域文化研究、传统文献和出土文献整理与研究等，均属于冷门绝学的范围。基于此，各高校可以结合地域文化特色，培养大国学范围内的冷门学科和绝学人才。例如，河南省内高校可以与甲骨文博物馆联合培养甲骨学人才，甘肃省内高校可以重点发展敦煌学，拥有出土文献的省份如湖北省、上海市、北京市的高校可以大力发展简牍学、传统文献和出土文献整理与研究，少数民族地区高校可以重点发展少数民族语言文字与历史研究。

# 第二节　第二种主要路径
## ——中华优秀传统文化通识教育

通识教育是高校开展中华优秀传统文化教育的第二种主要路径。在本科教育中开展通识教育是高等教育的大势所趋。通识教育既是我国高校落实立德树人根本任务，培养德、智、体、美、劳全面发展的社会主义建设者和接班人的题中应有之义，又是我国高校“双一流”建设和人才培养模式创新的有效路径。改革开放之后尤其是进入新时代以来，通识教育在国内高校蓬勃发展，各高校逐渐建立起具有本校特色的通识教育体系，建立起通识教育与专业教育的有效融合机制，为创新本科人才培养模式、变革教学管理制度、培养面向未来的复合型创新人才和担当民族复兴大任的时代新人提供了有效路径。

### 一、通识教育的理论溯源与历史发展

#### （一）通识教育的理论渊源

通识教育，又称博雅教育、人文教育，是一种不同于专业教育、职业教育、技术教育的教育方式，是指“培养学生具有多种知识和才能的教育方式”[①]或“旨在培养学生成为一个负责任的人和公民”的教育。1912 年，美国教育家亚历山大·米克尔约翰在马萨诸塞州阿默斯特学院院长就职典礼上发表了“通识教育的理论”（The Theory of the Liberal College）的演讲，指出了专业教育的弊端：“真正的学者只在自己的领域之内从事研究，这目前已经成

① 中国社会科学院语言研究所词典编辑室．现代汉语词典（第 7 版）[M]. 北京：商务印书馆，2016：1311.

为一个普遍接受的道理。如果一位学者冒险去探索自己领域与周围领域的关系，他很容易成为知识普及工作者、文人、思辨者……如果有人选择只关注自己的业务领域是因为不懂其他业务领域的知识，或是因为他不了解使他的业务变得有理据、有意义的任何相关领域的知识，那我们就可以说虽然此人很专注自己的业务，但他并不通晓，并不理解它们。这样的人，从今天所要求的通识教育的角度看，与不懂自己买卖的买卖人和只从事自己专业的职业人士没有本质差别。他与他们一样将自己封闭于狭窄的个人兴趣之内，而从来不花脑力从整体上理解自己的经验。遗憾的是，我们大学里越来越多的席位被这些仅有特定兴趣、掌握专业化知识的人占据。我们正是通过他们对孩子们进行通识教育，而他们自己都尚未称得上是通才。”①他还认为，“哲学、人文科学、自然科学、历史和文学是年轻人从通识教育中必须获取的五个部分，一个学生至少应该掌握这些知识；它们融为一体，从而有助于他理解自身经历和他所处的世界”②。

美国心理学家威廉·詹姆斯（William James）在《大学生的社会价值》（*The Social Value of the College-Bred*）一文中指出：“大学教育之所以唤作高等教育，是因为其通识性（general）与非功利性（disinterested）……在‘院校’中掌握的是一门相对狭窄的实用技能，而‘大学’赋予你更加自由的文化、广阔的视野、历史的视角、哲学的氛围，或是类似的词汇描述的东西……院校能让你成为完成特定事项的有效工具……大学和学院……却向你的整个头脑注入比技能更为重要的东西。它们重新塑造你，让你拥有良好的修养；培养你的心智，让你成为思想上的‘知音’。”③1945 年出版的《哈佛通识教育红皮书》指出，教育的目的“应该是使学生成为既掌握某种特定的职业或技艺、同时又掌握作为自由人和公民的普遍技艺的专家”④，这就需要通识教育与专业教育的结合。该书还认为，“无论在什么学科领域中，通识

① 陈福田 . 西南联大英文课：英汉双语版 [M]. 罗选民，等，译 . 北京：中译出版社，2019：648.

② 陈福田 . 西南联大英文课：英汉双语版 [M]. 罗选民，等，译 . 北京：中译出版社，2019：649-650.

③ 陈福田 . 西南联大英文课：英汉双语版 [M]. 罗选民，等，译 . 北京：中译出版社，2019：286-287.

④ 哈佛委员会 . 哈佛通识教育红皮书 [M]. 李曼丽，译 . 北京：北京大学出版社，2010：42.

教育与专业教育的区别都不在教学内容上，而在方法和观点上”①。而且，通识教育与专业教育“是一个人所应该接受的教育的两个方面。两者不可割裂，它们共同构成高等教育的目的”②。哈佛等美国大学的通识教育围绕大学每一门学科的通识观、视角和氛围，主要开展的是以文学、哲学、历史等经典学习为主的人文教育，注重培养学生健全的心智、良好的修养、自由的思维、广阔的视野，以及明辨力、同理心和敬畏心。

1940 年，我国著名国学大师钱穆在《改革大学制度议》中对大学新生入校伊始即各选其科、各受其学的制度提出异议，认为这样做是“各筑垣墙，自为疆境”，其结果是误导学生“治文学者可以不修历史，治历史者可以不知哲学，治哲学者可以不问政治”③。他感慨地说：“国家社会各色各门中坚领袖人物，则仍当于曾受大学教育之学者中求之。生心害事，以各不相通之人物，而相互从事于国家社会共通之事业，几乎而不见其日趋于矛盾冲突，分崩离析，而永无相与以有成之日。”④ 1941 年，清华大学校长梅贻琦在《大学一解》中指出：“通识之授受不足，为今日大学教育之一大通病。”⑤ 他站在“新民”的高度，旗帜鲜明地标举“通识为本，专识为末”和“通才为大，专家次之”的原则，主张大学给学生以“出身”时，应该坚持“才不通则身不得出”；而社会给毕业生以“资格”时，则应坚持“无通识之准备者，不能取得参加社会事业之资格”⑥。这是因为“以无通才为基础之专家临民，其结果不为新民，而为扰民”，故大学教育“重心所寄，应在通而不在专；换言之，即须一反目前重视专科之倾向，方足以语于新民之效”⑦。杜维明也认为，对于今天的大学来说，“最重要的就是以人为本的教育理念，要重视

---

① 哈佛委员会 . 哈佛通识教育红皮书 [M]. 李曼丽，译 . 北京：北京大学出版社，2010：43.

② 哈佛委员会 . 哈佛通识教育红皮书 [M]. 李曼丽，译 . 北京：北京大学出版社，2010：43.

③ 钱穆 . 文化与教育 [M]. 北京：生活 · 读书 · 新知三联书店，2009：62.

④ 钱穆 . 文化与教育 [M]. 北京：生活 · 读书 · 新知三联书店，2009：62–63.

⑤ 徐迅雷 . 现代大学校长文丛 · 梅贻琦卷 [M]. 合肥：安徽教育出版社，2015：22.

⑥ 徐迅雷 . 现代大学校长文丛 · 梅贻琦卷 [M]. 合肥：安徽教育出版社，2015：22.

⑦ 徐迅雷 . 现代大学校长文丛 · 梅贻琦卷 [M]. 合肥：安徽教育出版社，2015：21.

人文方面的教育"[①]。这是因为"当今的大学都有一定的工具化倾向，比如国内大多数大学的校长都是理工科背景的，而且学校普遍更重视理工类专业，对学生人文方面的培养不够重视"[②]。令人欣慰的是，近年来许多高校在实施专业教育的同时开始注重和提倡"通识教育"，提供人文训练，培养大学生的人文素质。这对于大学的发展非常重要。

### （二）通识教育的历史发展

国外的通识教育具有悠久的历史，伴随着最早的大学而诞生。英国牛津大学、剑桥大学在成立之初，就秉持人文主义的大学理想，强调培养"有教养的人"而不是"有专业知识的人才"。而"培养有教养的人或绅士"则是英国大学通识教育的目标。19 世纪以来，随着经济和社会的发展，以培养健全心智和"有教养的人"的自由教育开始遭遇专业教育的挑战。一方面，"学科制度化和学术专业化的不断推进，动摇当时自由教育的基础，理智培育在现代大学的地位逐渐式微"；另一方面，"实用主义、科学主义、国家主义等教育价值观对社会价值观念的影响和专业教育不可抗拒的趋势，使人们逐渐意识到，教育的这种发展趋势极易造成人们在理性和知识上的偏向性，并由此不断走向专业主义和科学主义的泥沼中"。所以，从 19 世纪中后期开始，为了弥补专业教育的弊端和褊狭，欧洲传统的自由教育范式逐步演变为美国高校的通识教育。

#### 1. 哥伦比亚大学的通识教育

哥伦比亚大学是"美国大学推动通识教育的始祖之一"[③]。美国现代大学通识教育的起点，通常认为"起源于 1917—1919 年的哥伦比亚大学"[④]。1916 年，哥伦比亚大学取消拉丁文考试规定后，开始尝试现代通识教育。哥伦比亚大学通识教育的传统和最大特色是持续地推动真正的共同必修课

---

① 杜维明 . 文明对话中的儒家：21 世纪访谈 [M]. 北京：北京大学出版社，2016：270.

② 杜维明 . 文明对话中的儒家：21 世纪访谈 [M]. 北京：北京大学出版社，2016：271.

③ 黄俊杰 . 全球化时代的大学通识教育 [M]. 北京：北京大学出版社，2006：139.

④ 李继兵 . 通识教育的历史——源流追溯 [M]// 尤西林 . 通识教育文献选辑 . 第一卷，起源与制度 . 北京：科学出版社，2019：120.

（common core）。该校开设的两门通识核心课是“当代文明”（contemporary civilizaiton）和“文学”（literature humanities）。“当代文明”课程包括“古文明：犹太、基督与伊斯兰之发展”“达尔文、尼采与弗洛伊德”等。“文学”课程是指“西方文学的经典著作如荷马、柏拉图、歌德和莎士比亚的作品等”。为了加强师生讨论交流、培养学生的主动研读能力，该校通识课每个班的学生人数不超过 25 人，所以，同一门课在同一时间会有四五十个班同时在上课，这就“需要相关教授的全力投入和优秀研究生的协助”。[①]

2. 芝加哥大学的通识教育

1891 年创立的芝加哥大学是一所研究型大学。1922 年，芝加哥大学开始设立学院，“专注于大学部的教育，至今这仍是芝加哥大学唯一的一个学院，它的学生有三千多人，占整个学生数的三分之一”[②]。1929年，赫钦斯（Robert Maynard Huchins，1899—1977 年）担任芝加哥大学校长之后，大力推行通识教育改革。作为永恒主义教育的代表，赫钦斯“对美国高等教育中的职业主义进行了严厉批判，认为职业主义给大学带来诸多不良后果。第一，导致大学课程的庞杂和混乱；第二，课程的智力含量降低，经验比重上升，无助于大学知识的积累和创新；第三，剥夺了大学存在的合理性依据，剥夺了大学为自由追求真理提供场所的借口”。赫钦斯强调：“大学之道首先在于所有不同系科、不同专业之间必须具有共同的精神文化基础，应该接受一种共同的教育”，这种“共同的教育”就是通识教育。只有发展通识教育或共同教育，才符合大学之道，才能沟通现代与传统，延续文明的发展。现代通识教育的内容属于永恒学习的范畴，“是人类之为人类永远需要探讨的永恒内容和永恒问题——‘共同人性’和‘本族群的属性’。而对这些永恒性的研究，其精华首先体现在西方文明自古以来的历代经典著作中”[③]。这就需要“让大学生在进入专业研究之前首先研究‘西方经典’或‘伟大著作’（great

① 黄俊杰 . 全球化时代的大学通识教育 [M]. 北京：北京大学出版社，2006：139.

② 黄俊杰 . 全球化时代的大学通识教育 [M]. 北京：北京大学出版社，2006：133.

③ 李继兵 . 通识教育的历史——源流追溯 [M]// 尤西林 . 通识教育文献选辑 . 第一卷，起源与制度 . 北京：科学出版社，2019：119-120.

books)”[①]。所以，芝加哥大学通识教育比较重视经典名著的研习和讨论。赫钦斯认为，通识教育是一种“人人都应该接受的教育，是属于所有人的教育”[②]。通识教育的目标是发展人的理解力和判断力，培养人的理智德性，训练人的心智。所以，高校的课程设置“应建立在基本而且具有永恒价值的研究上。而名著是古今人类的智慧精髓及文化宝藏，是通识教育取之不尽的教材来源，经过去芜存菁的筛选，即可作为通识教育的最佳内容。只有加强名著式的通识教育，才能培养‘通才’”[③]。

1942 年，赫钦斯的四年制本科生方案获得通过，芝加哥大学把通识教育由 2 年扩展为 4 年，由此建立了“美国现代研究型大学中最强化通识教育的本科教育制度”[④]。按照要求，芝大学院的学生有一半学分是通识核心课学分。这种通识核心课，又称为“共同核心课程”(the common core)，是由学校统一设计和规定的。芝大通识核心课主要包括六大领域，共计 21 门课程。[⑤]芝大通识教育在课程设置、教学组织、学分要求、修读规范、师资队伍、教学资源各方面都有系统设计和严格要求，形成真正的通识教育教学体系。

### 3. 哈佛大学的通识教育

哈佛大学通识教育改革开始于 20 世纪 40 年代。1945 年，哈佛大学校长科南特(Conant)、文理学院院长巴克(Paul Buck)等人组织编写的通识教育报告即《自由社会的通识教育》出版。该报告指出，教育的目的“应该是使学生成为既掌握某种特定的职业或技艺、同时又掌握作为自由人和公民的普遍技艺的专家”[⑥]，这就需要通识教育与专业教育的结合。通识教育与专业

① 吕向虹 . 论自由教育向通识教育的演变 [J]. 闽江学院学报，2008(03)：105-109.

② 李继兵 . 通识教育的历史——源流追溯 [M]// 尤西林 . 通识教育文献选辑 . 第一卷，起源与制度 . 北京：科学出版社，2019：120.

③ 李继兵 . 通识教育的历史——源流追溯 [M]// 尤西林 . 通识教育文献选辑 . 第一卷，起源与制度 . 北京：科学出版社，2019：120.

④ 李继兵 . 通识教育的历史——源流追溯 [M]// 尤西林 . 通识教育文献选辑 . 第一卷，起源与制度 . 北京：科学出版社，2019：120.

⑤ 黄俊杰 . 全球化时代的大学通识教育 [M]. 北京：北京大学出版社，2006：133.

⑥ 哈佛委员会 . 哈佛通识教育红皮书 [M]. 李曼丽，译 . 北京：北京大学出版社，2010：42.

教育“是一个人所应该接受的教育的两个方面。两者不可割裂，它们共同构成高等教育的目的”①。

1978 年，哈佛大学发布了《哈佛大学核心课程报告书》，提出用新的核心课程体系取代原有的通识课程。学生必须完成 7 门核心课程和 3 门公共必修课程的学习，并鼓励学生选修新生研讨课。“7 门核心课程分别涉及外国文化、历史研究、文学艺术、道德评判、科学、社会分析和定量推理，3 门公共必修课程则分别涉及说明文写作、一年期外国语言学习和数理应用。”②1994 年，哈佛大学规定每一位大学部学生“至少应修习通过 32 个科目始可毕业，其中 16 门为专业领域，8 门为选修科目，8—10 个科目为核心课程（通识教育，并于一年级时修习）科目”③。哈佛的通识核心课主要包括外国文化、历史研究、文学与艺术、道德思考、科学、社会分析六大领域，以及英文写作、外国语文等课程。2018 年，哈佛大学又开始了最新一轮的通识教育改革，推出的通识教育新框架把先前的“8 大板块”模式改为“4 + 3 + 1”的新课程模式，即 4 门必修通识课程（general education course）、3 门分布式课程（distribution course）和 1 门定量能力课程（quantitative facility）。哈佛大学本科生需要从“审美与文化”“伦理与公民”“历史、社会、个人”“社会中的科学与技术”这 4 大板块中分别选出 1 门通识必修课。在“艺术与人文”“科学与工程”和“社会科学”分布式课程中各修 1 门分布式课程。而“实证与数学推理”作为一个课程类别被独立出来，以提升学生的定量思维能力。哈佛大学成立了专门委员会负责细化课程目标，评估并指导课程做出必要调整。新方案从 2019 年起，完全取代之前的通识教育计划。哈佛大学的通识教育在一定程度上赋予了哈佛学生独特的气质，也造就了哈佛大

---

① 哈佛委员会 . 哈佛通识教育红皮书 [M]. 李曼丽，译 . 北京：北京大学出版社，2010：43.

② 陈绮 . 美国当代大学经典教育初探——以哈佛大学通识教育改革下的经典教育为例 [J]. 北京航空航天大学学报（社会科学版），2020,33(01)：41–47.

③ 黄俊杰 . 全球化时代的大学通识教育 [M]. 北京：北京大学出版社，2006：135.

学独特的校园文化。[1]

## 二、我国高校通识教育的历史发展与实践探索

### （一）20 世纪末我国高校实施的通识教育改革

与国外大学通识教育的悠久历史相比，国内的通识教育则起步较晚。中华人民共和国成立后，中国大学主要仿照苏联大学模式，秉持科学主义大学理想，重视严格的科学训练，强调“大学教育与科学研究相统一”的办学原则，实施的是培养专门人才而非通才的教育。这种教育理念对新中国成立之初我国高等教育影响深远，中国大学主要实施的是专业教育或专科教育，培养的是具有专门知识和专业技能的专门人才或专家学者。

国内高校实施通识教育改革开始于 20 世纪末、21 世纪初。这种改革既是对过去“专才教育”模式弊端的反思，也是为了应对高校扩招和高等教育的大发展趋势，更体现了国内高校创建世界一流大学和一流学科、培养德智体美劳全面发展的综合创新人才的雄心壮志。新中国成立后，我国高等院校实施的“专门教育模式对我国迅速建立高等教育体系、促进国民经济的恢复与发展发挥了巨大作用，但它所暴露出的弊端也非常明显”[2]。一方面，高等院校的学科和专业设置“完全按照经济部门来划分，结果使教育沦为经济的附庸”；另一方面，这种强调“专业对口”的人才培养模式，导致“学生适应面非常窄，难以适应瞬息万变的社会需求”[3]。1995年，为了解决我国高等学校人才培养方面存在的一些偏颇与不足，如过分专业化而造成的窄化思维以及人文素质薄弱等问题，教育部开始在北京大学、清华大学、中国人民大学等试点高校开展加强大学生文化素质教育工作，希望“通过加强对大学生进行文、史、哲、艺术等人文社会科学和自然科学方面的教育，以提高全体

---

① 陈绮 . 美国当代大学经典教育初探——以哈佛大学通识教育改革下的经典教育为例 [J]. 北京航空航天大学学报（社会科学版），2020，33（01）：41–47.

② 王洪才，解德渤 . 中国通识教育 20 年 : 进展、困境与出路 [J]. 厦门大学学报（哲学社会科学版），2015（06）：21–28.

③ 王洪才，解德渤 . 中国通识教育 20 年 : 进展、困境与出路 [J]. 厦门大学学报（哲学社会科学版），2015（06）：21–28.

大学生的审美情趣、文化品位、人文素养和科学素质”。1998 年 4 月，教育部发布的《关于加强大学生文化素质教育的若干意见》指出：“加强文化素质教育，对于促进教育思想和教育观念的转变，推动高等学校人才培养模式、课程体系和教学内容的改革，培养适应 21 世纪需要的高质量人才，具有重要意义”“大学生的基本素质包括思想道德素质、文化素质、专业素质和身体心理素质，其中文化素质是基础。我们所进行的加强文化素质教育工作，重点指人文素质教育，主要是通过对大学生加强文学、历史、哲学、艺术等人文社会科学方面的教育，同时对文科学生加强自然科学方面的教育，以提高全体大学生的文化品位、审美情趣、人文素养和科学素质”“加强文化素质教育，有利于使大学生通过文化知识的学习、文化环境的熏陶、文化活动和社会实践的锻炼，以及人文精神的感染，升华人格，提高境界，振奋精神，激发爱国主义情感，成为‘四有’人才；有利于大学生开阔视野，活跃思维，激发创新灵感，为他们在校学好专业以及今后的发展奠定坚实的文化基础和深厚的人文底蕴；有利于培养基础扎实、知识面宽、能力强、素质高的人才”①。

为了进一步提高大学生的文化素质、教师的文化素养和大学的文化品位与格调，教育部于 1998 年 10 月成立了高等学校文化素质教育指导委员会，并确定在全国普通高等学校建立若干个国家大学生文化素质教育基地。1999 年 6 月，中共中央、国务院做出《关于深化教育改革全面推进素质教育的决定》，提出：“当今世界，科学技术突飞猛进，知识经济已见端倪，国力竞争日趋激烈”“面对新的形势，由于主观和客观等方面的原因，我们的教育观念、教育体制、教育结构、人才培养模式、教育内容和教学方法相对滞后，影响了青少年的全面发展，不能适应提高国民素质的需要。全党、全社会必须从我国社会主义事业兴旺发达和中华民族伟大复兴的大局出发”“深化教育改革，全面推进素质教育，为实施科教兴国战略奠定坚实的人才和知识基

① 关于加强大学生文化素质教育的若干意见 [EB/OL].（1998-4-10）[1998-4-10].http://www.moe.gov.cn/s78/A08/moe_734/201001/t20100129_2982.html.

础”“实施素质教育，就是全面贯彻党的教育方针，以提高国民素质为根本宗旨，以培养学生的创新精神和实践能力为重点，造就‘有理想、有道德、有文化、有纪律’的、德智体美等全面发展的社会主义事业建设者和接班人”“实施素质教育，必须把德育、智育、体育、美育等有机地统一在教育活动的各个环节中”“高等教育要重视培养大学生的创新能力、实践能力和创业精神，普遍提高大学生的人文素养和科学素质”。自此，我国高校的文化素质教育由“典型示范”向“全面推进”的阶段迈进。随后，国家建立了32个国家大学生文化素质教育基地，组织编写“大学生文化素质教育书系”，举办一年一度的“五月的鲜花”全国大学生大型校园文艺演出活动等。至此，“这场由政府主导的文化素质教育运动在高校中如火如荼地开展起来。可以看出，文化素质教育的出发点是面向全体学生，而非个别学生”[①]。

为了真正将全面推进素质教育落实到高等学校教育教学改革的实际中，教育部原副部长周远清在《素质·素质教育·文化素质教育——关于转变高等教育思想观念的再思考》一文中对一些涉及高等教育思想观念的问题进行了思考，指出：“素质是在人的先天生理基础上、经过后天教育和社会环境的影响，由知识内化而形成的相对稳定的心理品质”“以提高人才素质作为重要内容和目的的教育就是素质教育”“素质教育，就是一种更加注重人才人文精神的养成和提高，重视人才人格的不断健全和完善，也就是说更加重视使学生学会‘做人’的教育理念”“就高等教育而言，重视素质教育就应将素质教育的思想渗透到专业教育之中，贯穿于人才培养的全过程。知识、能力、素质三者是素质教育中的三个要素，并且是相辅相成的，同时，在高等教育中贯彻素质教育的思想，为传授知识、培养能力赋予了新的内涵，提出了新的要求，对现行的教学方法也提出了挑战”“从素质教育的思想出发，对传授给学生的知识除了专业的有关知识外，更应重视学生‘为人’‘做人’所必备的知识，即相关的人文、社会、自然科学的知识”“从全面提高

---

① 王洪才，解德渤．中国通识教育20年：进展、困境与出路[J].厦门大学学报（哲学社会科学版），2015（06）：21–28.

学生的整体素质出发，更要注重培养学生的社会交往，与他人共处、共事、合作，即‘做人’的能力。素质与知识、能力密切相关，但素质是更深层次的东西，素质提高的过程也更加复杂，所以加强或注重素质教育，就要更加注重渗透性的教育，养成型的教育”“从素质教育的思想来看，高质量的人才应是知识、能力、素质的高度和谐和完美统一”“高等学校人才的培养目标应是：基础扎实、知识面较宽、能力强、素质高的专门人才”①。

西北大学原校长张岂之教授在《我理解的人文教育观》一文中阐述了我国大学的人文教育问题，指出：“大学是推进素质教育，即与专业教育相结合的素质教育的场所。21 世纪上半叶的教育离不开这个总方针”“高等教育的任务是培养优秀综合素质的人才。因为专业教育与科学（专业）素质教育具有相同的内容。除此以外，还有思想、道德、心理、身体、文化素质等方面。注意各种素质教育之间的协调发展、相互渗透，这样才能达到培养德、智、体、美全面发展的高级专门人才的要求”“文科教育是大学推行综合素质教育的基础、引导和保证”“将综合素质引进教育理论和实践，很自然地会引导出‘以人为本’的办学方针”“‘以人为本’就是把人文精神引进教育，以培养高素质人才为大学教育的目标。这是我国在 21 世纪关于大学教育观念的新发展”“大学应当是时代精神的折光镜，是先进文化的研究者和传播者，是人文精神和科学精神的统一体。科学精神主要是探究物质和生命世界的未知问题，实事求是，经得起实践检验的精神。大学专业教育就是科学精神的体现。在大学不能用人文精神代替科学精神，也不能用科学精神去排斥人文精神，二者相辅相成，相互促进。人文精神和科学精神之所以必须结合，是因为科学技术需要引导”“至于科学技术的学风问题、个人与科学群体的关系问题、科学技术成果的运用问题等，要靠人文精神去引导，使这些落实到为人的高尚理想和幸福生活服务这一焦点上。这也许就是大学文化的

---

① 周远清．素质・素质教育・文化素质教育——关于转变高等教育思想观念的再思考 [N]. 光明日报，2000-04-05.

核心”①。

## （二）21 世纪我国高校通识教育的实践探索

进入 21 世纪，我国高等院校扩招，带来了高等教育大发展，使我国高等教育快速迈进大众化阶段。“这也就使得我国的文化素质教育承载着与域外通识教育所不同的另一重使命——缓解因高校扩招所带来的学生整体素质下滑、师资水平下降以及学校急功近利的风气等诸多问题。”②基于此，许多研究型大学开启了文化素质教育改革或通识教育的探索。概括来说，国内高校的通识教育主要可以分为以下几种类型：（1）本科生书院制；（2）跨学科、宽口径的实验班制；（3）面向全体学生的通识课程制。

### 1. 本科生书院制

为了打破传统学院之间的壁垒，加强不同专业学生的交流，实现真正的通识、通才教育，国内许多高校在学习借鉴中国古代书院和欧美著名大学住宿学院制度经验的基础上，开始积极探索本科生书院制的通识教育模式。目前采用这种通识教育方式的高校主要有复旦大学、西安交通大学、中国人民大学等。

（1）复旦大学的书院制改革

2005 年 9 月，复旦大学成立复旦学院，作为学校实施通识教育的教学、研究和管理机构，标志着复旦在全国高校中举起了实施通识教育的旗帜。2012 年 7 月，复旦大学正式宣布组建新的复旦学院（本科生院），承担全校本科教学发展和管理职能。新复旦学院下设志德书院、腾飞书院、克卿书院、任重书院和希德书院 5 个贯穿本科教育阶段的住宿书院。复旦大学通识教育旨在打破分门别类的学科壁垒，贯彻人类学问与知识的共同基础。本着这样的通识教育的理念，复旦学院构建了含七大模块的通识教育核心课程体系：“文史经典与文化传承”“哲学智慧与批判性思维”“文明对话与世界

---

① 张岂之 . 中华人文精神 [M]. 西安：陕西人民出版社，2007：261-267.

② 王洪才，解德渤 . 中国通识教育 20 年：进展、困境与出路 [J]. 厦门大学学报（哲学社会科学版），2015（06）：21-28.

视野”“社会研究与当代中国”“科技进步与科学精神”“生态环境与生命关怀”和“艺术创作与审美体验”，这些核心课程在整个复旦通识教育体系中具有基础性地位。复旦首批建成50门通识教育核心课程，此后核心课程数量逐步增加，到2014年，复旦已经建设通识核心课程180余门，形成了相当的规模，基本满足每学期学生的修读要求。

（2）清华大学的书院制改革

清华大学从2014年开始施行书院制，先后成立了新雅书院、致理书院、日新书院、未央书院、探微书院、行健书院等实体书院。新雅书院成立于2014年9月27日，成立初期按照“通识教育实验区”本科教育改革项目运行。2016年5月，清华成立实体化清华大学新雅书院，同时制定新雅书院招生计划和本科生培养方案。从2016年起，新雅书院面向全国高中招生，文理兼收，学生入学时不分专业，首先接受以数理基础和人文社科基础为核心的小班通识教育，一年后学生可自由选择清华大学任何专业（临床医学除外）以及两个特设交叉专业——智能工程与创意设计（CDIE）和政治经济与哲学（PPE）。清华大学新雅书院的办学特色是“文理相长、通专融合、自择专业、全面发展”。书院推行由通到专、通专融合，跨学科发展的培养模式，为具有较大综合发展潜力的学生提供优质的文理通识教育和多学科、跨学科的专业教育。通过打开一扇扇认知和思考的窗口，激发和引导学生用联系的、发展的眼光，多方位、多视角、跨学科地审视和对待自己所学的专业，了解其发展过程及其与其他知识领域的联系，培养具有全球视野、中国情怀、通专融合、交叉发展的优秀人才。

2020年1月14日，教育部印发《关于在部分高校开展基础学科招生改革试点工作的意见》，启动实施强基计划。强基计划是国家高考综合改革的重大举措，也是国家人才选拔培养机制的重大创新探索。为实施好强基计划，清华大学推进完善以通识教育为基础、通识教育与专业教育相融合的本科教育体系，创设了致理、日新、未央、探微、行健五个实体书院。致理书院承担“强基计划”中数学与应用数学、物理学、化学、生物科学、信息与计算科学等专业的人才培养工作。日新书院承担着“强基计划”中历史学、哲学、汉语言文学和古文字学方向的本科人才培养工作，其中哲学入选教育部基础学科拔尖计划2.0基地。未央书院负责“强基计划”中数理基础科学（含工程衔接方向）专业的理工双学位本科人才培养，积极探索“理＋工”双学位的本科育人新方式。探微书院承担化学生物学（含工程衔接方向）专业的人才培养工作，打造化学生物学及其相衔接领域的教育、科技和产业领军人才。行健书院负责理论与应用力学（含工程衔接方向）专业的人才培养，培养有志于服务国家战略需求的“宽口径、厚基础、广交叉、重创新”领军人才。

（3）中国人民大学的书院制改革

2020年7月，中国人民大学开始了书院制改革，成立了明德书院、明理书院。明德书院将承担文学院、历史学院、哲学院、国学院四个人文学科学院按照人文科学试验班实施大类招生的本科生第一年的培养管理，以及哲学、历史学、汉语言文学（古文字方向）三个“强基计划”的建设和培养工作。明理书院将承担统计学院、数学学院、信息学院、环境学院、高瓴人工智能学院五个理工学科学院按照理科试验班实施大类招生的本科生第一年的培养管理。

中国人民大学明德书院、明理书院均按照教学管理、学生管理以及学生学习生活社区“三位一体”的人才培养功能定位，发挥人才培养的重要作用。两个书院作为学校深化本科人才培养体系机制改革的先行探索，致力于更加有效落实中国人民大学“思想引领、通专结合、实践创新”的特色培养理念，完善以“根基上的通识教育、宽口径厚基础的专业教育、基于兴趣自主选择学习的个性化教育，注重研究性学习和跨学科研究实践的创新教育”为核心的“通专结合，全面育人”人才培养体系。

2. 跨学科、宽口径的实验班制

目前采用这种通识教育方式的高校主要有浙江大学竺可桢学院、北京大学元培学院、南京大学匡亚明学院、中山大学博雅学院、清华大学新雅书院等。

（1）竺可桢学院与浙江大学实验班制度教学改革

浙江大学是国内最早实施本科实验班制度人才培养模式的高校之一。竺可桢学院是浙江大学对优秀本科学生实施“特别培养”的荣誉学院，是学校实施英才教育、培养优秀本科人才的一个重要基地，同时也是学校深化教育教学改革的引领者和先行者。2000 年，浙江大学竺可桢学院成立，设立文科实验班、理科实验班。2006 年，浙江大学竺可桢学院调整混合班、文科实验班、理科实验班为工、文、理三大类平台。2010 年，浙江大学竺可桢学院把工、文、理三大类平台调整为混合班、人文社科实验班，设立求是科学班（数学、物理、化学、生物、计算机）。2016 年，浙江大学竺可桢学院设立工科实验班，下设三个双学位班级（数学与应用数学 + 金融、计算机科学与技术 + 自动化、计算机科学与技术 + 统计学）。2017 年，浙江大学竺可桢学院设立应用生物科学（农学）实验班，即新神农班。2018 年，浙江大学竺可桢学院设立社会科学实验班（公共管理英才班）、能源与环境系统工程班（智慧能源班）。2019 年，浙江大学竺可桢学院设立图灵班（包括计算机科学与技术、人工智能、信息安全三个专业）。2020 年，浙江大学竺可桢学院设立强基计划班（数学、物理学、化学、生物科学、工程力学、基础医学、哲学、历史学、汉语言文学）。浙江大学竺可桢学院秉承“志存高远、追求卓越”的院训，以“为杰出人才的成长奠定坚实的基础”为宗旨，实施哲学思想教育、数理能力训练等本科全程培养的卓越教育计划，为培养造就基础宽厚，知识、能力、素质、精神俱佳，以及在相关领域具有全球竞争力的高素质拔尖创新人才和未来各界领军人物奠定坚实基础。学院依托浙江大学齐全的学科门类和高水平师资，采用多元化培养模式和个性化培养方案，为优秀学生的个性充分发挥、潜能充分发掘提供朝气蓬勃、张弛有度的发展空间。

（2）元培学院与北京大学的实验班制度教学改革

北京大学是国内最早实施本科实验班制人才培养模式的高校之一。北京大学元培学院以老校长蔡元培的名字命名，借鉴世界优秀大学的成功经验，坚持贯彻加强基础、促进交叉、尊重选择、卓越教学的方针，建立起一套具有中国特色的博雅教育计划和北京大学风格的本科人才培养模式，旨在以先进的培养理念和优质的教研力量培养具有爱国情怀、国际视野、创新精神和实践能力的高素质领军人才。2001 年 9 月，北京大学设立了元培计划实验班，积极开展人才培养模式的探索与实践。2007 年，北京大学第一个非专业类本科学院“元培学院”正式成立，标志着北京大学本科教育改革进入一个新阶段。2008 年，首个跨学科专业“古生物学”和第二个跨学科专业“政治学、经济学与哲学”的成立，标志着元培学院正式启动跨学科专业建设。2011 年，元培学院设置第三个跨学科专业“外国语言与外国历史”，“住宿制书院”模式探索进入实践阶段。2014 年，元培学院设置第四个跨学科专业“整合科学”，并通过开设面向全院的通识教育核心课程，探索通识教育新模式。2015 年，元培学院设置第五个交叉学科专业“数据科学与大数据技术”。2018 年 9 月，元培学院与全校各院系合作，建设更丰富的新生讨论班和更多类型的通识教育核心课程，进一步完善学院通识教育体系。2020 年开始，北京大学基础学科招生改革试点工作首次实施“强基计划”招生，包括数学、物理、化学、生物、力学、中文（古文字学）、历史、哲学、考古和基础医学 10 个 A+ 学科。为加强基础学科拔尖创新人才选拔培养，北京大学于 2020 年 8 月成立博雅学堂，并在理学部、人文学部、相关院系和教务部、教务长办公室等职能部门通力合作下，组织北京大学上述基础学科的顶尖师资，为这些基础学科的新生开设两门系列讲座新课，让新生尽快从大学生的角度了解这些学科的内涵和魅力。[①]

（3）匡亚明学院与南京大学的实验班制度教学改革

南京大学推进通识教育的试点单位是匡亚明学院。2006 年 3 月，为继承和发扬南京大学老校长匡亚明的教育思想和办学理念，进一步推进通识教育的办学思想和教育理念，南京大学决定将基础学科教育学院更名为匡亚明

① 博雅学堂开课助推基础学科人才培养 [EB/OL].（2020-9-28）[2020-9-28].https://www.thepaper.cn/newsDetail_forward_9381131.

学院。匡亚明学院的培养理念是：实施“以重点学科为依托，按学科群打基础，以一级学科方向分流，贯通本科和研究生教育”的模式，致力于在创新本科教育教学、通识教育、学生科技创新、国内外合作培养人才和大学生思想政治教育工作等方面不断探索创新的人才培养模式，使高素质创新人才和拔尖人才脱颖而出。培养具有良好的科学素养、人文素养，较宽厚的业务基础，较强的创造能力、适应能力和发展潜力的学生。适应各学科之间日益渗透的发展趋势和应对世界新技术革命的挑战，适应“面向现代化、面向世界、面向未来”的要求。匡亚明学院按照大理科（包括数学、物理、天文、化学、生物、计算机、生物化学、生物物理、脑科学与人工智能等）和应用文科（经济商学、法学、新闻）的模式实施教学。第一年设置文、理科大平台通修课程，第二年按模块设置核心课程，第三年为专业核心课程，第四年为选修课程、科研训练课程和毕业论文。各个模块（各个基地）之间的部分核心课程可以替代或覆盖。学院鼓励学生选修多种学科的课程，以从事交叉学科和边缘学科的研究。学院按照“多次选择、逐步分流、兼顾各方”的原则，统一组织教学和学籍管理，从第三年起逐渐分流到各个相关学科方向。多年来，学院通过不断的教育创新，在培养有创新能力的个性化基础学科人才方面形成了自己的特色。在教学上，学院注重通识教育，扎实宽厚基础的构建和早期科学研究的训练。为期一年的科学研究训练则由活跃在学科前沿的包括科学院院士、博士生导师和杰出青年科学家在内的导师进行指导。并积极拓宽国际化人才培养路径，依托国家重点学科，不断探索，实施精英拔尖创新人才的培养。匡亚明学院作为南京大学乃至教育部教育改革和杰出人才培养的创新试点单位，取得了卓著的成功，先后培养了匡亚明学院本院1800余名从事物理、数学、化学、生物和相关交叉学科的科学研究型青年人才以及从事行政管理、金融服务、科技企业等领域的应用型青年人才；其“以重点学科为依托，按学科群打基础；以一级学科方向分流，贯通本科和研究生教育”的大理科培养模式，已在国内甚至国际上产生了重要影响。匡亚明学院的创新办学模式，为南京大学进行本科教学“三三制”改革的实施打下坚实的基础，在国内高校起了明显的示范作用。

上述高校的通识教育模式属于培养跨学科、宽口径复合型人才和世界领军人才的教育模式，体现了这些高校创建“双一流”（世界一流大学、一流学科）、培养拔尖创新人才的雄心。

3. 面向全体学生的通识课程计划与体系

目前采用这种通识教育方式的高校主要有西安交通大学、武汉大学和北京建筑大学等。

（1）西安交通大学的通识教育改革

西安交通大学“以立德树人为根本，以培养德才兼备、全面发展的人为理念，以塑造学生具有科学精神、人文情怀、全球视野、创新思维和责任担当为目标，全面致力于培养面向未来的引领型人才”①。基于这样的人才培养目标，西安交通大学提出了“2+4+X”和“通识教育 + 宽口径专业教育”的培养模式，形成了“厚基础、宽口径”、科学文化与艺术交融的西安交通大学通识教育特色。2010 年，西安交通大学首次提出建设通识类核心课，到 2011 年已经建成“中国传统文化”“中国哲学名著选读”“道家智慧”等 17 门通识核心课。2015 年，西安交通大学在《2015 版本科生培养方案》中制定了“通识教育 + 宽口径专业教育”的人才培养模式。2016 年，该校出台了基础通识类课程建设管理办法，成立了通识教育分委员会。2017 年，该校教务处成立了通识教育中心，负责通识课程的规划建设和日常管理工作。2018 年，按照大类招生和人才培养的要求，西安交通大学教务处制定了通识核心课建设标准，重新修订了通识课建设模块，从内涵建设和质量提高两方面改造升级原有的通识核心课，建成了 68 门核心课、100 余门选修课。同时，为了落实“厚基础、宽口径”的目标和大类培养的要求，西安交通大学实行“通专融合的培养模式”，注重培养“学生在通识基础方面的宽广视野和基础

① 杨建科 . 厚积而薄发——谈通识教育与专业教育 [M]// 甘阳，孙向晨 . 通识教育评论 · 2020 年（总第 7 期）. 上海：复旦大学出版社，2020：44.

性的、可迁移的能力”[①]，注重方法论训练、学科交叉和价值观塑造，在“资源政策等方面倾斜，鼓励教师投入通识教育”[②]。西安交通大学的学生“在大学一年级不分专业，不学习任何专业课程，只进行通识教育。一年级末，按照‘综合成绩有限，遵从志愿’的原则确定主修专业……为学生的成才提供更广阔的空间”[③]。

（2）武汉大学的通识教育改革

为了真正实现专业教育向通识教育的转换、培养合格公民和博雅君子，武汉大学于2016年正式开启了“武大通识3.0”这一新的课程体系，开创了以“博雅弘毅，文明以止，成人成才，四通六识”为核心理念的武汉大学通识教育模式。[④]武汉大学3.0版本的通识教育课程体系的“核心元素就是‘人文社科经典导引’与‘自然科学经典导引’”[⑤]，这两大“导引”课程旨在“对大一同学进行启蒙性质的通识教育，打开学生视野，激发学生兴趣，培养学生博雅品位，养成学生君子人格，并为后面三年的核心及一般通识课程的学习打下良好基础”[⑥]。“人文社科经典导引”和“自然科学经典导引”是武汉大学首次面向全校本科生开设的以跨学科经典阅读为模式的两门基础通识课。这两大“导引”课程是其“4-2-660”课程体系中的“2”——两门基础通识课程，两大“导引”课程“以‘人、自然、社会’为关键词，以‘如何成人’为问题域，以‘四通六识’为具体目标，集中体现出‘3.0’的核心理念，因而构成‘武大通识教育3.0’的核心元素”。目前，“人文社科经典导引”和“自然科学经典导引”这两门基础通识教育课程已经写进《2018年武汉大学本科培养方案》。武汉大学的本科培养方案规定通识教育为12个学

---

① 杨建科．厚积而薄发——谈通识教育与专业教育[M]// 甘阳，孙向晨．通识教育评论·2020年（总第7期）．上海：复旦大学出版社，2020：44.

② 杨建科．厚积而薄发——谈通识教育与专业教育[M]// 甘阳，孙向晨．通识教育评论·2020年（总第7期）．上海：复旦大学出版社，2020：44.

③ 杨建科．厚积而薄发——谈通识教育与专业教育[M]// 甘阳，孙向晨．通识教育评论·2020年（总第7期）．上海：复旦大学出版社，2020：44.

④ 李建中．人文社科经典导引[M]. 武汉：武汉大学出版社，2018：2.

⑤ 李建中．人文社科经典导引[M]. 武汉：武汉大学出版社，2018：1.

⑥ 李建中．人文社科经典导引[M]. 武汉：武汉大学出版社，2018：3.

分，其中两大“导引”课程共 4 个学分，占通识课程总学分的 1/3。武汉大学非常重视“人文社科经典导引”和“自然科学经典导引”课程，“每一门‘导引’课程的建设经费达百万元，而且举全校师资之力建设两大‘导引’课程。两大‘导引’课程的课程团队约 60 人，来自全校 6 大学部的 20 多个院系……团队全体成员都有共同的人文情怀、博雅理念和奉献精神……努力使武汉大学全体本科生拥有高质量、高品位的‘共同核心课程’”①。武汉大学两大“导引”课程采用“大班授课，小班研讨”的教学模式，“大班授课”以教师为主体，“小班研讨”以学生为主体，最终形成“交互主体”。两大“导引”课程的培养目标是“如何成人”和“人文化成”，教学方案分为 4 大课程板块、12 个课程单元（12 部经典），每个课程板块 8 学时：教师大班导读 6 学时，学校小班研讨 2 学时。“人文社科经典导引”课程“精选 12 部中外伟大著作，从不同角度切入一个共同的主旨：如何成‘人’”②。“人文社科经典导引”的课程目标是“观乎人文，以化成天下”，引导学生阅读中外社科经典的过程，就是一个“观乎人文”的过程；而“观”所要达成的目标，则是“化成天下”。“导引”所选 12 部中外经典，以关键词“人”为核心，可凝练为 4 项理论命题，并呈现为 4 大课程板块及 12 个课程单元：①《论语》《庄子》与《坛经》，人的仁性、天性与悟性；②《史记》《文心雕龙》与《红楼梦》，人的使命、博雅与爱恨；③《历史》《斐多》与《审美教育书简》，人的历史、生命与审美；④《论法的精神》《国富论》与《正义论》，人的自由、理性与正义。

（3）北京建筑大学的通识教育改革

北京建筑大学从 2016 年开始实施通识教育改革，形成了以通识基础课、通识核心课和通识任选课为主要内容的全校通识教育课程体系。其中，通识核心课程是建设的重点。为了加强通识核心课程管理、保证通识教学质量，北京建筑大学建立了管理通识教育的专门机构——通识教育中心，制定了

① 李建中 . 人文社科经典导引 [M]. 武汉：武汉大学出版社，2018：2.

② 李建中 . 人文社科经典导引 [M]. 武汉：武汉大学出版社，2018：3.

《北京建筑大学通识教育方案》。该方案主要包括课程模块设置、课程课时安排、课程修读规定、课程实施程序、课程师资标准、课程教学管理、课程考核方法、课程运行保障、课程教材建设等9项内容。北京建筑大学通识教育核心课程划分为“经典赏析与文化传承”“哲学视野与文明对话”“科技革命与社会发展”“建筑艺术与审美教育”“生态文明与未来城市”五个模块，共设置25门课程（20门面授课程，5门线上课程）。每门通识核心课程为2个学分，共计32学时，在一学期内完成教学。凡2016年9月以后入学的全校本科生要在5个核心课程模块中任选4个课程模块，在大四之前完成4门通识核心课程的学习，修满8个学分才可以获得毕业资格。通识教育核心课程由具有丰富教学经验的骨干教师承担，形成了一支年龄结构合理、教学水平高、教学效果好的师资队伍，同时也聘请校外专家学者开展专题讲座和“课中课”，吸纳北京大学、清华大学、中国人民大学、北京师范大学、中国社科院大学等知名高等院校专家来补充师资。

由上可知，上述高校的通识教育模式在核心课程的设立、课程属性与修读方式、师资队伍建构等方面是对哈佛大学、芝加哥大学等国外高校通识教育模式和经验的吸收借鉴。

## 三、我国高校开展中华优秀传统文化通识教育的实践路径

中华优秀传统经典教育是我国高校开展通识教育的主要路径，中华传统艺术、技艺、体育和礼仪等课程则是高校开展通识教育的辅助路径。

### （一）中华优秀传统经典教育

#### 1. 经典教育与中华优秀传统经典教育

“经”是指传统的具有权威性的著作或宣扬宗教教义的著作，有“经久、恒常、根本的含义”[①]，例如经书、经典等；“典”是指可以作为标准的书籍，有“典章、典范、典雅的含义”[②]，例如字典、典籍等。经典是指古今中外各

① 罗安宪. 中华传统经典诵读文本——论语 [M]. 北京：人民出版社，2017：1.
② 罗安宪. 中华传统经典诵读文本——论语 [M]. 北京：人民出版社，2017：1.

个知识领域中那些具有重大原创性、奠基性、典范性、权威性、永恒性的著作。经典是承启人类文明的载体，是民族智慧的结晶，是文化传承的载体，蕴含着丰厚的思想哲理和人文内涵，承载着人类最基本的价值观念和文化取向。

经典教育“是以经典著作为素材，并以其所蕴含的人类智慧结晶激发阅读主体的善良情感、理性认知，培养其完全人格、全面能力的教育模式”[①]，是指人们通过阅读和学习古今中外各个领域的文化精华和经典之作，来获取知识、启迪人生、陶冶情操、净化心灵。经典教育与通识教育以及大学的文化使命具有密切的关系。英国哲学家罗素在《教育的目的》中说明了经典教育对于古希腊教育和古代中国教育的重要性：“传统的中国教育在有些方面与鼎盛时期的雅典教育非常相似。雅典的学子必须通篇背诵荷马的著述，而中国的学子也要熟读儒家的经典”“卡莱尔认为柏拉图是‘高贵的雅典绅士，在理想国悠然自得’。从中国的圣贤身上，同样能看到这种‘在理想国悠然自得’的品格。而这份悠然自得往往是基督教文明的圣人所不具备的，除非他们像歌德那样深得希腊精神的精髓。雅典人和中国人一样希望享受生活，而且他们对于享受生活的理解中还融入了一份精致的审美品位”[②]。朱自清在《经典常读·序》中强调了经典训练的教育意义和文化价值：“在中等以上的教育里，经典训练应该是一个必要的项目。经典训练的价值不在实用，而在文化。有一位外国教授说过，阅读经典的用处，就在教人见识经典一番。这是很明达的议论。再说做一个有相当教育的国民，至少对于本国的经典，也有接触的义务。本书所谓经典是广义的用法，包括群经、先秦诸子、几种史书、一些集部；要读懂这些书，特别是经、子，得懂‘小学’，就是文字学，所以《说文解字》等书也是经典的一部分。我国旧日的教育，可以说整个儿是读经的教育。经典训练成为教育的唯一的项目，自然偏枯失调；况且从幼童时代就开始，学生食而不化，也徒然摧残了他们的精力和兴趣。新式教育

① 周宏．经典教育与大学本土文化履责 [J]. 学园，2011（06）：26–30.

② 陈福田．西南联大英文课：英汉双语版 [M]. 罗选民，等，译．北京：中译出版社，2019：246–247.

施行以后，读经渐渐废止。民国以来虽然还有一两回中小学读经运动，可是都失败了，大家认为是‘开倒车’。另一方面，教育部制定的初中国文课程标准里却有‘使学生从本国语言文字上，了解固有文化’的话，高中的标准里更有‘培养学生读解古书，欣赏中国文学名著之能力’的话。初高中的国文教材，从经典选录的也不少。可见读经的废止并不就是经典训练的废止，经典训练不但没有废止，而且扩大了范围，不以经为限，又按照学生程度选材，可以免掉他们囫囵吞枣的弊病。这实在是一种进步。”①

朱自清在《经典常读·序》中又说：“我国经典，未经整理，读起来特别难，一般人往往望而生畏，结果是敬而远之。朱子（朱熹）似乎见到了这个，他注‘四书’（《论语》《大学》《中庸》《孟子》），一种作用就是使‘四书’普及于一般人。他是成功的，他的‘四书’注（《四书章句集注》）后来成了小学教科书。又如清初人选注的《史记菁华录》，价值和影响虽然远在‘四书’注之下，可是也风行了几百年，帮助初学不少。但到了现在这个时代，这些书都不适用了。我们知道清代‘汉学家’对于经典的校勘和训诂贡献极大。我们理想中一般人的经典读本——有些该是全书，有些只该是选本节本——应该尽可能地采取他们的结论；一面将本文分段，仔细地标点，并用白话文作简要的注释。每种读本还得有一篇切实而浅明的白话文导言。这需要见解和经验，不是一个人一个时期所能成就的……这样办虽然不能教一般人直接亲近经典，却能启发他们的兴趣，引他们到经典的大路上去。这部小书也只是向这方面努力地工作。如果读者能把它当作一只船，航到经典的海里去，编撰者将自己庆幸，在经典训练上，尽了他做尖兵的一份儿。”②

### 2. 我国高校开展中华优秀传统经典教育的重要意义

学习是人们获取知识、增长智慧、提高素养的重要手段。阅读和学习经典既是文化的吸收和消费过程，又是文化的创造和生产过程。在信息时代，

---

① 朱自清 . 经典常读 [M]. 北京：中华书局，2019：2.

② 朱自清 . 经典常读 [M]. 北京：中华书局，2019：2–3.

搜索引擎、数据库、App、人工智能（AI）等先进技术为大学生获取知识提供了便捷和机遇，数据鸿沟、知识碎片、信息茧房等则给大学生丰富精神世界、提高文化素养、建构精神家园带来了各种各样的挑战。在这样的时代背景下，高校开展中华优秀传统经典教育就具有很大的必要性和重要性。

（1）大学生学习中华优秀传统经典的重要意义

在当今时代，大学生学习中华优秀传统经典具有很大的必要性和非常重要的意义，主要体现在以下三个方面。

第一，大学生学习中华优秀传统经典是克服信息时代网络游戏、视频直播、浅阅读等消极影响，追寻文化经典内在价值的必由之路。当代大学生经典阅读现状堪忧。据第十八次全国国民阅读调查结果显示，2020 年我国国民图书阅读率仅为 59.5%，国民人均纸质图书阅读量为 4.70 本，人均每天读书时长为 20.04 分钟；2020 年我国国民人均每天手机接触时长为 100.75 分钟，人均每天互联网接触时长为 67.82 分钟。据共青团中央维护青少年权益部和中国互联网络信息中心联合发布的《2020 年全国未成年人互联网使用情况研究报告》显示，2020 年我国未成年网民达到 1.83 亿人，互联网普及率为 94.9%。玩游戏等仍是未成年人主要的网上休闲娱乐活动，62.5% 的未成年网民会经常在网上玩游戏。未成年人在工作日玩手机游戏日均超过 2 小时的比例达到 13.2%。《王者荣耀》等游戏成为当代大学生和未成年群体最喜欢的网络游戏，许多学生不仅利用课间、吃饭、坐车等碎片化时间玩游戏，甚至在课堂上也玩游戏。相比而言，大学生中经常光顾图书馆的不足 50%，几乎没有去过图书馆的占 8%；去图书馆的学生中有 20.5% 的人只在考试前一个月到图书馆借阅书籍，这些人中 58.5% 借阅的是与专业、考试相关的辅导材料，而借阅文史哲等经典书籍的不足 30%。如今，各高校图书馆已经几乎变成了大型自习室或“免费网吧”，每天到图书馆的大学生中为应付各种考试和备战考研的占 70% 左右，还有 20% 的学生是为了上网娱乐，只有不到 10% 的学生是来图书馆借阅经典图书。所以，在信息时代，大学生读书的课余时间已经几乎被网络生活所占据，经典的阅读与学习已经被彻底边缘化了。同时，新型阅读方式（如手机阅读、Pad 阅读等）对传统阅读模式形成了巨大的冲击，影响了大学生的信息接收和知识获取方式。新型阅读方式既为大学生的学习和生活带来了便利，又带来了各种挑战。读图时代的来临、文化快餐的膨胀、网络游戏和视频直播的泛滥，使大学生失去了对文化经典内在价值的追寻，停留于感官的享受和片刻的欢愉，容易给大学生带来深层的心灵焦虑和人文缺失。在这种背景下，高校开展中华优秀传统经典教育，引导大学生走出网络、回归阅读，就显得尤为必要。

第二，大学生学习中华优秀传统经典，是传承中华文化基因、弘扬中华优秀传统文化、增强文化自信的重要路径。阅读能力的高低直接影响到一个国家和民族的未来，经典的阅读和掌握与民族竞争力的构建有着莫大的关系。南怀瑾认为，中华优秀传统经典是中国人的精神食粮，对于滋养中国人的精神生活具有重要的意义。他说："唐宋以后的中国文化，要讲儒、释、道三家，也就变成三个大店。佛学（释迦牟尼开创的佛教）像百货店，里面百货杂陈，样样俱全，有钱有时间，就可去逛逛。逛了买东西也可，不买东西也可，根本不去逛也可以，但是社会需要它。道家则像药店，不生病可以不去，生了病则非去不可""一个国家民族生病，非去这个药店不可。儒家的孔孟思想则是粮食店，是天天要吃的，'五四运动'的时候，药店不打，百货店也不打，偏要把粮食店打倒。打倒了粮食店，我们中国人不吃饭，只吃洋面包，这是我们不习惯的，吃久了胃会出毛病。"[①] 楼宇烈认为："中国传统文化是儒、释、道三家鼎足而立、互融互补的文化""我们要比较准确和深入把握中国文化，就必须了解儒、释、道三家各自发展的脉络，以及三家之间的纠葛——矛盾斗争与调和融合。"[②] 任继愈说："中华文化没有孔子，不成其为中华文化；同样，没有老子，也不成其为中华文化。对儒道两家本身及流派研究得愈透彻，对中国的认识也就愈全面。"[③] 上述观点充分说明学

① 南怀瑾 . 论语别裁 [M]. 上海：复旦大学出版社，2018：6.

② 楼宇烈 . 中国文化的根本精神 [M]. 北京：中华书局，2016：184.

③ 任继愈 . 任继愈谈文化 [M]. 北京：人民日报出版社，2010：111.

习中华优秀传统经典对于大学生了解中华优秀传统文化、滋养其精神生活的必要性和重要性。

第三，大学生学习中华优秀传统经典，可以增长知识、启迪智慧以及提高人文素养和综合能力。经典是人类最优秀思想的记录与保存，是人类精神的直接载体。大学生阅读和学习经典，不仅可以吸取经典中蕴含的丰富知识和营养，而且可以寻觅到古圣先贤传承其中的人文精神，从而提高其文化素养和综合能力。中华文化源远流长，博大精深，中华民族在漫长的发展历程中创造了无数璀璨的中华文化经典。中华优秀传统经典是在中华民族五千多年的历史长河中持续产生影响，不断地塑造着中华民族精神，蕴含着中国人基本的人生价值观念与思想方法，体现出中国人独特的思维方式、文化基因、伦理道德和人文思想的典籍，它是“传统得以传承最为重要的载体”①。

大学生学习中华优秀传统经典，可以全身心地投入与古圣先哲的精神交流之中，通过与其对话而走入其精神世界，学习其为人处世的人生智慧，为自己的成长成才和人格养成打下坚实的根基；可以启迪智慧，涵养气质，提高自己的文化素养和综合能力；可以传承文化基因，坚定文化自信，为中华民族伟大复兴和中华文化传承发展承担起自己应有的责任。

（2）高校开设中华优秀传统经典教育课程的重要意义

中华优秀传统经典教育课程是高校开展通识教育最主要的课程。经典对大学教育尤其是通识教育非常重要，“它是文化记忆的基本元素，需要一代又一代的学者解读、阐释、重构。在无穷循环的阐释与演绎中，经典犹如美酒佳酿，时间越长，其味越醇”“经典作品的甘醇伴随每一位接受过博雅教育（通识教育）之士的生命的每一个时刻，须臾不曾分离”②。所以，对大学生开展中华优秀传统经典教育，是实现跨学科的通识教育的最佳路径。这种方法可以拓宽大学生的学术视野，培养大学生的批判性思维，提高大学生的文化素养和精神品质，在厚植中华文化底蕴、涵养家国情怀、增强社会关

---

① 罗安宪．中华传统经典诵读文本——论语 [M]. 北京：人民出版社，2017：2.

② 陈福田．西南联大英文课：英汉双语版 [M]. 罗选民，等，译．北京：中译出版社，2019：5-6.

爱、提升人格修养、铸牢中华民族共同体意识、增强学生文化自信等方面都具有重要的育人功能。

中华传统文化经典是中华传统哲学和思想文化的重要载体。对《论语》《孟子》《老子》《庄子》《诗经》《周易》等国学经典开展选读和导读，是高校开展通识教育最主要的课程。这主要是因为中华传统文化的特性契合了通识教育的目标。通识教育的目标是培养全面发展的成人教育，而中华传统哲学和思想文化恰恰具有这样的先天优势。叶圣陶在《读〈经典常谈〉》中说："有些书籍的实质和形式是分不开的，你要了解它，享受它，必须面对它本身，涵泳得深，体味得切，才有得溢。譬如《诗经》，就不能专取其实质，翻译为现代语言，让学生读'白话诗经'""真正读《诗经》还得直接读'关关雎鸠'""我想，要说现代学生应该读些古书（国学经典或中华传统文化经典），理由应该在这一点上""一些古书，培育着咱们的祖先，咱们跟祖先是一脉相承的，自当尝尝他们的营养料，才不至于无本。若讲实用，似乎是没有，有实用的东西都吸纳在各种学科里了；可是有无用之用"①。在《重印〈经典常谈·序〉》中，叶圣陶又说："历史不能割断，文化遗产跟当今各条战线上的工作有直接或者间接的牵连，所以谁都一样，能够跟经典有所接触总比完全不接触好""在高等教育阶段，学习文史哲的学生就必须有计划地直接跟经典接触，阅读某些经典的全部和另一些经典的一部分。那一定要认认真真地读，得到比较深入的理解"②。叶圣陶的上述观点一方面指出了中华传统文化经典之于通识教育的重要性——它是大学生了解中华文化精华、继承祖国文化遗产、接续文化命脉、汲取文化营养的"无用"之大用；另一方面说明专业教育中的经典研究与通识教育中的经典训练之间的区别所在——专业教育中的经典研究是按照文、史、哲各个学科要求去精读、校勘、注释、研究古书，而通识教育中的经典训练是为了与经典打交道、交朋友、与经典心心相通，从而开阔学生的视野、提高学生的素养、涵养学生的

① 朱自清 . 经典常谈 [M]. 北京：中华书局，2019：207–208.

② 朱自清 . 经典常谈 [M]. 北京：中华书局，2019：202–203.

气质。杜维明在《多重现代性：东亚现代性涵义初步探讨》一文中指出，以儒学传统为主要代表的中华传统文化主张“教育应成为社会的文明之教，教育的首要目的是人格养成”，认为“学校应致力于培养全面发展的人，德育和智育并重。除了掌握知识和技能以外，通过学习还应同时培养文化素质和领会精神价值观”①。清华大学历史系教授彭林说：“我在清华大学开设选修课之前，把很多课表都看了一下，就发现现在大学里开的文化类的选修课，98%甚至更高比例的课程都是关于思想文化的，比如有《老子》《庄子》《诗经》《楚辞》《周易》等”“在大学，物质文化（通识课）很少有，制度文化（通识课）除非在历史系有一些关于经济制度、军事制度的研究，在大学的通识课上几乎空缺，所以我在清华大学开选修课的时候，就有意地避开了开设较多的那些课（思想文化类通识课），开了一门‘文物精品与文化中国’……试图介绍中国古代在天文、音乐、医学、建筑等物质文明领域的成就”②。因此，高校开设中华传统文化经典类通识课程，是完成立德树人的根本任务、培养堪当民族复兴重任的时代新人的必由之路，既可以坚定大学生的文化自信、提高大学生的文化素质，又可以涵养大学生的道德人格，增强大学生做中国人的志气、骨气和底气。

### 3. 我国高校开展中华优秀传统经典教育的实践探索

近年来，国内许多高校开始尝试在通识教育中开展中华优秀传统经典教育的实践探索，取得了一定的成效，积累了一定的经验。

#### （1）武汉大学的中华优秀传统经典教育实践探索

近年来，武汉大学通识教育开设了两门核心课程，分别为“人文社科经典导引”与“自然科学经典导引”。其中，“人文社科经典导引”精选的12部经典中有6部为中华传统文化经典，分别为《论语》《庄子》《坛经》《史记》《文心雕龙》和《红楼梦》。对这些经典开展教育，旨在引导学生“观乎

---

① 杜维明．多重现代性：东亚现代性涵义初步探讨[M]//[美]亨廷顿，哈里森 主编，程克雄，译．文化的重要作用：价值观如何影响人类进步．北京：新华出版社，2018：462.

② 彭林．礼乐文明与中国文化精神[M].北京：中国人民大学出版社，2016：312.

人文，以化成天下”，培养学生的君子人格、人文情怀和博雅理念。

（2）曲阜师范大学的中华优秀传统经典教育实践探索

曲阜师范大学专门把“具有深厚传统文化底蕴的目标”写入了大学章程，“坚持把优秀传统文化融入课程教学，面向所有本科专业开设了‘孔子与《论语》’‘《大学》《中庸》《孟子》导读’两门必修课，同时设置‘生活中的儒家伦理’‘诸子百家概说’等60余门传统文化公选课，形成了较为系统的传统文化教育课程体系”①。

（3）北京建筑大学的中华优秀传统经典教育实践探索

北京建筑大学从2016年秋季学期开始面向全校本科生开设通识教育核心课程，包括“经典赏析与文化传承”“哲学视野与文明对话”“科技革命与社会发展”“建筑艺术与审美教育”“生态文明与未来城市”五大模块。在第一大模块“经典赏析与文化传承”中，开设了“中国传统文化经典选读”“中华诗词之美”“中国历史文明概览”“大学语文”“《周易》精读”等课程，编著出版《论语悦读》《大学生国学经典读本——道德经》等系列教材，旨在培养大学生的人文素养和国学素养，增进大学生对中华民族历史和优秀传统文化的了解，增强其民族自信和文化自信。

此外，国内其他高校开设的中华优秀传统经典系列课程还包括“国学经典导读”“中华文化概论”“中国伦理学名著研读”“孔子与《论语》”“老庄与人生智慧”“孙子兵法”“中国古典诗词赏析”“《红楼梦》解读”“国史纲要”等。上述课程的设置，加强了中华优秀传统文化教育与大学通识教育的有机融合，实现了二者同向同行的协同效应。

### 4. 我国高校开展中华优秀传统经典教育的基本要求

（1）诵读与记忆中华优秀传统经典，让中华优秀传统文化入脑入心

2014年3月26日，教育部发布《完善中华优秀传统文化教育指导纲要》，对青少年学生学习中华传统文化经典给出官方定位，强调“深入学习中国古

① 魏海政，李文振，孙琪．曲阜师大实施“文化立校”战略，培养具有深厚传统文化底蕴的时代新人——答好“以文化人”的时代考卷[N]. 中国教育报，2021-09-06.

代思想文化的重要典籍，理解中华优秀传统文化的精髓，强化学生文化主体意识和文化创新意识”“辩证看待中华优秀传统文化的当代价值，正确把握中华优秀传统文化与中国化马克思主义、社会主义核心价值观的关系”“鼓励各地各学校充分挖掘和利用本地中华优秀传统文化教育资源，开设专题的地方课程和校本课程”“修订相关教材和组织编写中华优秀传统文化普及读物”。2017 年 1 月 25 日，中共中央办公厅、国务院办公厅印发了《关于实施中华优秀传统文化传承发展工程的意见》，提出：“实施中华优秀传统文化传承发展工程，是建设社会主义文化强国的重大战略任务”“把中华优秀传统文化全方位融入思想道德教育、文化知识教育、艺术体育教育、社会实践教育各环节，贯穿于启蒙教育、基础教育、职业教育、高等教育、继续教育各领域”“实施中华经典诵读工程，开设中华文化公开课，抓好传统文化教育成果展示活动”。2018 年 9 月 25 日，教育部、国家语委印发了《中华经典诵读工程实施方案》，指出：实施中华经典诵读工程的目标是希望“通过开展经典诵读、书写、讲解等文化实践活动”来进一步“挖掘与诠释中华经典文化的内涵及现实意义，引领社会大众特别是广大青少年更好地熟悉诗词歌赋、亲近中华经典，更加广泛深入地领悟中华思想理念、传承中华传统美德、弘扬中华人文精神”。中华经典诵读工程的工作目标是：“到 2025 年，使社会大众尤其是青少年更加热爱中华经典，语文素养和语言文字应用能力显著提升，具有较强的国家通用语言文字规范意识和自觉传承弘扬中华优秀传统文化的意识，普遍具有高度的语言自信和文化自信，国家通用语言文字普及率进一步提升；学校和社会中华经典诵读活动广泛开展，成为品牌，形成长效机制；贯穿大中小幼的中华经典教育体系基本完善，中华优秀传统文化蕴含的思想观念、人文精神、道德规范得到进一步挖掘诠释，展现出永久魅力和时代风采，中华经典教育、诵读、书写、讲解资源基本满足全社会的学习需求；中华优秀语言文化的国际传播更加广泛，全球中文学习者大幅增加”“用中国声音讲好中国故事、传播中国思想理念，为增强国家文化软实力打下坚实语言基础，建成与综合国力相适应的语言文化强国。”

由上可知，诵读经典仍然是广大青少年尤其是大学生学习了解中华优秀传统文化、增强文化自觉、坚定文化自信的最重要路径和最可靠方法。汤一介认为，"'文化自觉'也许最主要的就是通过阅读或诵读文化经典才能得到"[①]。大学生诵读《论语》等儒家经典，不仅可以学到"仁爱"精神，还可以提高人文素养，了解中国文化精神。[②] 高校开展中华经典诵读与教育，不仅可以提高大学生的语文素养和文化素养，使其具有自觉传承弘扬中华优秀传统文化的意识；而且可以培养大学生对中华经典的感悟，为大学生的美好人生打下鲜明中国底色，为增强其文化自觉和文化自信提供有力支撑，为增强国家文化软实力、建设中华民族现代文明打下坚实基础。

（2）学以致用，活学活用中华优秀传统经典

学以致用是中华传统教育理念之一，强调在经典学习中要做到活学活用。孔子等儒家教育家始终强调对知识的举一反三和融会贯通，反对"闻义不能徙"和"不善不能改"。在《论语·述而》中，孔子说："不愤不启，不悱不发。举一隅不以三隅反，则不复也。"这句话重点体现了孔子启发式的教学法。具体而言，老师要通过启发式教学来充分调动学生学习的积极性和主动性。当学生没有学习的兴趣和欲望时，不去教导他们。当学生自己有强烈的求知欲望而苦于无法获得求知之门径时，当他们想要表达某一想法而又不知如何表达之时，老师再去启发和开导他们。同时，老师还要注重培养学生"举一反三"的类推思维和逻辑思维，使其能够把老师所讲授的知识、道理应用到具体的学习和实践中，获得自主学习和研究的能力。北宋理学家程颢、程颐认为，学习和致用是密不可分的，读书是为了致用，"读书将以穷理，将以致用也。今或滞心于章句之末，则无所用也。此学者之大患"（《二程集·河南程氏粹言·论学篇》）。所以，大学生要活学活用中华优秀传统经典，要深入理解中华优秀传统文化蕴含的思想精华和道德精髓，强化文化主体意识和文化创新意识，把学习传统文化与完善理想人格相结合，把传承中

---

① 汤一介．汤一介集（第九卷）[M]. 北京：中国人民大学出版社，2014：354–355.

② 汤一介．汤一介集（第九卷）[M]. 北京：中国人民大学出版社，2014：354–355.

华优秀传统文化与践行社会主义核心价值观充分结合起来，推动中华优秀传统文化的创造性转化和创新性发展。

（3）知行合一，把中华优秀传统经典“内化于心，外化于行”

儒家一向强调学习是为己之事。孔子说：“古之学者为己，今之学者为人。”（《论语·宪问》）“为己”是为了修养和充实自己，“为人”是为了向别人炫耀。这句话主要是讲古今学风的不同。古代学者学习是为了提升和充实自己，所以“人不知而不愠”；现在的学者学习是为了向他人进行炫耀，所以经常“患人之不己知”。北宋理学家程颢、程颐认为：“古之学者为己而物成，今之学者为人而丧己。”（《二程集·河南程氏粹言·论学篇》）意思是说，学者如果不把所学的道德知识转化为自己的心性修养，那么他所学到的都是他人之言，对于自己又有何用呢？明代心学大师王阳明对当时知行相离的空疏学风进行了批判，明确提出了“知行合一”的哲学命题。据《传习录》记载，王阳明的学生徐爱问他：“古人说知行做两个，亦是要人见个分晓。一行做知的功夫，一行做行的功夫，即功夫始有下落。”王阳明批评说：“此却失了古人宗旨也。某尝说知是行的主意，行是知的功夫；知是行之始，行是知之成。若会得时，只说一个知，已自有行在；只说一个行，已自有知在。古人所以既说一个知又说一个行者，只为世间有一种人，懵懵懂懂的任意去做，全不解思惟省察，也只是个冥行妄作，所以必说个知，方才行得是。又有一种人，茫茫荡荡悬空去思索，全不肯着实躬行，只是个揣摩影响，所以必说一个行，方才知得真。此是古人不得已补偏救弊的说话……今若知得宗旨时，即说两个亦不妨，亦只是一个。若不会宗旨，便说一个，亦济得甚事？只是闲说话。”（《传习录》上）[①]汤一介主张，大学生诵读《论语》等文化经典和古典名著，不仅要能背诵，而且要注重“以情化理”“对孔子儒家思想‘仁爱’的内在精神产生一种感情上的共鸣”，并“使之成为日常生活的准则，这将是一生受用不尽的”[②]。所以，大学生学习中华优秀传统经典，要做到“内化

① 王守仁．王阳明全集（简体版）[M]. 上海：上海古籍出版社，2012：4.
② 汤一介．汤一介集（第九卷）[M]. 北京：中国人民大学出版社，2014：355.

于心，外化于行”，要注重完善人格修养，要关心国家命运，自觉把个人理想和国家梦想、个人价值与国家发展结合起来，把中华经典中蕴含的仁爱、诚信、和合等核心理念转化为自己的实际行动，自觉践行爱国报国、见贤思齐、见义勇为等传统美德，弘扬自强不息、厚德载物、和而不同等人文精神，坚定为实现中华民族伟大复兴的中国梦不懈奋斗的理想信念。

综上，加强中华优秀传统文化教育、学习与诵读中华经典，是构建中华优秀传统文化传承体系、推动文化传承创新的重要路径，是深化中国特色社会主义教育和中国梦宣传教育的重要组成部分，是培育和践行社会主义核心价值观、落实立德树人根本任务的重要基础。高校开展中华优秀传统文化教育，要以提高大学生对中华优秀传统文化的自主学习和探究能力为重点，增强大学生传承弘扬中华优秀传统文化的责任感和使命感；要引导当代大学生深入学习中华传统文化的重要典籍，理解中华优秀传统文化的精髓，强化学生文化主体意识和文化创新意识，引导他们辩证看待中华优秀传统文化的当代价值；引导大学生完善人格修养，培养家国情怀和爱国主义精神，自觉把个人理想和国家梦想、个人价值与社会价值结合起来，坚定为实现中华民族伟大复兴的中国梦不懈奋斗的理想信念。

### 5. 我国高校开展中华优秀传统经典教育的教学设计——以北京建筑大学为例

北京建筑大学从2016年开始实施中华优秀传统文化通识教育改革，中华优秀传统文化教育团队先后开设了“中国传统文化经典选读”“《论语》导读”“《道德经》导读”“《周易》导读”“《诗经》导读”“《中庸》精读”等课程。以“中国传统文化经典选读”课程为例，开展的中华优秀传统经典教育采取如下教学设计。

（1）“中国传统文化经典选读”课程的教学内容和课时安排

本课程是面向全校本科生的通识教育核心课程，主要选取从先秦到明清以降有代表性的中华优秀传统经典的著名篇章来进行讲解与阅读，具体包括《周易》《尚书》《春秋左传》《礼记》《孝经》《论语》《孟子》《荀子》等儒家经典，《老子》《庄子》《淮南子》等道家经典，《墨子》《韩非子》《孙子兵法》《吕氏春秋》《坛经》等其他各家经典。

本课程共计32学时，11次课。共分为五大部分：

第一部分，中华传统文化概论，4学时，通过知名教授课堂讲授让学生对中华传统文化有一个基本的了解。

第二部分，儒家经典选读，14学时，重点讲解《周易》《论语》《孟子》《荀子》《朱子语类》《传习录》等。

第三部分，道家经典选读，8学时，重点讲解《老子》《庄子》等。

第四部分，其他各家经典选读，4学时，重点讲解《韩非子》《吕氏春秋》等。

第五部分，课堂讨论、辩论及学生表演舞台剧等，2学时。

（2）“中国传统文化经典选读”课程的授课方式和考核方式

①“中国传统文化经典选读”课程的授课方式。

本课程采用课堂讲授与讨论、课外阅读与练习相结合的教学方式。课前提供参考书目，指定阅读篇章，让学生提前预习授课内容。课堂上对所选经典进行重点讲授，使学生对所选经典有一个基本的了解。课后布置练习作业，让学生通过诵读、讨论、撰写读书报告或小论文等方式加深其对所学经典的认识和理解。

同时，本课程会适当采取“课中课”的方式，聘请中国人民大学、北京大学、中央党校等校外专家学者在课堂上开展相关学术讲座。

2016年11月16日，北京建筑大学通识教育核心课之“名师讲坛”系列讲座第二讲在大兴校区图书馆凌云报告厅开讲。主讲人为中国人民大学哲学院副院长、孔子研究院副院长、博士生导师罗安宪教授。马克思主义学院院长肖建杰教授，许亮、刘炳良等老师以及来自全校各学院学生共计100余人聆听讲座。讲座由学校通识教育中心常务副主任、文法学院院长孙希磊教授主持。孙希磊教授对罗安宪教授的学术履历进行了简要的介绍，希望听讲座的同学们通过学习《周易》等传统文化经典来提高国学素养、增强文化自信。

罗安宪教授讲授的题目是“《周易》与中国传统文化”。首先，罗安宪对《周易》的构成及书名的内涵进行了解读。他认为,《周易》一书由《易经》和《易传》两部分构成。《周易》称“周”，有二解：一说为周代之“周”，一说为周普、周遍、周密。《周易》之“易”有五义：一是损、益的变化，二是生生不息，三是易简、简易，四是变易、变化，五是不易（“世界是不断变化的”这种基本规则是不变的）。其次，罗安宪结合《易传·系辞上》的名言即“易有太极，是生两仪，两仪生四象，四象生八卦”，为大家讲解了“易的宇宙图式”，对太极、两仪、四象、八卦、六十四卦、卦爻象、卦爻辞等基本概念进行了详细的讲解，并结合中国人的家庭关系等为大家讲解了“先天八卦方位图”与“后天八卦方位图”的区别。再次，罗安宪结合“乾”“坤”“泰”“否”“睽”“咸”“剥”“复”这八个卦，为大家讲解了《周易》所包含的三大基本观念：一是“生生之谓易”；二是“一阴一阳之谓道”；三是“穷理尽性以至于命”。最后，罗安宪希望同学们通过学习《周易》来把握其中所包含的中国文化基本精神，希望大家通过学习中华优秀传统文化来提高文化素养，增强文化自信。

2017 年 4 月 19 日，北京建筑大学通识教育核心课之“名师讲坛”系列讲座第十六讲在大兴校区开讲。中国人民大学孔子研究院副研究员罗祥相老师应邀来校，做题为“《道德经》的哲学与人生智慧”的讲座。罗祥相分别从老子其人其书、《道德经》的哲学智慧、《道德经》的人生智慧三个方面展开了一幅有关道家学说思想的壮阔画卷，不仅将古人的智慧讲述出来，还与现实生活有机结合，对于学生的学习、生活有重要指导作用。罗祥相重点讲解了《道德经》的哲学智慧。他通过纵观全局、逐个分析的方式，以“道”为主线，介绍了老子将天地万物根本命名为道，并由此引申至道的变化规律和形式特点，以及“物无贵贱”的“道”的观察视角。他还以萧规曹随的故事为例，阐述了无为之功效，即使在当今也能用它来治理公司、管理家庭。此外，罗祥相还讲解了《道德经》的贵柔处弱、低调谦卑而不矜夸张扬的人生智慧。

北京建筑大学通识核心课“中国传统文化经典选读”负责人许亮老师对本次讲座进行了点评，他指出罗祥相老师的讲座高屋建瓴、条分缕析、精彩纷呈，对于大学生学习和弘扬中华优秀传统文化具有重要的启示意义。他希望同学们要努力学习中华优秀传统文化，在生活中践行优秀传统文化，用先哲的人生智慧来指导学习、工作和生活。

2017 年 4 月 26 日，北京建筑大学通识教育核心课之“名师讲坛”系列讲座第十八讲在大兴校区开讲。北京大学国际关系学院朱小略老师应邀来校，做题为“《庄子》中的哲学与人生智慧”的讲座。朱小略老师在简要介绍庄子的生平简介、《庄子》一书的内容结构、阅读《庄子》的方法之后，重点选取了《庄子·内篇·养生主》来进行讲解。

朱小略老师认为，庄子是继老子之后、战国时期道家学派的代表人物，也是一位优秀的文学家、哲学家。他以庄子的代表作《庄子》阐发了道家思想的精髓，发展了道家学说，使之成为对后世产生深远影响的哲学流派。《庄子》一书是庄子学派的著述总集，全面记载了先秦道家的哲学思想。《庄子》共 33 篇，分内篇、外篇、杂篇。接着，朱小略指出，由于《庄子》书是用两千多年前战国时代的语言写成的，而且多寓言，文字诘屈，有的篇章篇幅长，寓意深奥，让读者很难真正理解庄子的思想，很难进入庄子那逍遥玄虚的精神世界。而《养生主》则是大学生阅读《庄子》、进入庄子精神世界的一把钥匙，因为这一篇只有区区五百字，是《庄子》一书中最简短的一篇。但是，它却能全面反映庄子的哲学思想与人生智慧。朱小略依次从“养生主”的三种含义、《养生主》总论、庖丁解牛与顺乎天理、右师残疾与听天顺命 、泽雉啄饮与自由可贵、秦失吊丧与安时处顺六个方面重点讲解了《庄子·养生主》这一篇章，把该篇的中心思想归纳为“顺其自然以安养精神生命”的人生哲学，具体来讲则包括“不可盲目追随智识欲望以致劳形伤神”“要依循自然的规律避开矛盾，以免性命与精神受到损伤”“要知足寡欲，避免生命遭遇困顿”“对于不可避免的事实应该安时处顺，求得生命的恬静与逍遥”等人生智慧。最后，朱小略还讲解了《庄子·养生主》的艺术特色，即丰富的想象力、现实主义与浪漫主义结合、富有感染力的语言风格等。所以，《庄子》一书有很高的文学价值与艺术价值，不仅是后世诗人、散文家、小说家等效仿的标杆，而且应该成为当代大学生阅读道家经典、学习中华传统文化的不二法门。

2017 年 5 月 3 日，北京建筑大学通识教育核心课之“名师讲坛”系列讲座第二十一讲在大兴校区开讲。上海财经大学客座教授李永强应邀来校，做题为“佛陀的生命历程与佛教的基本思想”的讲座。来自“中国传统文化经典选读”“宗教学概论”两门通识核心课程班的 130 余名同学聆听了讲座，讲座由北京建筑大学马克思主义学院副院长汪琼枝老师主持，由许亮老师进行点评。

李永强从佛陀的悟道历程、佛教的核心范畴、佛教的生命智慧三个方面进行了精彩的讲解。他认为，中国传统文化是由儒释道三大主流思想构成的。德国哲学家雅斯贝尔斯在《轴心时代》一书中曾指出，佛陀是轴心时期与孔子、苏格拉底、耶稣齐名的人类智慧的先驱。佛陀的智慧，至今对于人们安顿心灵、修身养性有着不言而喻的价值。李永强首先从自己在甘肃武威天梯山石窟参观的故事讲起，然后引入讲座的主题——人类轴心时代四大圣人之一佛陀释迦牟尼及其生命智慧。接着，李永强依次讲解了佛陀释迦牟尼的非凡家世、生卒年月、出生故事、相貌特征、少年生活、才艺技能等生平事迹以及佛陀苦行修行、菩提悟道的艰辛历程。之后，李永强重点讲解了佛教的基本思想，对四取、五蕴、六入、无名、四谛、八正道、十二缘起等佛教基本概念进行了深入细致地讲解，对佛教治心的奥秘、缘起性空等学说风靡世界的原因进行了分析。李永强旁征博引，通过寓言故事、生活经历等阐述了深奥的佛教哲理和生命智慧，对学生了解佛教的历史和现状、学习和弘扬中华优秀传统文化具有重要的启示意义。

②“中国传统文化经典选读”课程的考核方式。

本课程的考核采取课堂讨论和课后作业相结合的方式进行，通过经典诵读比赛、辩论赛、舞台剧、话剧等学生喜闻乐见的形式来考核学生对中华传统文化经典的理解程度和学习效果。总成绩 = 平时成绩（包括考勤、作业等课堂表现）×50%+ 期末成绩（经典诵读比赛、辩论赛、舞台剧或话剧汇报表演）×50%。

（3）“中国传统文化经典选读”课程的主要参考书目

①许亮，赵玥，刘炳良 . 论语悦读 [M]. 北京：经济日报出版社，2022.

②许亮 . 大学生国学经典读本——道德经 [M]. 保定：河北大学出版社，2014.

③罗安宪 . 中华传统经典诵读文本 [M]. 北京：人民出版社，2017.

## 四、高校开展中华优秀传统文化通识教育的辅助路径：中华传统艺术等课程

中华传统艺术、中华传统手工艺、中华传统体育、中华传统礼仪、中国古代科学技术等课程是我国高校开展中华优秀传统文化通识教育的辅助路径。

### （一）中华传统艺术课程

中华传统艺术课程是落实中华优秀传统文化教育的重要课程，是高校开展通识教育的第一种辅助路径，对提高大学生艺术修养、陶冶高尚情操、塑造美好心灵、弘扬中华美育精神等都具有不可替代的重要作用。中华传统艺术课程要注重引导大学生体会中华优秀传统艺术中反映出来的中华民族独特的表现方式、艺术特征、风格特点和文化内涵，形成系统认识，感悟中华优秀传统文化的魅力，提高审美与人文素养，坚定中华文化立场，提升文化艺术传承能力与创新能力，增强民族自豪感。

中国传统艺术是中华优秀传统文化的重要组成部分，是反映中华优秀传统文化的主要载体形式之一，也是世界艺术宝库中的瑰宝，闪耀着举世瞩目、璀璨独特的光芒。中华传统艺术主要载体形式包括两个方面：一是经典艺术作品，具体包括民族民间音乐、民族民间舞蹈、戏曲、曲艺、美术、书

法，以及有关中华优秀传统文化的动画、影视作品等；二是特色技艺，具体包括年画、剪纸、泥人、刺绣、皮影戏、木偶戏、服饰等适合进入学校教育的非物质文化遗产项目。某些中华传统艺术由于对人类具有重大影响而被联合国教科文组织列入非物质文化遗产名录（名册）项目 。2003 年 10 月 17 日，联合国教科文组织第 32 届大会通过了《保护非物质文化遗产公约》（简称《公约》），中国于 2004 年加入《公约》。截至 2020 年 12 月，中国列入联合国教科文组织非物质文化遗产名录（名册）项目共计 42 项，总数位居世界第一。在这 42 项非物质文化遗产名录（名册）项目中，有一类属于“表演艺术”，主要包括京剧、昆曲、粤剧、呼麦、南音、花儿、西安鼓乐、中国皮影戏、古琴等。高校中华传统艺术课程可以从中选择适当的载体形式，呈现有关中华优秀传统艺术内容。

高等教育的目标是培养德、智、体、美、劳全面发展的社会主义建设者和接班人。艺术素养和审美品质成为新时代大学生的必备素质，艺术教育和美育是高等教育不可或缺的重要内容。中共中央办公厅、国务院办公厅印发的《关于全面加强和改进新时代学校美育工作的意见》指出，“美育是审美教育、情操教育、心灵教育，也是丰富想象力和培养创新意识的教育，能提升审美素养、陶冶情操、温润心灵、激发创新创造活力”。新时代全面加强和改进高校美育工作的指导思想是“以习近平新时代中国特色社会主义思想为指导，全面贯彻党的教育方针，坚持社会主义办学方向，以立德树人为根本，以社会主义核心价值观为引领，以提高学生审美和人文素养为目标，弘扬中华美育精神，以美育人、以美化人、以美培元，把美育纳入高校人才培养全过程，贯穿学校教育各学段，培养德智体美劳全面发展的社会主义建设者和接班人”①。所以，开设面向全体大学生的中华传统艺术通识课程，对于提高大学生艺术修养、弘扬中华美育精神具有不可替代的重要作用。

通过课题组的调研发现，有 59.8% 的学生对书法、篆刻、国画、京剧等

① 中共中央办公厅 国务院办公厅 . 关于全面加强和改进新时代学校美育工作的意见 [N]. 新华每日电讯，2020-10-16.

中华传统艺术感兴趣。北京建筑大学从2016年秋季学期开始，面向全校本科生开设通识教育核心课程，在第四大模块“建筑艺术与审美教育”中，开设了“中外园林文化与艺术”“美学与工程文化”“建筑文化遗产保护”“音乐鉴赏”等课程，旨在培养大学生的艺术素养、审美精神。国内高校开设的其他传统艺术课还有“汉服赏析”“京剧艺术鉴赏”“古琴与中国音乐”“中国传统书画鉴赏”“中国书法”“中华美学”“陶瓷艺术鉴赏”等。

“中外园林文化与艺术”课程是由北京建筑大学建筑学院丁奇、李利两位教授开设的建筑艺术与审美教育类通识核心课。该课程是一门讲述国内外历代园林设计营造的课程。中外园林是世界灿烂文明的优秀成果体现。人类千百年来的园林遗存蕴含了博大的历史文化与精深的智慧。通过细解国内外园林的许多典型案例，展示出一个有着全新理解的园林艺术世界，着力解析园林营造背后的文化含义，引导同学们科学地认识世界传统与现代文化的园林。

因此，高校在开设“中华传统艺术”通识课时，要把握以下原则。一是优先开设被列入《联合国教科文组织非物质文化遗产名录（名册）项目》的传统表演艺术课程，如昆曲艺术课、京剧艺术课、古琴艺术等。二是要结合地域特点和高校特点开设相关课程，如北京市的高校开设京剧通识课，广东省的高校开设粤剧通识课，内蒙古的高校开设呼麦通识课等。三是要结合校园文化建设，深入开展创建中华优秀传统文化艺术传承活动和中华优秀传统文化教育活动，充分利用学校博物馆、校史馆、图书馆、档案馆等，结合校史、院史、学科史和人物史的挖掘、整理和研究，发挥其独特的文化育人作用。四是加强校内外资源共享和交流互动，既要引进来，邀请戏剧名家、音乐家、歌唱家等艺术大师和非物质文化遗产传承人走进高校开展通识课程系列讲座；又要“走出去”，带领选修通识课的学生到剧院、音乐厅、文化馆等参观交流和学习体验。

### （二）中华传统手工艺课程

中华传统手工艺课程是高校开展通识教育的第二种辅助路径。中华传统手工艺和特色技能是反映中华优秀传统文化的主要载体形式之一，是具有民族性、地域性特征的，以手工劳动为主的技能、技巧，如书法、篆刻、刺绣、剪纸等。有些中华传统手工艺由于对人类具有重大影响而被联合国教科文组织列入非物质文化遗产名录（名册）项目，主要包括中国篆刻、中国书法、中国剪纸、宣纸传统制作技艺、雕版印刷技艺、中国传统木结构建筑营造技艺、南京云锦织造技艺、龙泉青瓷传统烧制技艺等。所以，开设中华传统手工艺课程是培养学生工匠精神和艺术精神的有效路径。

通过课题组的调研发现，有 67.2% 的学生对中华传统手工艺感兴趣。国内高校开设的相关课程包括“茶艺文化”“剪纸艺术与实践”“文物鉴赏”“非物质文化遗产概论”。北京建筑大学在面向全校本科生开设通识教育核心课程时，也开设了“篆刻”“剪纸”“文化鉴赏”等课程，一方面提高了学生的艺术鉴赏能力；另一方面培养了学生精益求精的工匠精神，对于提高学生劳动素养和实践能力起到了重要的作用。

北京建筑大学“中国非物质文化遗产研究院”发挥在传统建筑营造技艺、传统家具制作技艺等方面的教学科研优势，于 2016 年 11 月承办文化部、教育部中国非物质文化遗产传承人群研培计划 2016 年首期传统建筑营造技艺（瓦石作砖雕）普及培训班（见图 4–1）。首期培训班共有 51 名学员，来自北京、甘肃和山西。为期 30 天的培训分为政策法规、专业知识、技艺调研、交流创作、展览研讨五大课程模块。“非遗”传承人学习文物保护修复技术和传统建筑营造技艺，有利于把中华传统技艺传承下去，构建起中华优秀工匠传承体系；有利于非物质文化遗产保护，传承弘扬工匠精神；有利于增强对传统技艺和中华文化的自信，激发了以传统技艺创作现代作品的灵感。图 4–2 为 2016 年首期传统建筑营造技艺普及培训班学员参观学习瓦石作砖雕技艺。

图 4–1　北京建筑大学承办文化部、教育部中国非物质文化遗产传承人群研培计划 2016 年首期传统建筑营造技艺普及培训班

图 4–2　2016 年首期传统建筑营造技艺普及培训班学员参观学习瓦石作砖雕技艺

高校在开设中华传统手工艺通识课时要把握以下原则。一是优先开设被列入《联合国教科文组织非物质文化遗产名录（名册）项目》的传统手工艺课程，如中国书法、中国篆刻、中国剪纸等。二是要结合高校的学科特色和教学资源开设相关课程，如建筑类高校可以开设关于中国传统木结构建筑营造技艺、中国剪纸等通识课，印刷传媒类高校可以开设宣纸传统制作技艺、雕版印刷技艺等通识课；服装纺织类高校可以开设南京云锦织造技艺等通识课。三是加强校内外交流互动，构建互为补充、相互协作的中华优秀传统文

化教育格局。既要引进来，邀请书法、篆刻、剪纸等名家和非物质文化遗产传承人走进高校开展通识课程系列讲座；又要走出去，带领选修通识课的学生到博物馆、纪念馆、艺术馆、工作坊等进行实地考察和现场教学，充分利用好校外教学资源。

### （三）中华传统体育课程

高等教育的目标是培养德、智、体、美、劳全面发展的社会主义建设者和接班人，健康的心灵和强健的体魄是新时代大学生的必备素质。2020 年 10 月，中共中央办公厅、国务院办公厅印发了《关于全面加强和改进新时代学校体育工作的意见》，指出："学校体育是实现立德树人根本任务、提升学生综合素质的基础性工程，是加快推进教育现代化、建设教育强国和体育强国的重要工作，对于弘扬社会主义核心价值观，培养学生爱国主义、集体主义、社会主义精神和奋发向上、顽强拼搏的意志品质，实现以体育智、以体育心具有独特功能。"[①]因此，高校要根据学生年龄特点和身心发展规律，认真梳理和推广武术、摔跤、棋类、射艺、龙舟、毽球、五禽操、舞龙舞狮等中华传统体育项目，因地制宜开展传统体育教学、训练、竞赛活动，并融入学校体育教学、训练、竞赛机制，形成中华传统体育项目竞赛体系，涵养阳光健康、拼搏向上的校园体育文化，培养学生爱国主义、集体主义、社会主义精神，增强文化自信，促进学生知行合一、刚健有为、自强不息。

中华传统体育课程是落实中华优秀传统文化教育的重要课程，也是开展通识教育的有效路径，对于帮助大学生强身健体、涵养情趣，促进健康行为习惯养成和身心和谐发展，传承和弘扬中华优秀传统文化有着重要作用。中华传统体育课程的内容主要包括民族民间传统体育活动（如踢毽子、抖空竹、舞龙、舞狮、踩高跷、竹竿舞等）、武术、中国式摔跤、跳绳、毽球、珍珠球、赛龙舟、传统健身功法（如五禽戏、八段锦、易筋经等）和我国传统体育文化知识等。其中，太极拳由于对人类具有重大影响而被联合国教科

① 中共中央办公厅、国务院办公厅．关于全面加强和改进新时代学校体育工作的意见 [N]. 新华每日电讯，2020–10–16.

文组织列入非物质文化遗产名录（名册）项目，属于“有关自然界和宇宙的知识和实践”。太极拳是基于阴阳循环、天人合一的中国传统哲学思想和养生观念，以中正圆活为运动特征的传统体育实践。该遗产项目注重意念修炼与呼吸调整，以五步、八法为核心动作，以套路、功法、推手为运动形式。太极拳习练者通过对动静、快慢、虚实的把控，达到修身养性、强身健体的目的。该遗产项目自 17 世纪中叶在温县陈家沟村形成以来，世代传承，在陈氏太极拳的基础上发展出以其他姓氏或姓名命名的多个流派。该遗产项目现有 80 多套拳术、器械套路和 20 多种推手方法，其文化意义和社会功能也得到不断丰富，见证了人类创造力。该遗产项目在中国得到广泛认知和实践，在促进当代人身心健康、和谐共处方面依然发挥着重要作用。

通过课题组的调研发现，国内高校开设的相关课程包括《太极扇》《太极拳》《形意拳》《射箭》等。这些课程是提高学生身体素质、增进学生对中华文化理解的重要路径。中共中央办公厅、国务院办公厅印发的《关于全面加强和改进新时代学校体育工作的意见》要求推广射艺等中华传统体育项目，因地制宜开展传统体育教学、训练、竞赛活动。清华大学在这方面已走在全国高校前列。自 2015 年开始开设了传统弓箭课，清华率先在高校中开展了“传统礼射”的重建工作，编辑出版了基础教材《礼射初阶》，创建学生社团“礼射研习会”，在各地高校引起了广泛的影响。

因此，高校在开设中华传统体育通识课时要把握以下原则：一是优先开设被列入《联合国教科文组织非物质文化遗产名录（名册）项目》的传统体育课程，如太极拳。二是要注重将中华优秀传统体育文化和养生保健知识纳入健康教育模块和体育理论知识教学之中，引导学生学习和理解其在预防疾病、增进健康、陶冶情操等方面的科学性和独特价值，弘扬中华优秀传统体育文化。三是要引导学生从武术与民族民间体育等模块中选择自己喜爱和适合学习的 1—2 项运动进行学习，较为熟练地掌握其运动技能，培养运动兴趣，强健体魄，形成 1—2 项运动专长，增强传承中华优秀传统体育文化的能力。四是通过综合性的运动练习方法、运动比赛等体育学习情境，鼓励学生学以致用，深刻体验运动和健身乐趣，促进其运动能力和体育品德的发展，完善人格，发扬中华体育精神。

### （四）中华传统礼仪课程

中国古来俗称礼仪之邦，重视礼仪是中华文明的一大特色。礼是中华传统伦理道德最为重要的一个哲学概念。礼是指礼节、仪式和规范，是人际交往的共同模式和规范体系，是古代士以上贵族的生活礼仪。《左传·隐公十一年》提出："礼，经国家，定社稷，序民人，利后嗣者也。"广义的礼，是指一个时代的典章制度，比如夏礼、周礼。狭义的礼，专指人们的行为规范、规矩、仪节。"礼的中心内容和基本原则，是充分承认存在于社会各个阶层的亲疏、尊卑、长幼差别的合理性。"①儒家重视礼，把礼作为修身、齐家、治国、平天下的根本。孔子非常重视"礼"，礼是孔子思想的出发点，仁则是孔子思想的核心。仁与礼的关系是内容与形式的关系，仁是礼的内容，礼是仁的形式。颜渊问"仁"。子曰："克己复礼为仁。一日克己复礼，天下归仁焉。为仁由己，而由人乎哉？"颜渊曰："请问其目。"子曰："非礼勿视，非礼勿听，非礼勿言，非礼勿动。"（《论语·颜渊》）孔子不仅为周礼注入了仁的内涵，而且以"六艺"（礼、乐、射、御、书、数）来教育学生。所以，礼仪教育是中国古代最重要的教育内容，形成了丰富的关于礼的文献和记载。

"礼"在当今时代依然有着重要的价值。中共中央、国务院印发的《新时代公民道德建设实施纲要》指出："充分发挥礼仪礼节的教化作用。礼仪礼节是道德素养的体现，也是道德实践的载体。要制定国家礼仪规程，完善党和国家功勋荣誉表彰制度，规范开展升国旗、奏唱国歌、入党入团入队等仪式，强化仪式感、参与感、现代感，增强人们对党和国家、对组织集体的认同感和归属感。充分利用重要传统节日、重大节庆和纪念日，组织开展群众性主题实践活动，丰富道德体验、增进道德情感。研究制定继承中华优秀

---

① 白玉林，迟铎．三礼文化辞典 [M]. 北京：商务印书馆，2019：622.

传统、适应现代文明要求的社会礼仪、服装服饰、文明用语规范，引导人们重礼节、讲礼貌。”所以，中华传统礼仪课程是高校开展通识教育的重要辅助路径。清华大学文科资深教授彭林长期从事中华传统礼仪的研究和教学，为清华大学学生长期开设“中国古代礼仪文明”通识选修课，并为东南大学学生专题讲授“礼乐文明与中国文化精神”。他认为，在高校开设中华传统礼仪等通识课程，要“与当代社会现实相结合，以当代日常礼仪重建为旨归，讲清楚中华民族的先民在冠、婚、丧、祭等仪式中的器物服饰与规范准则，阐明古典礼仪的具体仪节与思想宗旨，以现代社会生活为基本构架，作出重建日常礼仪乃至重振礼乐文化的初步尝试”。

2013 年起，彭林教授的课题团队开始对《仪礼》中的几篇礼仪进行全面复原，陆续拍摄了《士冠礼》《乡射礼》《士昏礼》《士相见礼》等复原影片。2015 年至 2019 年，重建团队拍摄了《国民基本礼仪》《中华基本礼仪》《校园礼仪》等礼仪教育片，以“敬、静、净、雅”为主题，通过设计情境，将礼仪的正、误例子演示出来；并通过旁白解说，将礼仪的规范及意义传达给观众。①

### （五）中国古代科学技术课程

中国古代科学探索历史悠久，中国古代科学技术与发明成就是中华优秀传统文化的重要组成部分，为中华民族乃至整个人类社会的进步与发展作出了杰出贡献。将中国古代科学技术与发明等内容纳入高校通识教育，对于大学生感悟中华民族的智慧、创造力和探索精神，增强大学生的文化自信和民族自豪感具有重要意义。

中国古代科学技术课程可以选取古代中国科学理论、技术发明、古代工程、传统医药（中医药）、传统工艺、遗址文物（包括古建筑）、经典器具、经典著作、历史人物等具体内容，介绍我国古代在数学、工程力学、天文学、建筑学、医学等领域的主要成就，介绍我国古代技术发明的典型案例

---

① 国家社科基金重大项目《〈仪礼〉复原与当代日常礼仪重建研究》，审核评定为“优秀”[EB/OL].（2020-12-11）[2020-12-11].https://www.rujiazg.com/article/19800.

（如泥活字等），介绍我国传统工艺和生活技艺（如云梯等），介绍我国古代文献中含技术专题的经典篇目（如《考工记》《营造法式》等），帮助大学生了解我国古人的杰出智慧，感受我国古人坚持不懈的探索精神，理解我国古代科学技术发明的原理、思想，增强民族自豪感和文化认同感，培养精益求精、追求卓越的工匠精神和勤劳肯干、吃苦耐劳的传统美德。

“北京历史变迁”是由北京史学会会长李建平研究员、北京建筑大学文法学院孙希磊教授共同开设的一门中国古代科学技术与工程类通识核心课，也是一门讲述北京城市历史的课程。它以最新的学术研究成果为基础，从历史发展、文脉继承、文化遗产三个层面，将学生带入时间、空间的历史隧道，清晰而简明地告诉他们作为世界历史文化名城的北京是如何诞生与发展的，北京历史文化的主要特色，以及城市规划、城市风貌与城市变迁之间的关系。本课程带领 21 世纪的大学生游历三千年古城、八百年都城的魅力风貌，探索中国城市文明的源起、发展脉络与精粹文化。

## 五、我国高校开展中华优秀传统文化通识教育的基本要求

### 1. 古为今用，与现代教育宗旨相符合

中华优秀传统文化通识教育不是为了发思古之幽情，也不是为了像某些电视剧里的主人公那样穿越回古代社会、过古人的生活。通识教育中的中华传统经典课、中华传统艺术与技艺课、中华传统体育课等课程要坚持古为今用、推陈出新的原则，运用传统文化资源为当今的教育服务，创新出真正适合中国国情、高校实际和学生特点的通识课程，实现“立德树人”的教育目标。

### 2. 学以致用，立足时代来开展中华文化教育

对于古今中外的通识教育经典文本，要结合时代来解读和分析，要批判地接受、创造性地转化，使理论学习能够回应时代问题、解决时代问题，从而能够推进人类学术、思想之发展。

### 3. 打破界限，实现通识教育的跨学科性

通识教育旨在打破专业教育的学科壁垒和对学生全面发展的限制。所

以，通识教育要实施跨学科的学习和交流，打破传统教育方式的狭隘性，培养学生开放的胸怀和开阔的视野，克服知识结构不合理或思维方式的局限，实现学生的全面发展和综合能力的提高。

4. 开阔视野，积极应对通识教育的全球化问题

通识教育“是主体文化精神从自在走向自觉，从潜在走向现实，从感悟转化为创造的过程，是培育、生成、壮大具有世界文化竞争力的精神的过程”，它“不以实际知识的掌握和实在技能的训练作为根本，而关注精神世界与价值世界的建设”①。所以，通识教育应该积极参与全球性的文化交流和思想碰撞，让学生从中外经典作品中汲取营养，培养学生的文化主体意识和全球视野。

## 第三节 第三种主要路径
## ——中华优秀传统文化融入式教育

我国高校开展中华优秀传统文化教育的第三种主要路径是融入式教育，即把中华优秀传统文化融入思想政治教育、专业教育和实践教育。

### 一、中华优秀传统文化融入思想政治教育

#### （一）中华优秀传统文化融入高校思想政治理论课教育的必要性和重要性

文化是民族的血脉，是人民的精神家园。中共中央办公厅、国务院办公厅印发的《关于实施中华优秀传统文化传承发展工程的意见》指出，实施中

① 陈绮．美国当代大学经典教育初探——以哈佛大学通识教育改革下的经典教育为例 [J]. 北京航空航天大学学报（社会科学版），2020，33（01）：41-47.

华优秀传统文化传承发展工程的一项重点任务就是“贯穿国民教育始终”，即“围绕立德树人根本任务，遵循学生认知规律和教育教学规律，按照一体化、分学段、有序推进的原则，把中华优秀传统文化全方位融入思想道德教育、文化知识教育、艺术体育教育、社会实践教育各环节，贯穿于启蒙教育、基础教育、职业教育、高等教育、继续教育各领域”。①所以，把中华优秀传统文化融入高校思想政治理论课教育，是推动高校思想政治工作改革创新、增强当代大学生文化自信的重要路径和有力抓手。

### 1. 中华优秀传统文化融入高校思想政治理论课教育的必要性

中华优秀传统文化融入高校思想政治理论课教育有很大的必要性，这主要是由当前高校思想政治理论课教育现状决定的。通过对北京建筑大学等高校思想政治理论课现状的前期调研发现，中华优秀传统文化融入高校思想政治理论课教育还存在一些薄弱环节和突出问题，主要表现为：

第一，一些高校思想政治理论课教育仍然存在对中华优秀传统文化相关内容的忽视，重教书轻育人、重智育轻德育、重专业知识讲授轻精神内涵阐释，对中华优秀传统文化教育重要性的认识还不高，教育内容的系统性、整体性明显不足，课程和教材体系有待完善，教师队伍整体素质有待提升。

第二，一些高校思想政治理论课教育缺乏中华优秀传统文化的相关内容，导致部分大学生缺乏对中华优秀传统文化的了解和兴趣，人文素养和国学素养不高，甚至出现价值观偏差、理想信念缺乏、道德冷漠等问题。同时，一些高校思想政治理论课教育因缺乏文化意蕴而显得动力不足，得不到广大青年学生的青睐。

第三，即使在已经开设中华优秀传统文化课程的高校，仍然存在着思想政治理论课教育和中华优秀传统文化教育“两张皮”、并未形成合力和协同效应的现象，从而导致这些高校的思想政治理论课教育缺乏亲和力、吸引力、针对性、实效性，一定程度上仍存在高校思想政治理论课教师照本宣

---

① 中共中央办公厅、国务院办公厅 . 关于实施中华优秀传统文化传承发展工程的意见 [EB/OL].（2017-1-25）[2017-1-25].http://www.rmzxb.com.cn/c/2017-01-25/1309605.shtml.

科、自说自话、缺乏生动性等问题。

2. 中华优秀传统文化融入高校思想政治理论课教育的重要性

第一，中华优秀传统文化融入高校思想政治理论课教育，有助于高校培育和践行社会主义核心价值观。把中华优秀传统文化融入高校思想政治理论课教育，可以充分发挥优秀传统文化对社会主义核心价值观的重要滋养作用，使社会主义核心价值观的培育具有深刻的文化根基。

第二，中华优秀传统文化融入高校思想政治理论课教育，有助于高校深化中国梦宣传教育。将中华优秀传统文化融入高校思想政治理论课教育，可以引导广大学生正确认识中国的历史传统、文化积淀、基本国情，坚定为实现中华民族伟大复兴的中国梦而努力奋斗的理想信念。

第三，中华优秀传统文化融入高校思想政治理论课教育，有助于改善思想政治教育模式、推动思想政治教育内涵式发展、提高思想政治教育实效性。中华优秀传统文化已经成为中华民族的文化基因，可以为人们认识和改造世界提供有益启发，可以为高校思想政治理论课教育和大学生道德教育提供智慧力量，从而有助于提高高校思想政治工作的实效性。

第四，中华优秀传统文化融入高校思想政治理论课教育，有助于提升当代大学生思想人文素养和道德修养，有利于增强大学生的文化自觉和文化自信。

## （二）中华优秀传统文化融入高校思想政治理论课教育的实现路径

1. 改革教学内容

第一，加强中华优秀传统文化教育与思想政治教育的有机融合，推动中华优秀传统文化融入高校思想政治理论课教学过程。例如：北京建筑大学“思想道德与法治”课程在讲述“弘扬中国精神，共筑精神家园”时融入中华民族精神、中华人文精神等相关内容，力求讲清楚中国精神的历史发展脉络和思想文化基础，透过中华民族精神、中华人文精神等相关范畴来丰富和完善中国精神的当代内涵和现实意义，增强中国精神的历史深度和文化厚度，增强大学生的民族自信和文化自信。北京建筑大学“思想道德与法治”

课程在讲述“注重道德传承，加强道德实践”时融入中华优秀传统文化的核心思想理念和中华传统美德等相关内容。思想理念“是中华优秀传统文化的‘骨骼’，从根本上决定着中华民族的思维方式、性格禀赋、民族特性，架构起中华儿女的心灵空间”[①]。中华优秀传统文化主要包括“讲仁爱、重民本、守诚信、崇正义、尚和合、求大同”等核心理念，它们可以为人们认识和改造世界提供有益启迪，可以为治国理政提供有益借鉴。传统美德“是中华优秀传统文化的‘经络’，维系着千百年来中华民族的团结统一，维系着泱泱大国的社会秩序，维系着中华儿女的共同情感”[②]。中华传统美德主要包括“天下兴亡、匹夫有责的担当意识，精忠报国、振兴中华的爱国情怀，崇德向善、见贤思齐的社会风尚，孝悌忠信、礼义廉耻的荣辱观念”以及“自强不息、敬业乐群、扶危济困、见义勇为、孝老爱亲”等道德规范，[③]它们体现着评判是非曲直的价值标准，潜移默化地影响着中国人的行为方式。在讲述本章时，注重融入中华优秀传统文化核心思想理念和中华传统美德，为大学生培育和践行社会主义核心价值观提供丰富的思想道德资源，增强“思想道德与法治”课程的吸引力。

又如，曲阜师范大学“坚持把优秀传统文化融入思政教育，形成了‘马克思主义指导＋儒家优秀文化滋养’特色思政课教学体系，马克思主义学院开展的‘儒学与马列双经典研读’活动被评为山东省大学生思想政治教育优秀工作案例”[④]。

第二，重点开展家国情怀教育，增强大学生传承弘扬中华优秀传统文化的责任感和使命感。例如，北京建筑大学“思想道德与法治”课程在讲述第一章“追求远大理想，坚定崇高信念”和第三章“领悟人生真谛，创造人生

---

① 刘奇葆 . 坚定文化自信 传承中华文脉 [J]. 求是，2017（08）：3–8.

② 刘奇葆 . 坚定文化自信 传承中华文脉 [J]. 求是，2017（08）：3–8.

③ 中共中央办公厅、国务院办公厅 . 关于实施中华优秀传统文化传承发展工程的意见 [EB/OL].（2017–1–25）[2017–1–25].http://www.rmzxb.com.cn/c/2017–01–25/1309605.shtml.

④ 魏海政，李文振，孙琪 . 曲阜师大实施“文化立校”战略，培养具有深厚传统文化底蕴的时代新人——答好“以文化人”的时代考卷 [N]. 中国教育报，2021–09–06.

价值”时融入中华优秀传统文化关于家国情怀教育、社会关爱教育和人格修养教育的相关内容，着力完善大学生的道德品质，培育理想人格，提升政治素养。一是开展以天下兴亡、匹夫有责为重点的家国情怀教育，着力引导大学生树立民族自信，形成为实现中华民族伟大复兴的中国梦而不懈努力的共同理想追求；二是开展以仁爱共济、立己达人为重点的社会关爱教育，着力引导大学生学会心存善念、理解他人、尊老爱幼、扶残济困、关心社会、尊重自然，形成乐于奉献、热心公益慈善的良好风尚；三是开展以正心笃志、崇德弘毅为重点的人格修养教育，着力引导大学生明辨是非、遵纪守法、坚韧豁达、奋发向上，形成良好的道德品质和行为习惯。通过这三项教育，旨在增强大学生传承弘扬中华优秀传统文化的责任感和使命感，强化大学生文化主体意识和文化创新意识，使其能够辩证看待中华优秀传统文化的当代价值，坚定为实现中华民族伟大复兴的中国梦不懈奋斗的理想信念。

2. 加强载体建设

第一，把中华优秀传统文化融入校训、大学精神等校园精神文化建设之中，塑造良好的校风学风，通过潜移默化的作用影响大学生的日常行为，实现润物细无声的效果。北京建筑大学抓好校园“硬件”建设的同时，大力抓好“软件”建设，以校训与大学精神培育、校史整理挖掘、校风学风建设为抓手来搞好校园精神文明建设，构建了融办学理念、校训、校风、大学精神为一体的精神文明体系。在“思想道德与法治”课程的讲授过程中，教师非常注重把“立德树人，开放创新”的办学理念、“实事求是，精益求精”的校训、“团结，勤奋，求实，创新”的校风、“爱国奉献，坚毅笃行，诚信朴实，敢为人先”的北京建筑大学精神灌输给学生，使北京建筑大学学子的日常言行有了可遵循的道德规范。

第二，把中华优秀传统文化融入校园环境文化建设之中，在图书馆、校史馆、教室走廊等公共场所融入传统文化元素，建设积极健康、和谐向上、底蕴深厚的校园文化环境。北京建筑大学在基础楼D座一层公共大厅电子屏上开设“中华优秀传统文化名言365句”专栏，每日更新一条传统文化经典名言警句，这些名言主要选自《中华传统文化经典百篇》等权威著作。

第三，通过举办国学论坛、传统文化普及讲座、国学经典阅读活动等社会实践，充分发挥第二课堂在弘扬中华优秀传统文化中的作用，建构全方位的优秀传统文化教育和实践体系。北京建筑大学先后邀请北京大学、中国人民大学、北京师范大学等著名高校的专家学者举办“《周易》与中国传统文化”“《道德经》中的哲学智慧”“《庄子》中的人生智慧”等国学讲座，充分发挥第二课堂以文化人、以文育人和实践育人的作用。

第四，利用校园网、微博、微信等新媒体来传播传统文化，建设中华经典资源库和中华优秀传统文化网络教育平台，推动中华优秀传统文化的网络传播与在线教育。北京建筑大学充分利用新媒体新技术来拓展中华优秀传统文化融入高校思想政治理论课教育的虚拟路径。通过开设“思想道德与法治”翻转课堂、微课和慕课，开通“中国传统文化经典选读”课程微信群和微信公众号，实现高校思想政治理论课教育、中华优秀传统文化教育与信息技术的高度融合。

3. 加强师资队伍建设

第一，面向全体高校教师（包括思政课教师、学生辅导员、专业课教师）开展中华优秀传统文化教育，开展中华传统美德和优秀师德培育，切实提高广大高校教师的师德和传统文化教育素养。

第二，在高等学校青年教师培养计划等各类人才计划与教学名师评选中增加传统文化教学和研究人才比重，打造一支中华优秀传统文化教育骨干队伍。

高校思想政治工作关系高校培养什么样的人、如何培养人以及为谁培养人这个根本问题。加强高校思想政治工作、推动高校思想政治工作改革创新，首先要用好课堂教学这个主渠道，使思想政治理论课在改进中加强、在创新中提高。而要实现这一目标，其中最重要的是要解决自信问题，要增强广大高校师生的道路自信、理论自信、制度自信、文化自信，实现思想政治教育与中华优秀传统文化教育的有机结合和协同效应，增强思想政治理论课的时效性和吸引力。

## 二、中华优秀传统文化融入专业教育

我国高校要根据各学科、各专业的特点，选择有相关性的优秀传统文化内容，找到优秀传统文化融入学科、专业教育的切入点，进行中华优秀传统文化与学科建设、专业教育的有机渗透、有机融合。例如，旅游专业可以融入中国古代民俗文化，美术专业可以融入国画、陶艺等传统艺术，音乐专业可以融入中国戏剧和古典舞蹈，建筑专业可以融入中国传统建筑文化。

北京建筑大学立足自己的学科优势和专业特色，在建筑类、土木工程类专业课程中融入“工匠精神”培育和中国传统建筑文化与建筑美学教育，旨在培养注重中华优秀文化传承的建筑类工科院校大学生的职业伦理与职业道德。

### 1. 把工匠精神融入土木工程类专业课程，培养学生的敬业精神

工匠精神，又称“劳动精神”“职业精神”，是不同行业、职业的劳动者与从业人员在具体的劳动实践中所具备的精神理念、价值取向、职业操守和行为表现，它包括爱岗敬业、恪尽职守的职业道德，精益求精、追求卓越的职业理想，严谨求实、创新进取的工作态度，淡泊名利、甘于奉献的价值取向等方面的内容，其本质是一种崇尚劳动、热爱劳动的精神，以及对自己所从事职业和工作的认同感、荣誉感和使命感。

在新形势下，我国高等院校尤其是工科院校传承弘扬工匠精神具有重要的理论和实践意义。

第一，传承弘扬工匠精神，可以为职业道德建设和职业教育发展提供深厚的理论基础。当前中国社会职业道德建设取得了很大的进步，也存在一些问题，如片面追逐经济利益和短期效益，急功近利、金钱至上、以假乱真等错误价值观念充斥某些行业和领域，出现了“假疫苗”“毒奶粉”“染色馒头”等严重危及人民生命健康和安全的制假售假事件。“工匠精神”讲究匠心，注重产品质量，强调精益求精的职业精神，可以为职业道德建设提供深厚的伦理基础。职业教育是中国一种重要的教育类型。改革开放以来，职业教育为中国经济社会发展提供了有力的人才和智力支撑。随着中国进入新的

发展阶段，产业升级和经济结构调整不断加快，各行各业对技术技能人才的需求越来越紧迫，职业教育的重要地位和作用越来越凸显。为此，国务院相继出台了《国家中长期教育改革和发展规划纲要（2010—2020年）》《国家职业教育改革实施方案》，提出培养高素质劳动者和高端技能型人才的国家战略，强调“把发展高等职业教育作为优化高等教育结构和培养大国工匠、能工巧匠的重要方式”，倡导开展“大国工匠进校园”“劳模进校园”等活动，宣传展示大国工匠、能工巧匠和高素质劳动者的事迹和形象，培育和传承好工匠精神。因此，“工匠精神”是职业教育的灵魂，是高素质劳动者和高端技能型人才必备的职业素养。传承弘扬工匠精神并让它在职业教育中扎根，是推动职业教育高质量发展的重要支撑。

第二，传承弘扬工匠精神，可以为弘扬敬业等社会主义核心价值观提供丰富的文化资源。社会主义核心价值观是当今中国社会具有支配地位的价值观。梁启超在《敬业与乐业》中说：“凡职业没有不是神圣的，所以凡职业没有不是可敬的……一个人对于自己的职业不敬，从学理方面说，便亵渎职业之神圣；从事实方面说，一定把事情做糟了，结果自己害自己。所以敬业主义，于人生最为必要，又于人生最为有利。”因此，继承和弘扬工匠精神，倡导尊重职业、热爱劳动、敬业乐群，可以为社会主义核心价值观的弘扬提供丰富的文化资源。

第三，传承弘扬工匠精神，促进“大众创业、万众创新”。2017年7月，国务院印发的《关于强化实施创新驱动发展战略 进一步推进大众创业万众创新深入发展的意见》指出：“创新是社会进步的灵魂，创业是推进经济社会发展、改善民生的重要途径。”“大众创业、万众创新深入发展是实施创新驱动发展战略的重要载体。”工匠精神倡导在继承传统工艺基础上进行技术革新，追求的是质量的精益求精、设计的独具匠心、作风的严谨踏实，可以为“大众创业、万众创新”提供重要借鉴，可以为培养大国工匠、打造精工细作、建设制造强国提供重要启示。

2. 把建筑设计文化融入建筑类专业课程，提升学生的文化自信

北京是一座具有800多年建都史的古都，蕴含着浓厚的历史韵味，是中华传统文化的重要传承之地。为了弘扬中华优秀传统文化，北京建筑大学结合办学特色融入主题教育，号召全校师生“做北京古都风貌保护的践行者”。通过师生对北京街区和古建筑风貌、历史故事、现状及空间环境等内容的深入了解，引发师生对历史责任的思考，鼓励师生发挥专业所长保存北京古都风貌的历史记忆。

2017年暑期，北京建筑大学成立“古都风貌保护”志愿者服务团。以古都北京的建筑历史发展脉络为主线，以不同历史时期的45处代表性历史建筑为对象，开展古建筑摄影、文化故事挖掘、建筑细部记录等内容的社会实践活动。截至2023年，团队已完成11处历史建筑的调研工作，收集历史建筑图片3000余张，编撰文字成果12万字、手绘古都北京风貌地图20余张，深入社区开展建筑文化宣讲6场。

3. 把中国桥梁历史文化融入交通工程类专业课程，提升学生的文化自信

中国有着悠久的桥梁历史和灿烂的桥梁建筑艺术，中国古今桥梁科学技术对世界桥梁建筑产生了深远影响，很多标志性桥梁建筑都是世界桥梁史上的丰碑。开展对北京桥梁历史和保护技术的研究，特别是建设北京桥梁博物馆是首都北京建设文化中心的重要工程，对北京和全国桥梁界具有重大意义，对桥梁学科专业人才培养和科学技术研究具有重大意义。北京建筑大学交通运输学科和道桥专业是学校历史最为悠久的学科专业之一，广泛深入参与首都桥梁建设事业发展，为首都北京培养了近万名道路桥梁和交通工程领域的优秀人才。为了进一步传承和弘扬中国桥梁历史文化，北京建筑大学与北京市交通委员会于2017年2月28日上午联合主办了北京桥梁博物馆筹建前期展开幕式（见图4–3）。中国公路学会，北京市交通委员会，北京市铁路局、水务局、园林局、文物局、教委等有关机构负责人，北京市高校博物馆学会等有关单位负责人，北京市桥梁界专家，北京市有关交通企业、设计

单位、学会协会，高校师生代表共300余人参加了开幕式。

**图 4–3　北京桥梁博物馆筹建前期展开幕式**

开幕式后，北京建筑大学举办了北京桥梁文化与科技学术报告会（见图4–4）。北京市市政设计院研究总院总工程师秦大航作“北京桥梁科技发展报告”；北京城市铁建轨道交通投资发展有限公司总工程师金奕作“桥梁工程事故分析研究报告”；北京史地民俗学会秘书长梁欣立作“北京西山古道的石拱桥报告”；北京建筑大学龙佩恒教授作“北京桥梁博物馆筹建考察报告”。北京建筑大学共200余名师生参加了报告会。通过参观展览和聆听报告，北京建筑大学交通工程专业的学生进一步了解了中国桥梁历史和文化，增强了历史自信和文化自信，为设计出具有民族特色的现代桥梁奠定了坚实的文化基础。

**图 4–4　北京桥梁文化与科技学术报告会**

综上，通过对中华优秀传统文化教育与专业教育的有机融合的探索，北京建筑大学把中华优秀传统文化融入专业教育过程，渗透到大学生专业学习和设计实践的各个环节，形成“通识核心课程、思政课程、专业课程”三对接机制，拓展教育空间，形成教育合力，切实提高了中华优秀传统文化融入专业教育的针对性、实效性，为专业教育注入深厚的文化底蕴。

## 三、中华优秀传统文化融入实践教育

中华优秀传统文化实践教育，是高校开展中华优秀传统文化教育的重要构成部分。我国高校可以通过建设中华优秀传统文化活动中心、成立中华优秀传统文化学生社团、邀请文化名家和非物质文化遗产传承人进校园开展讲座等实践活动来丰富和完善传统文化教育实践活动，为高校营造良好的传统文化实践育人氛围。

北京建筑大学把中华优秀传统文化融入实践教育，开展“弘扬中华传统文化，宣讲家乡建筑遗产”“‘孔庙和国子监博物馆’国际博物馆日文化走读活动”等实践活动，举办首届大学生中华经典美文诵读大赛等比赛，积极组织学生参加北京市、全国比赛，并获得全国第三届中华经典诵写讲大赛大学生组机器篆刻一等奖、北京高校“诵读经典 礼赞辉煌”中华经典诗词诵读吟唱比赛决赛一等奖等奖项。

### 1. 举办大学生中华经典美文诵读大赛

中华文化源远流长、灿烂辉煌，是中华民族生生不息、发展壮大的丰厚滋养，对延续和发展中华文明、促进人类文明进步，发挥着重要作用。为弘扬中华优秀传统文化，进一步促进学校精神文明建设和书香校园建设，北京建筑大学于 2018 年 1 月举办首届大学生中华经典美文诵读大赛。

诵读大赛是学校“开卷·初心”主题读书活动的重要组成部分之一，大赛邀请了学校党委宣传部、团委、学工部、校工会及图书馆等部门老师担任评委，分别从声音、画面、个人表情、作品选择等角度给予对比评选，最终给出结果。经评委会评选，共选出一等奖 3 名、二等奖 4 名、三等奖 5 名。大赛的优秀获奖作品代表学校参加由中国图书馆学会阅读推广专业委员会主办的全国大学生中华经典美文诵读大赛。

2. 组织学生参加北京高校中华经典诗词诵读吟唱比赛并荣获一等奖

2018 年 11 月，由北京市委教育工委举办的第三届北京高校“诵读经典 礼赞辉煌”中华经典诗词诵读吟唱比赛决赛在北京师范大学举行，北京建筑大学推荐的学生诵读作品《梦游天姥吟留别》荣获朗诵组一等奖（见图 4–5），北京建筑大学荣获“优秀组织奖”。

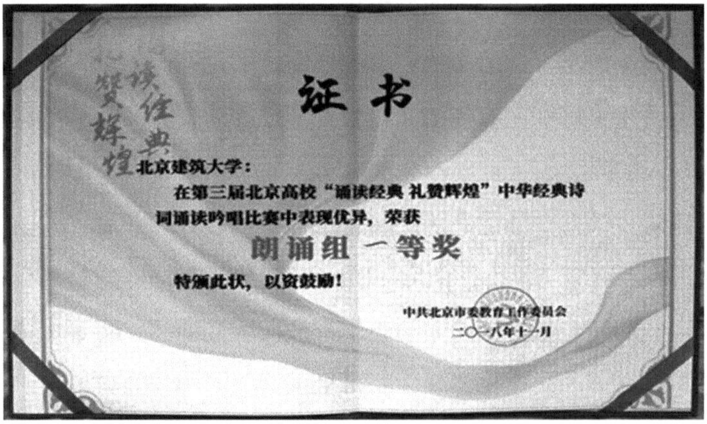


**图 4–5　北京建筑大学诵读作品《梦游天姥吟留别》荣获北京高校中华经典诗词诵读吟唱比赛朗诵组一等奖**

为了号召更多师生走近经典、阅读经典、传承经典，北京建筑大学积极组织学生报名参赛，并向组委会选送提交了 6 件学生作品，经过校内推荐、初赛预选、决赛展演等环节，其中作品《梦游天姥吟留别》入围决赛，并最终荣获朗诵组一等奖。这是北京建筑大学加强中华优秀传统文化实践教育、自觉承担起“三全育人”责任的生动体现，为打造“第二课堂”和书香校园建设作出了应有贡献。

3. 组织学生参加北京高校博物馆讲解员比赛并荣获二等奖

2018 年 11 月，由北京高校博物馆联盟主办、北京林业大学博物馆承办的 2018 年北京高校博物馆优秀讲解员培训展示活动在北京林业大学学研楼隆重召开。北京建筑大学文法学院社 171 班国佳同学参加了本次比赛并取得了二等奖的优秀成绩。国佳介绍的是坐落在北京建筑大学大兴校区明湖畔的雕塑“对歌”。“对歌”是北京建筑大学建筑学院刘骥林教授于1980年创作的，并在1990年时获得日本第三届罗丹大奖赛雕刻之森美术馆奖。在讲解介绍中，国佳从“对歌”的整个雕塑形态、美学及创作来源等方面对作品进行了讲解，并赢得了评委的称赞和认可。

2019年4月，由北京高校博物馆联盟主办、北京林业大学博物馆承办的2019年北京高校博物馆优秀讲解员培训展示活动在北京林业大学学研楼隆重召开。北京建筑大学环能学院水173班赵虎同学参加了比赛并取得了二等奖的优秀成绩。赵虎讲解的是北京建筑大学图书馆陈列的藏品——“1954年老北京沙盘模型”。赵虎以老北京城墙城门作为切入点，通过对古河道、民居、街巷等珍贵细节的描述，深入浅出地讲解了沙盘模型的与众不同和深厚的文化内涵，将这一真实记录老北京旧城的实物资料完美呈现在听众面前，同时也突出了本校建筑藏品的特色。最终，赵虎以扎实的专业素养和优异的现场表现得到了在场评委专家的一致好评。

#### 4. 组织学生参加全国第三届中华经典诵写讲大赛荣获佳绩

2021年11月，由教育部、国家语委主办的第三届中华经典诵写讲大赛落下帷幕。北京建筑大学积极组织学生参加比赛，历经校内选拔、北京市初赛、全国复赛，圆满完成参赛任务，并取得了优异成绩。在“印记中国”师生篆刻全国总决赛中，城市经济与管理学院城191班金琳同学的参赛作品《向现代科学进军》荣获大学生组机器篆刻一等奖，这是该届大学生组机器篆刻比赛中唯一一项全国一等奖。北京建筑大学荣获第三届中华经典诵写讲大赛“印记中国”师生篆刻大赛北京市初赛优秀组织奖。

第三届中华经典诵写讲大赛是教育部、国家语委中华经典诵读工程的品牌活动之一，共包含四项赛事，分别是“诵读中国”经典诵读大赛、“诗教中国”诗词讲解大赛、“笔墨中国”汉字书写大赛、“印记中国”师生篆刻大赛。大赛以“传承中华经典，庆祝建党百年”为主题，通过诵读、讲解、书写、篆刻等多种方式庆祝中国共产党成立100周年，歌颂建党百年的光辉历程，展现举世瞩目的伟大成就，引导社会大众亲近中华经典，弘扬中国精神。自2021年4月15日第三届中华经典诵写讲大赛启动以来，北京建筑大学积极筹备、精心组织，围绕活动主题，开展了赛事动员、作品初筛、修改报送等系列工作。在选送参加北京市初赛的作品中，“诵读中国”经典诵读大赛北京市初赛获奖作品共计5个，“笔墨中国”汉字书写大赛北京市初赛获奖作品共计2个，“印记中国”师生篆刻大赛北京市初赛获奖作品共计31个（其中两组作品入围国赛），同时获得优秀指导教师奖和优秀组织奖，充分展现了北京建筑大学学生传承中华经典、弘扬中华传统文化的艺术修为和崭新风貌。

5. 举办“弘扬中华传统文化，宣讲家乡建筑遗产”实践活动

北京建筑大学马克思主义学院于2022年7月至8月举办“弘扬中华传统文化，宣讲家乡建筑遗产”实践活动（见图4–6）。实践活动旨在引导大学生走近家乡建筑文化遗产，在实践活动中受熏陶、受教育、长才干、长本领，增强大学生对中华优秀传统文化的归属感、认同感和自豪感，增强大学生的文化自信和历史自信。

**图4–6　北京建筑大学马克思主义学院举办“弘扬中华传统文化，宣讲家乡建筑遗产”实践活动**

# 第四节　高校加强中华优秀传统文化教育的机制建构

高校加强中华优秀传统文化教育，不仅要有切实可行的有效路径，而且要注重相关机制的建构。

## 一、我国高校加强中华优秀传统文化教育的基本原则

我国高校加强中华优秀传统文化教育的基本原则主要包括以下四个方面。

### 1. 坚持正确价值导向，秉持开放包容立场，正确处理好文化的“古今中外”关系

在中华优秀传统文化教育的顶层设计和体系建构中，既要坚持正确价值导向，认清“全盘西化论”“文明冲突论”“普世价值论”“历史终结论”等背后的“西方文化中心论”立场；又要守正创新，与时俱进，摒弃“文化保守主义”“文化虚无主义”的立场，以马克思主义的立场观点方法来正确处理中华文化与西方文化、传统文化与当代文化、文化传承与文化创新的关系。在具体的教学实践中，要以增强大学生对中华优秀传统文化的理性认识和践行能力为重点，讲述中华民族多元一体的历史渊源和中华文明的突出特性，讲述中华优秀传统文化的核心思想理念、中华传统美德和中华人文精神，使大学生在与世界上不同文明和文化的比较中更加客观全面地认识中华文明和中华优秀传统文化，领悟“两个结合”尤其是“第二个结合”的重大意义，更加理性地看待外部世界，坚定文化自信和历史自信。

2. 结合高校学科特点，注重有机融入，正确处理好通识教育与专业教育的关系

在中华优秀传统文化教育的教学实践中，高校要正确处理好通识教育与专业教育、中华优秀传统文化学科（国学）与其他学科专业之间的关系，结合学校的学科特点和专业特色，融入相应的中华优秀传统文化内容和元素，构建基于“双一流”（世界一流大学、一流学科）和“四新”（新工科、新医科、新农科、新文科）的高等院校传统文化教育教学体系。

3. 遵循认知规律，贴近学生实际，正确处理好中华优秀传统文化教育“教”与“学”的关系

中华优秀传统文化教育的特点之一是强调“人文化成”和文化熏陶，通过教师的言传身教、院校的文化氛围，学生的自我体验，来达到润物细无声的教育效果。所以，在具体的教学实践中，高校既要充分考虑大学生的认知发展特点和学习兴趣，努力贴近大学生生活、学习、思想实际；又要把握好立德树人与传道解惑的关系，确定不同年级、不同专业的教育目标以及具体学习内容、载体形式，区分教学层次、突出教学重点。

4. 坚持整体设计，科学合理布局，正确处理好中华优秀传统文化教育“点”与“面”的关系

当我们从立德树人、坚定文化自信的根本立场出发，就会明白中华优秀传统文化教育对于培养担当民族复兴大任的时代新人的重要作用。所以，高校加强中华优秀传统文化教育，既要覆盖全面，统筹各学科，贯通大学各年级、各专业，确保中华优秀传统文化内容全覆盖和贯穿教育过程始终；又要突出重点，从核心思想理念、中华人文精神、中华传统美德三个方面来推动中华优秀传统文化教育，形成纵向有机衔接、横向协同配合的教育体系。

## 二、我国高校加强中华优秀传统文化教育的机制建构

1. 改革教学内容，构建中华优秀传统文化教育的内容机制

高校开展中华优秀传统文化教育，要重视内容建设，通过教学改革来构

建中华优秀传统文化教育的知识体系。具体而言，可以从以下三个维度来共同发力。

一是重点开展家国情怀教育、社会关爱教育和人格修养教育，增强大学生对中华优秀传统文化的认同感和归属感。家国情怀是一种高尚的情操，是一种对国家的高度认同感和归属感、责任感和使命感的体现。家国情怀教育的着力点是培养大学生的责任意识和担当精神，关键是注重学生日常良好道德素质的养成，增强国家认同，树立文化自信和民族自信，形成为全面建成社会主义现代化强国、以中国式现代化全面推进中华民族伟大复兴而团结奋斗的共同理想追求。社会关爱教育的重点是仁爱共济、立己达人。推进社会关爱教育，要引导大学生心存善念、理解他人、关心社会、尊重自然，形成仁民爱物的友善价值观。人格修养教育旨在通过道德实践教育来培养时代新人，提高大学生的人生境界和道德情操。

二是注重对大学生开展经典教育，使其通过研读经典而熟悉传统，自觉继承和弘扬中华优秀传统文化所蕴含的核心理念、文化精神和传统美德，把弘扬传统文化落实在道德实践和人格养成之中。《道德经》《论语》《孟子》《庄子》《传习录》等中华优秀传统经典蕴含着丰富的哲学思想、文化精神和传统美德，高校可以面向全体大学生开设诸如《中华文化概论》《中华优秀传统经典诵读》《论语精读》《“四书”导读》等通识课程，使之成为提高大学生人文素养、培养大学生文化自信的重要路径。

三是加强中华优秀传统文化教育和思想政治教育、通识教育、专业教育的有机融合。人才培养是育人和育才相统一的过程，教育的根本任务是立德树人，引导学生树立正确的世界观、人生观和价值观。青少年是价值观形成和塑造的关键时期，党的教育方针始终强调德育为先。在新的起点上，高校要全面贯彻落实党的教育方针，坚持为党育人、为国育才，加强中华优秀传统文化教育与思想政治教育、通识教育、专业教育的有机融合，培养德、智、体、美、劳全面发展的社会主义建设者和接班人，培养担当民族复兴大任的时代新人和有理想、敢担当、能吃苦、肯奋斗的新时代好青年。

### 2. 加强载体建设，构建中华优秀传统文化教育的实践机制

高校开展中华优秀传统文化教育，还要重视载体建设，充分构建中华优秀传统文化教育的实践机制，重点做好以下三个方面的工作。

一是把中华优秀传统文化融入校园文化建设，建设积极健康的大学校园文化。人是环境和教育的产物，校园文化环境也具有育人功能。所以，高校要以校训与大学精神培育、校史整理挖掘、校风学风建设为抓手来做好校园文化建设。

二是通过举办国学论坛、传统文化讲座等社会实践，充分发挥“第二课堂”在中华优秀传统文化教育中的作用。高校要聘请校内外专家学者举办国学讲座，并开展丰富的传统文化实践活动，充分发挥“第二课堂”以文化人、以文育人和实践育人作用。

三是利用微博、微信、“学习通”App、AI 等信息技术开展中华优秀传统文化在线教育和网络传播。我们已经步入信息时代，大学生接收信息的方式主要是通过互联网。所以，高校要充分利用新媒体、新技术来拓展中华优秀传统文化教育的虚拟途径。通过开设翻转课堂、微课和慕课，建立微信公众号等方式实现中华优秀传统文化教育与 AI 等信息技术的高度融合。

### 3. 加强师资建设，构建中华优秀传统文化教育的主体机制

教师是高校开展中华优秀传统文化教育的主体。构建中华优秀传统文化教育的主体机制，就要做好以下两方面的工作。

一是面向高校教师开展中华优秀传统文化教育和中华传统美德培育，提高大学教师开展中华优秀传统文化教育的能力。例如，北京建筑大学为了加强教师队伍建设，提升教师的国学素养和文化自信，于 2017 年 11 月举办了一期国学素养与师德培训班，邀请了中国人民大学国学院院长孟宪实教授、北京史研究会会长李建平教授、中国人民大学国学院副院长梁涛教授、中国人民大学国学院谷曙光教授四位专家作专题讲座。

孟宪实讲授的内容是“贞观之治”。他从唐太宗的治国理念谈起，提出为政要任人唯贤，知人善任；为官要广开言路，虚心纳谏；为人要清廉公

正，勤学善学。李建平讲授的内容是“魅力北京中轴线”，介绍了北京的城市建设与发展，以及当今城市规划存在的问题。梁涛则从“儒学与修身”谈起，认为在高强度的工作压力、高频率的生活节奏下，要多学习些儒家思想，面对责任要拿得起，面对压力要放得下，面对得失要看得开，作为教师要多关心学生的成长，关心学校的建设，做到把个人与集体有机结合。谷曙光则谈了“古典诗词的法与道”，他认为诗词歌赋不仅给人带来美的享受，还能提升个人的人文素养，培养一个人高尚的道德情操。通过学习国学经典，广大教师不仅了解了中华优秀传统文化包含的为师之道、为人之德，而且陶冶了道德情操，提升了国学素养，增强了文化自信，在教书育人上有很好的示范和教导意义。

二是在高校各类人才计划与教学名师评选中增加传统文化教学和研究人才比重，打造一支中华优秀传统文化教育骨干队伍。

4. 构建完善中华优秀传统文化教育的评价机制

高校中华优秀传统文化教育的评价机制是否完善，是中华优秀传统文化教育效果能否得到保证的一个重要因素。高校中华优秀传统文化教育的评价内容包括对学校进行评价、对教师进行评价和对学生进行评价等。当前评价机制的体现方式还是以硬性数据指标为主，而这些数据指标无法对教学质量做出合理、有效的评价。因此，我国高校在中华优秀传统文化教育改革中需要构建多元化的评价机制。

第一，高校中华优秀传统文化教育评价机制建立的原则。高校中华优秀传统文化教育的评价机制应该遵循科学性、人文性、时代性、发展性和示范性等基本原则，围绕中华优秀传统文化融入高校本科教学评价的导向和调整、认定和诊断、激励和惩罚等功能，创新性地构建并完善中华优秀传统文化融入高校本科教学的评价机制。

评价是活动的保障，科学合理的评价能发现评价客体出现的问题，以便不断总结经验，克服缺点和不足。高校优秀传统文化教育要建立多元化的评价机制，要建立详细的评价指标体系，明确评价目的、评价范围、评价内容和评价标准；要坚持以人为本，考虑个体素质和全面发展；要坚持实事求是，客观和现实地评价高校中华优秀传统文化的教育现状；要将定量评价和定性评价相结合；要注重评价的反馈功能，及时调整和发现存在的问题，用评价来激发评价客体的主观能动性。

第二，扩大责任主体和客体。在高校中华优秀传统文化教育评价中，评价者是主体，被评价者是客体，评价的客体主要包括中华优秀传统文化的教育者、受教育者、教育环境、教育方针、教育内容、教育方式和教育效果等。

以往的中华优秀传统文化教育工作责任主体比较单一，主要偏重思想政治教育的管理者和教师，所以高校中华优秀传统文化教育普及和推广的程度还不十分理想。教育部印发的《完善中华优秀传统文化教育指导纲要》，对加强中华优秀传统文化教育作出了全面部署和科学规划，要求各级党委、教育工作部门和教育行政部门与宣传、文化、新闻出版等部门密切配合，建立健全党委统一领导、党政齐抓共管、有关部门各负其责、全社会共同参与的工作机制，形成中华优秀传统文化教育合力。所以，高校中华优秀传统文化教育的主体不只是思想政治理论课教师，还包括各部门和全体高校教职工。

第三，建立适合本校的中华优秀传统文化教育评价体系。高校中华优秀传统文化教育评价一定要制定科学合理的评价方案，形成适合本校的优秀传统文化教育评价体系。要在原有评价指标的基础上，扩充与社会经济建设发展相适应的高效合理的评价指标体系，以评价目的、评价范围、评价标准、评价效果等为基础设立稳定的评价指标；要根据学校的办学定位和学科特色，制定重点突出、科学有效的评价方案。

通常而言，高校中华优秀传统文化教育评价体系由以下几个方面构成。一是教育理念。高校对开展中华优秀传统文化教育活动是否有正确的认识，是否树立立德树人意识，是否通过各种渠道宣传中华优秀传统文化理念。二是教育管理。高校是否有中华优秀传统文化教育活动管理机构，是否有专人分管传统文化教育活动的组织、落实、检查和督导，是否有中华优秀传统文化教育的实施方案，是否有开展中华优秀传统文化教育活动的评估体系，并纳入教学评估范围。三是教学队伍。高校是否组织开展中华优秀传统文化教育师资培训以保证教师质量和教学质量，是否定期开展公开课、观摩、交流学习等活动。四是课程建设。高校是否将中华优秀传统文化教育纳入教学课程，相关课程是否开足、开齐。五是主题实践活动。高校是否开展了中华优秀传统文化教育主题实践活动，是否定期举办各种专题研讨会、成果展示和文化竞赛。六是校园文化。高校是否在校园文化"硬件"和"软件"建设中充分体现中华优秀传统文化元素，是否通过校园广播、网站、公众号等多渠道宣传中华优秀传统文化。七是教育保障。中华优秀传统文化教育经费是否列入学校经费预算，以保证中华优秀传统文化教育的正常开展。八是教育成效。通过开展中华优秀传统文化教育，高校师生的精神面貌、文化素养、文化自信是否有明显的提高，高校的传统文化教育活动是否形成特色和品牌，是否入选全国高校"礼敬中华优秀传统文化"示范项目和特色展示项目，是否值得推广。

## 三、我国高校开展中华优秀传统文化通识教育的体制机制

### 1. 打破传统"条块化"管理体制，建立通识教育与专业教育结合融通的机制

我国高校开展的通识教育改革，是为了打破通识教育与专业教育的对立、克服过分专业化教育的弊端。然而，"对通识教育如何弥补专业教育弊端却少有良策。在实践中，人们不自觉地将两者对立起来，甚至把通识教育误以为稀释后的专业教育"[①]。例如，有的高校开设大量"中国文化概论""中华传统文化导论"等课程就是以通识课程名义出现的专业课，只不过在难度上大大降低，学生可以轻松过关，从而成为一种"酱油课程"。更严重的是，许多专业课教师误以为通识教育与自己无关，认为通识教育就是公共课或选

① 王洪才，解德渤 . 中国通识教育 20 年：进展、困境与出路 [J]. 厦门大学学报（哲学社会科学版），2015（06）：21-28.

修课的事情，不知道通识教育乃是一种人格教育，应该贯穿于所有专业教育之中。事实上，许多管理者也把专业教育与通识教育当成了两个事物，属于两种课程，即认为通识教育独立于专业教育。

英国哲学家怀特海指出："并没有一门课程只给学生普通陶冶，而另一门课程只给专门知识……你不能把一件无缝的学问外套割裂开来。"① 从根本上说，"两种教育形式对立是传统管理机制运作的必然结果。传统管理机制实现'条块化'管理，通识课程由学校的'条'来管理，专业课由学院实行'块'来管理，认为通识教育或素质教育就是增加一些新课程，从而把实行通识教育当作在原来课程模式上的简单相加，这种理解方式和管理方式都没有把握通识教育的要旨。这也说明，如果不打破传统的条块分割的管理模式，通识教育就很难推行"②。

因此，我国高校在实施通识教育改革时，要加强顶层设计和体制机制改革，从根本上改变通识教育与专业教育对立和分割的局面，建立通识教育与专业教育结合融通的机制。

### 2. 科学设置通识教育课程的属性，把"水课"打造成"金课"

我国高校师生普遍存在不重视通识教育的问题，原因之一是通识课程的课程属性，即许多开展通识教育的高校把通识课设置为选修课而非必修课或通识核心课。按照高校的普遍规定，必修课和选修课在学分设置、修读要求、考核方式等方面都有很大的差别。所以，通识课在广大学生心目中反而成了可以混学分的"水课"。不仅大学生对通识课不够重视，没有投入足够的学习精力；而且学校也不像重视专业课那样重视通识课，在经费投入、师资配置等方面没有给予应有的重视。

所以，我国高校必须改变通识教育"自由选修课"的属性，按照内容设置为几大模块；每个模块中包括多门课程，其中必须有一到两门为通识核心

---

① 华东师范大学教育系，等.现代西方资产阶级教育思想流派论著选 [M].北京：人民教育出版社，1996：121.

② 王洪才，解德渤.中国通识教育 20 年：进展、困境与出路 [J].厦门大学学报（哲学社会科学版），2015（06）：21–28.

课；通识核心课的性质应该是必修，所以学生都必须修读；非通识核心课可以设置为选修课，让学生根据自己的爱好兴趣自由选修；最终，通过上述改革努力把通识课打造成“金课”而非“水课”。

### 3. 打破重知识传授、轻实践养成的纯知识式的教育模式，设立现代书院，实现知行合一、德才兼备、全面发展、学以成人的教育目标

专业教育的目标是培养专门人才，通识教育的目标则是培养全面发展、德才兼备的“人”。为了实现“学以成人”的通识教育目标，国内许多高校比较重视通识教育课程体系建设和相关知识传授，而忽视学生知识迁移能力的培养和人格的实践养成。这种以课程为主导、重知识传授轻实践养成的教育方式“把通识教育当作扩充知识面的教育”。正如哈佛委员会所言：“如果我们将通识教育看作是一门又一门的课程，这将是最不幸的。”[①]因为各门课程不能自动构成一种整体，也不能达成培养学生思维模式的目的。而且这种课程很容易脱离个体的生活实际，从而无法吸引学生的兴趣，进而面临着失败的危险。它还可能助长“填充式”的教学方式继续流行，显然这是有违通识教育初衷的。

所以，我国高校必须打破重知识传授轻实践养成的纯知识式的教育模式，通过设立现代书院或住宿学院等方式，通过生活体验来实践通识教育，实现知行合一、德才兼备、全面发展、学以成人的教育目标。

### 4. 加强顶层设计，建立统筹性的通识教育管理机构，形成教师、学生和教务系统协同合作的有效机制

国内高校的通识教育管理部门比较分散，有的是教务处，有的是学生处或团委，有的是社科部或人文学院等专业学院，这种分割的管理体制和多头管理的方式严重制约着通识教育的实施效果。因此，我国高校需要加强顶层设计，建立由教师、学生以及行政管理人员等多方群体共同参与的统筹性的通识教育

① 哈佛委员会．哈佛通识教育红皮书[M]．李曼丽，译．北京：北京大学出版社，2010：44.

管理机构——通识教育委员会，来负责调查研究、实施和改进全校通识教育方案。例如，为了整合通识教育资源，厦门大学等高校成立了“通识教育中心”，复旦大学成立了“复旦学院”，实现了通识教育的统一管理。

# 第五章　新时代高校增强大学生文化自信的路径与机制

## 第一节　我国高校增强大学生文化自信的主要路径

教育部印发的《新时代高校思想政治理论课教学工作基本要求》指出，要“全面推动习近平新时代中国特色社会主义思想进教材进课堂进学生头脑，牢固树立‘四个意识’，坚定‘四个自信’”“打牢大学生成长成才的科学思想基础”。

增强大学生文化自信的方法和路径主要包括以下四个方面。

### 一、加强思想理论武装，筑牢思想理论之基

加强思想理论武装，筑牢思想理论之基，用习近平文化思想特别是习近平总书记关于文化自信的重要论述来指导我国高校大学生文化自信培育工作。

加强思想理论武装，一是有利于高校把中国特色社会主义道路自信、理论自信、制度自信、文化自信转化为办好中国特色世界一流大学的自信。二是有利于高校培育和践行社会主义核心价值观，使社会主义核心价值观培育

具有深厚的文化根基。三是有利于高校完成“立德树人”的根本任务和“培养社会主义建设者和接班人”的共同使命，充分发挥文化传承创新功能，形成引领社会进步、特色鲜明的大学精神和大学文化，实现以文化人、以德育人。我国高校开展文化自信培育工作，要以习近平文化思想特别是习近平总书记关于文化自信的重要论述为指导，落实好立德树人的根本任务，完成好培养具有高度文化自信、能够担当民族复兴大任的时代新人的使命。

## 二、培育和践行社会主义核心价值观，增强价值观自信

价值观自信是文化自信的核心。增强大学生的文化自信，关键在于增强大学生对社会主义核心价值观的自信。

2018 年 3 月 11 日通过的《中华人民共和国宪法修正案》，将“国家提倡爱祖国、爱人民、爱劳动、爱科学、爱社会主义的公德”修改为“国家倡导社会主义核心价值观，提倡爱祖国、爱人民、爱劳动、爱科学、爱社会主义的公德”。社会主义核心价值观被写入宪法修正案，成为我们每一个中国公民（包括大学生）都必须践行的价值观。

## 三、加强理想信念教育，引导大学生树立正确的“四观”

理想是人们在实践中形成的、有实现可能性的、对未来社会和自身发展目标的向往与追求，是人们的世界观、人生观和价值观在奋斗目标上的集中体现。信念是人们在一定的认识基础上确立的对某种思想或事物坚信不疑并身体力行的精神状态，是认知、情感和意志的有机统一体。增强我国大学生的文化自信，就要加强高校的理想信念教育，加强爱国主义、集体主义、社会主义教育，引导大学生树立正确的“四观”。

第一，加强理想信念教育。党的十八大以来，以习近平同志为核心的党中央高度重视理想信念对于中国共产党、中华民族、中国青年的重要作用。2016 年 10 月 21 日，习近平总书记在纪念红军长征胜利 80 周年大会上的讲话指出：“崇高的理想，坚定的信念，永远是中国共产党人的政治灵魂。中

国共产党从成立之日起，就把共产主义确立为远大理想，始终团结带领中国人民朝着这个伟大理想前行。”①

第二，加强新时代爱国主义、集体主义和社会主义教育。中共中央、国务院印发的《新时代爱国主义教育实施纲要》（以下简称《纲要》）指出，“爱国主义是中华民族的民族心、民族魂，是中华民族最重要的精神财富，是中国人民和中华民族维护民族独立和民族尊严的强大精神动力。爱国主义精神深深植根于中华民族心中，维系着中华大地上各个民族的团结统一，激励着一代又一代中华儿女为祖国发展繁荣而自强不息、不懈奋斗。中国共产党是爱国主义精神最坚定的弘扬者和实践者，90 多年来，中国共产党团结带领全国各族人民进行的革命、建设、改革实践是爱国主义的伟大实践，写下了中华民族爱国主义精神的辉煌篇章。党的十八大以来，以习近平同志为核心的党中央高度重视爱国主义教育，固本培元、凝心铸魂，作出一系列重要部署，推动爱国主义教育取得显著成效。当前，中国特色社会主义进入新时代，中华民族伟大复兴正处于关键时期。新时代加强爱国主义教育，对于振奋民族精神、凝聚全民族力量，决胜全面建成小康社会，夺取新时代中国特色社会主义伟大胜利，实现中华民族伟大复兴的中国梦，具有重大而深远的意义。”②

《纲要》强调，新时代加强爱国主义教育，要做好以下八个方面的工作：一是“坚持用习近平新时代中国特色社会主义思想武装全党、教育人民”，推动习近平新时代中国特色社会主义思想进企业、进农村、进机关、进校园、进社区、进军营、进网络，真正使党的创新理论落地生根、开花结果。二是“深入开展中国特色社会主义和中国梦教育”，高举中国特色社会主义伟大旗帜，广泛开展理想信念教育，在历史与现实、国际与国内的对比中，引导人们深刻认识中国共产党为什么“能”、马克思主义为什么“行”、中国特色社会主义为什么“好”，不断增强道路自信、理论自信、制度自信、

① 习近平．在纪念红军长征胜利八十周年大会上的讲话 [M]. 北京：人民出版社，2016：6.
② 新时代爱国主义教育实施纲要 [M]. 北京：人民出版社，2019：1.

文化自信。三是“深入开展国情教育和形势政策教育”，帮助人们了解我国发展新的历史方位、社会主要矛盾的变化，帮助人们了解世界正经历百年未有之大变局，引导人们清醒认识国际国内形势的发展变化，充分认识伟大斗争的长期性、复杂性、艰巨性，敢于直面风险挑战，在进行伟大斗争中更好地弘扬爱国主义精神。四是“大力弘扬民族精神和时代精神”，聚焦培养担当民族复兴大任的时代新人，培育和践行社会主义核心价值观，广泛开展爱国主义、集体主义、社会主义教育，大力弘扬中国人民在长期奋斗中形成的伟大创造精神、伟大奋斗精神、伟大团结精神、伟大梦想精神，生动展示人民群众在新时代的新实践、新业绩、新作为。五是“广泛开展党史、国史、改革开放史教育”，引导人们深刻认识历史和人民选择中国共产党、选择马克思主义、选择社会主义道路、选择改革开放的历史必然性，深刻认识我们国家和民族从哪里来、到哪里去，坚决反对历史虚无主义。六是“传承和弘扬中华优秀传统文化”，引导人们了解中华民族的悠久历史和灿烂文化，从历史中汲取营养和智慧，自觉延续文化基因，反对文化虚无主义，推动中华文化创造性转化、创新性发展，增强民族自尊心、自信心和自豪感，增强中华民族的归属感、认同感、尊严感、荣誉感。七是“强化祖国统一和民族团结进步教育”，深刻揭示维护国家主权和领土完整、实现祖国完全统一是大势所趋、大义所在、民心所向，增进广大同胞心灵契合、互信认同，深化民族团结进步教育，铸牢中华民族共同体意识，加强各民族交往交流交融，使各民族同呼吸、共命运、心连心的光荣传统代代相传。八是“加强国家安全教育和国防教育”，深入学习宣传总体国家安全观，增强全党全国人民国家安全意识，自觉维护政治安全、国土安全、经济安全、社会安全、网络安全和外部安全，增强全民国防观念，开展增强忧患意识、防范化解重大风险的宣传教育，引导广大干部群众强化风险意识。高校要教育引导青年学生树立共产主义远大理想和中国特色社会主义共同理想，增强学生的中国特色社会主义道路自信、理论自信、制度自信、文化自信。

## 四、注重内涵式发展，全面提升大学人才培养质量

增强我国大学生的文化自信，还要实施高等教育综合改革，注重内涵式发展，全面提升大学人才培养质量。

第一，完善中华优秀传统文化教育，实施中华优秀传统文化传承发展工程，使中华优秀传统文化重新焕发活力。党的十八大以来，以习近平同志为核心的党中央从社会主义文化强国建设、提高国家文化软实力、增强文化自信等战略高度出发，实施中华优秀传统文化传承发展工程和中华文明探源工程，完善中华优秀传统文化教育，推动中华优秀传统文化的创造性转化、创新性发展。2014 年 3 月，教育部发布《完善中华优秀传统文化教育指导纲要》，强调要“分学段有序推进中华优秀传统文化教育”，培育小学生对中华优秀传统文化的亲切感和感受力；增强初中生对中华优秀传统文化的理解力，提高其对中华优秀传统文化的认同度；增强高中生对中华优秀传统文化的理性认识，增强其对中华优秀传统文化的自信心；提高大学生对中华优秀传统文化的自主学习和探究能力，培养其文化创新意识，增强其传承弘扬中华优秀传统文化的责任感和使命感。同时，围绕中华优秀传统文化教育的主要任务，一要“把中华优秀传统文化教育系统融入课程和教材体系”；二要“全面提升中华优秀传统文化教育的师资队伍水平”；三要“着力增强中华优秀传统文化教育的多元支撑”；四要“加强中华优秀传统文化教育的组织实施和条件保障”。

2017 年 1 月，中共中央办公厅、国务院办公厅印发的《关于实施中华优秀传统文化传承发展工程的意见》（以下简称《意见》）指出：“实施中华优秀传统文化传承发展工程，是建设社会主义文化强国的重大战略任务，对于传承中华文脉、全面提升人民群众文化素养、维护国家文化安全、增强国家文化软实力、推进国家治理体系和治理能力现代化，具有重要意义。”《意见》提出了实施中华优秀传统文化传承发展工程的总体目标是“到 2025 年，中华优秀传统文化传承发展体系基本形成”“文化自觉和文化自信显著增强，国家文化软实力的根基更为坚实，中华文化的国际影响力明显提

升”。《意见》强调，实施中华优秀传统文化传承发展工程要围绕“核心思想理念”“中华传统美德”“中华人文精神”等主要内容，重点开展以下七项任务：一是“深入阐发文化精髓”，研究阐释中华文化的历史渊源、发展脉络、基本走向。二是贯穿国民教育始终，“按照一体化、分学段、有序推进的原则，把中华优秀传统文化全方位融入思想道德教育、文化知识教育、艺术体育教育、社会实践教育各环节，贯穿于启蒙教育、基础教育、职业教育、高等教育、继续教育各领域”。三是“保护传承文化遗产”，做好文物保护工作，加强历史文化名城名镇名村、历史文化街区、名人故居保护和城市特色风貌管理，规划建设一批国家文化公园，实施非物质文化遗产传承发展工程和传统工艺振兴计划。四是“滋养文艺创作”，善于从中华文化资源宝库中提炼题材、获取灵感、汲取养分，推出一大批底蕴深厚、涵育人心的优秀文艺作品，加强对中华诗词、音乐舞蹈、书法绘画、曲艺杂技等的扶持，推动网络文学、网络音乐、网络剧、微电影等传承发展中华优秀传统文化。五是“融入生产生活”，注重实践与养成、需求与供给、形式与内容相结合，把中华优秀传统文化内涵更好更多地融入生产生活各方面。六是“加大宣传教育力度”，综合运用报纸、书刊、电台、电视台、互联网站等各类载体，融通多媒体资源，统筹宣传、文化、文物等各方力量，创新表达方式，大力彰显中华文化魅力。七是“推动中外文化交流互鉴”，加强对外文化交流合作，创新人文交流方式，充分运用海外中国文化中心、孔子学院等各类品牌活动助推中华优秀传统文化的国际传播，支持中华医药、中华典籍、中国节日等中华传统文化代表性项目“走出去”，加强共建“一带一路”国家文化交流合作，构建全方位、多层次、宽领域的中华文化传播格局，讲好中国故事、传播好中国声音、阐释好中国特色、展示好中国形象。

2019 年 11 月，中共中央、国务院印发的《新时代爱国主义教育实施纲要》指出，新时代加强爱国主义教育，一要“传承和弘扬中华优秀传统文化”①，要引导人们了解中华民族的悠久历史和灿烂文化，从历史中汲取营养和智慧，自觉延续文化基因，增强民族自尊心、自信心和自豪感；二要“坚持古为今用、推陈出新，不忘本来、辩证取舍”②，深入实施中华优秀传统文化传承发展工程，推动中华文化创造性转化、创新性发展；三要“坚守正道、弘扬大道，反对文化虚无主义”③，引导人们树立和坚持正确的历史观、民族观、国家观、文化观，不断增强中华民族的归属感、认同感、尊严感、荣誉感。

第二，推动中华优秀传统文化在线教育，增强中华优秀传统文化教育的生动性和实效性。党的十八大以来，中央广播电视总台相继推出《中国汉字听写大会》《中国成语大会》《中国诗词大会》《经典咏流传》《平“语”近人——习近平总书记用典》《典籍里的中国》等电视节目，掀起了传媒领域的传统文化热。《中国诗词大会》是中央广播电视总台于2016年2月开始播出的全民参与的诗词节目。该节目以“赏中华诗词、寻文化基因、品生活之美”为基本宗旨，力求通过对诗词知识的比拼及赏析，带动全民重温古诗词，分享诗词之美，感受诗词之趣，从古人的智慧和情怀中汲取营养，涵养心灵。《平“语”近人——习近平总书记用典》是中共中央宣传部、中央广播电视总台联合创作的特别节目，于2018年10月推出，以习近平总书记系列重要讲话、文章中所引用的古代典籍和经典名句为切入点，旨在推动习近平新时代中国特色社会主义思想的生动阐释与广泛传播。节目由“原声微视频”“思想解读”“经典释义”“现场访谈”“互动问答”“经典诵读”六个环节构成。该节目的播出，在国内外引起了强烈的反响，进一步推动了中华优秀传统文化的学习热潮。《典籍里的中国》是中央广播电视总台于2021年2月推出的文化类创新节目。该节目聚焦中华优秀文化典籍，从中甄选最值得讲述的优秀传统文化作品，以“戏剧+影视+文化访谈”的形式，以《尚书》《本草纲目》《论语》《孙子兵法》《楚辞》《史记》《道德经》《传习录》

---

① 新时代爱国主义教育实施纲要[M].北京：人民出版社，2019：12.

② 新时代爱国主义教育实施纲要[M].北京：人民出版社，2019：12.

③ 新时代爱国主义教育实施纲要[M].北京：人民出版社，2019：13.

等享誉中外、流传千古的典籍为脉络，讲述典籍的成书、核心思想以及流传中的闪亮故事，让书写在典籍里的文字“活”起来，展现典籍里蕴含的中国智慧、中国精神和中国价值。这些电视节目，掀起了传媒领域的传统文化热，推动了传统文化和国学经典走入寻常百姓家，为老百姓提供了丰富的文化大餐和充足的精神食粮。

高等院校一方面可以积极利用这些电视节目来进行中华优秀传统文化在线教育，增强中华优秀传统文化教育的生动性；另一方面可以积极组织学生参与有关电视节目的录制，积极组织学生参与一些传统文化普及项目的比赛，增强中华优秀传统文化教育的实效性。

第三，打造一支具有高度文化自信和价值观自信的高校教师骨干队伍。英国哲学家培根认为，教师是知识种子的传播者、文明之树的培育者、人类灵魂的设计者。我国唐代文学家韩愈认为，“师者，所以传道受业解惑也”（《师说》）。高校教师是实施中华优秀传统文化教育、传播中华文明和文化基因、增强大学生文化自信的教育主体。因此，教师要具备多方面的专业素养，主要包括高尚的职业道德、科学的教育理念、深厚的人文素养、丰富的专业知识、优良的人格特征、健康的身心素质等。其中，人文素养在教师的各种素养中处于基础地位。中国高等教育“不但要求大学教师具有比较丰富的人文知识，而且要求他们在人文知识的基础上进一步加以提升，使之成为构成人生观、世界观的知识原料和思想原料”[①]。所以，通过专业培训提高大学教师的人文素养，使其具有高度文化自信和价值观自信，就具有非常重要的意义。它是教师职业发展的现实需要，也是成为“四有好老师”的重要途径，更是提升广大教师文化自信和价值观自信的不二法门。

---

① 张岂之．大学的人文教育 [M]. 北京：商务印书馆，2014：88.

# 第二节　我国高校增强大学生文化自信的机制建构

增强大学生文化自信不仅要有切实可行的有效路径，而且要注重相关机制的建构。高校要建构和完善增强我国大学生文化自信的相关机制，保障文化自信培育工作落到实处。

## 一、建构和完善我国高校文化自信培育的领导机制，为增强大学生文化自信做好顶层设计

### 1. 加强顶层设计，把握文化自信培育方向

要发挥顶层设计作用，通过政策引领、资金支持、体制建设等措施，鼓励高校开展文化自信培育，塑造积极向上的育人环境，支持高校开展文化自信培育项目研究，推动民间公益文化社团进校园。

意识形态对于文化发展具有重要的作用，它决定文化前进方向和发展道路。加强党对意识形态工作的领导，建设具有强大凝聚力和引领力的社会主义意识形态，是培育文化自信的根本保障。

第一，强调意识形态的立心铸魂作用，指出意识形态工作是党的一项极端重要的工作。意识形态“决定着一个国家、一个政党的性质，决定着举什么旗、走什么路这一根本问题”[①]。

第二，强调做好新形势下宣传思想工作，必须自觉承担起举旗帜、聚民心、育新人、兴文化、展形象的使命任务。

---

① 新华社记者 . 文化建设：东方风来春色新 [J]. 求是，2022（09）：16.

高校是意识形态工作的前沿阵地，承担着立德树人的根本任务和“育新人”的光荣使命。思想政治工作关乎高校的办学定位和发展方向，抓好政治工作，高校就能沿着正确方向前进；放松或者丢弃了思想政治工作，高校就会迷失方向。

第三，确立和坚持马克思主义在意识形态领域指导地位的根本制度，梳理和概括新时代党的意识形态工作采取的重大举措、取得的重大成效。党的十八大以来，以习近平同志为核心的党中央确立和坚持马克思主义在意识形态领域指导地位的根本制度，确保党和国家事业发展能够沿着正确方向前进。

2. 强化组织保障，确保文化自信培育工作

要重视大学生文化自信培育工作，完善体系建设，强化组织保障，确保文化自信培育工作有效开展。完善大学生文化自信培育体系，要设计建设一整套科学完备的教育制度，明确各部门教育职能，强化责任担当，制定鼓励和保障措施，做到全员、全程、全方位文化育人和自信培育。

党的十八大以来，为进一步推进文化自信自强、铸就社会主义文化新辉煌，国务院、教育部以及山东省等各级政府部门相继出台了实施中华优秀传统文化传承发展工程、完善中华优秀传统文化教育、增强全民文化自信的指导纲要和战略措施。例如，2014 年 3 月，教育部发布《完善中华优秀传统文化教育指导纲要》；2017 年 1 月，中共中央办公厅、国务院办公厅印发《关于实施中华优秀传统文化传承发展工程的意见》；2019 年 11 月，中共中央、国务院印发《新时代爱国主义教育实施纲要》。

3. 推动文化育人，健全文化自信培育体系

文化自信培育作为高校人才培养的重要内容，关乎高等教育发展和社会主义文化繁荣兴盛。我国高校要注重文化内涵发展，健全人才培养体系，突出文化自信培育，将大学生文化自信培育融入课程体系、教材体系、管理体系，推动高校全员、全程、全方位文化育人，从知识功底、人文素养、教学水平、实践能力、大学使命、文化担当等方面全面提升广大师生的文化自信

和文化素养。

## 二、建构和完善我国高校文化自信培育的保障机制，为增强大学生文化自信提供坚强后盾

1. 组织领导保障

党的领导是增强大学生文化自信的核心保证。坚持党委统一领导，发挥基层党组织的战斗堡垒作用及广大党员的先锋模范作用，为高校培育和增强大学生文化自信各项任务的落实提供坚强的堡垒。建立和完善我国高校文化自信培育行政运行机制，党政齐抓共管，建立和完善大学生文化自信培育机制，努力形成高校各部门相互配合、彼此联系、共同推进的协同育人效应。

2. 工作队伍保障

广大师生是我国高校开展大学生文化自信培育工作的主体，在增强大学生文化自信的过程中始终起着主导作用，占据支配地位。所以，我国高校建构和完善大学生文化自信培育的保障机制，要切实增强和改进大学生文化自信培育的组织保障和人力基础。一是要建设结构合理、专兼配合的文化自信培育的工作队伍；二是全面提升文化自信培育工作者的素质；三是建立健全文化自信培育工作者的“乐教”机制，使其真正热爱并倾情投入相关工作，不断提升工作成效。

3. 经费物质保障

如果高校文化自信培育工作投入的经费过少，也会导致文化自信培育实践因缺少经费和物质保障而难以有效开展。所以，我国高校要建构和完善大学生文化自信培育的保障机制，要确保大学生文化自信培育工作的设施设备建设，确保大学生文化自信实践活动的有序开展，确保大学生文化自信培育工作的专项经费，为增强大学生文化自信提供坚实的物质保障。

4. 环境支持保障

大学生文化自信是在一定的环境中形成和培育的。我国高校建构和完善大学生文化自信培育的保障机制，要注重环境支持保障。校园环境在大学生

文化自信培育中不仅是“教育的条件”，也是“条件的教育”。高校校园环境建设对于大学生文化自信的增强具有不可替代的作用。所以，我国高校要创造良好的校园物质环境、文化环境、网络环境、周边环境，切实增强和提高我国大学生文化自信培育的实效。

5. 法规制度保障

法规制度为人们的行为提供依据和标准，具有全局性、根本性、规范性。我国高校建构和完善大学生文化自信培育的保障机制，法规制度保障是重点。只有建立健全各项法规制度，才能保障大学生文化自信培育的持续开展和健康运行。

## 三、建构和完善我国高校文化自信培育的网络机制，为增强大学生文化自信营造良好的虚拟环境

作为高校文化自信培育工作的主要受益群体，广大青年尤其是大学生既是文化自信培育的受益者，又是文化自信培育工作的参与者。新时代大学生文化底蕴、文化包容度和文化偏好决定了高校文化自信培育的方法、方向和发展趋势。在信息时代培育和增强大学生文化自信，吸引大学生参与互联网视域下的文化自信建设，要做到以下三点。

首先，要建构和完善我国高校文化自信培育的网络机制，为增强大学生文化自信提供良好的网络平台和虚拟环境。在信息时代，互联网是大学生文化自信培育的重要途径。2022 年 8 月，中国互联网络信息中心（CNNIC）在京发布的第 50 次《中国互联网络发展状况统计报告》显示，截至 2022 年 6 月，我国网民规模达 10.51 亿，互联网普及率达 74.4%。网络走进千家万户，融入社会生活的方方面面，这既会影响人们的求知途径、思维方式、价值观念，又会影响人们对国家、社会、人生的看法。所以，高校要高度重视互联网在大学生文化自信培育中的作用，积极推进校园网内容建设，搭建高校文化自信培育工作网络平台，为增强大学生文化自信营造良好的网络环境。

其次，要规范大学生在线参与文化自信培育的内容和方式，关注互联网

对大学生文化自信的影响。相关机构调研结果显示，我国高校有 20.6% 的大学生存在一定的网络成瘾风险，受访大学生群体平均每天使用手机 7 至 9 小时，平均每人每天使用手机 118 次。大学生群体使用手机主要用于玩游戏、看影视剧、看直播和购物等。从本质上说，网络交往仍然是人与人的现实交往，网络生活也是人的真实生活，仍然需要道德约束。所以，高校要引导大学生加强网络文明自律和网络道德建设，加强信息辨识能力，自觉抵制网络欺诈、造谣、诽谤、谩骂、歧视、色情、低俗等内容，反对网络暴力行为，维护网络道德秩序，带头引导网络舆论，对模糊认识要及时廓清，对怨气怨言要及时化解，对错误看法要及时纠正，促进网络空间日益清朗。

最后，要加强网络监管监察，利用好互联网这一文化自信培育的重要阵地，为增强大学生的文化自信营造清朗的网络空间。在信息时代，互联网是“意识形态斗争的主阵地、主战场、最前沿”①，是西方敌对势力进行价值观输出和文化渗透的主要渠道。近年来，西方某些组织和机构通过网络媒体等渠道宣扬“普世价值”、文化虚无主义等错误的社会思潮，对中国高校进行价值观输出和文化渗透。对于这些借助互联网传播的错误思潮，我国高校应该加强网络监管监察，健全互联网监督和管理体制，坚持依法管网治网，深化网络生态治理，为增强大学生的文化自信、使其摆脱错误思潮的消极影响营造清朗的网络空间。

总之，大学生文化自信的培育，事关培养社会主义建设者和接班人，事关建设中国特色世界一流大学、一流学科。以习近平文化思想特别是习近平总书记关于文化自信的重要论述为指导，研究和探索增强大学生文化自信的方法途径具有重大的理论意义和实践价值。

---

① 中共中央关于党的百年奋斗重大成就和历史经验的决议 [M]. 北京：人民出版社，2021：45.

# 附录：我国高校中华优秀传统文化教育调查问卷

## 一、问卷调查者基本信息

1. 您所在的年级是：(　　)

A. 大一　B. 大二　C. 大三　D. 大四

2. 您所读的专业是：(　　)

A. 工学类　B. 理学类　C. 经管类　D. 文法类

3. 您是：(　　)

A. 男生　B. 女生

4. 您的年龄是：(　　)

A. 90 后（1990—1994 年出生）　B. 95 后（1995—1999 年出生）

C. 00 后（2000 年及以后出生）　D. 其他年龄段

## 二、中华优秀传统文化教育的调查问卷

1. 文化是一个国家的软实力，对于实现中华民族伟大复兴的中国梦具有重要意义。对于这种观点，您（　　）

A. 非常赞同　B. 比较赞同　C. 不太赞同　D. 很不赞同

2. 中华优秀传统文化是中华民族独特的精神标识，是中国特色社会主义植根的文化沃土，对于延续和发展中华文明、促进人类进步发挥着重要作

用。对于这种观点，您（　　）

A. 非常赞同　　B. 比较赞同　　C. 不太赞同　　D. 很不赞同

3. 继承和弘扬中华优秀传统文化，对于培养当代大学生的文化自信具有重要意义。对于这种观点，您（　　）

A. 非常赞同　　B. 比较赞同　　C. 不太赞同　　D. 很不赞同

4. 中华优秀传统文化具有超越时空的永恒魅力。对于这种观点，您（　　）

A. 非常赞同　　B. 比较赞同　　C. 不太赞同　　D. 很不赞同

5. 您对中华优秀传统文化是否了解？（　　）

A. 非常了解　　B. 有一定了解　　C. 了解得较少　　D. 基本不了解

6. 您对中华文化的历史渊源、发展脉络、基本走向是否了解？（　　）

A. 非常了解　　B. 有一定了解　　C. 了解得较少　　D. 基本不了解

7. 您对中华优秀传统文化感兴趣吗？（　　）

A. 非常感兴趣　B. 有些感兴趣　　C. 不太感兴趣　　D. 非常不感兴趣

8. 中华优秀传统文化和西方文化，您对哪个更感兴趣？（　　）

A. 中华优秀传统文化　B. 西方文化　C. 都感兴趣　D. 都不感兴趣

9. 您认为，中华优秀传统文化之于现代社会，是否仍有意义并值得大家学习？（　　）

A. 中华优秀传统文化在今天仍有积极意义，值得学习

B. 中华优秀传统文化在今天已经过时，不值得学习

C. 不清楚

10. 当下中国社会兴起了诸如《中国诗词大会》等传统文化“热”，您是如何看待这种现象的？（　　）

A. 只是一种表面现象，仍未改变传统文化“冷”的现状

B. 是一个好的开始，可以引起中国人对于传统文化的热情

C. 没有关注过

11. 中国传统节日（如春节、中秋节）与西方节日（如圣诞节、感恩

节），您更喜欢哪个？（　　）

A. 中国传统节日　　B. 西方节日　　C. 都喜欢　　D. 都不喜欢

12. 您更喜欢中国传统节日的原因是（　　）

A. 喜欢传统节日蕴含的丰富内涵、寄托的民族情感和家国情怀

B. 喜欢传统节日的仪式和习俗，如赛龙舟、扫墓、舞狮

C. 喜欢传统节日过节时吃的食物，如饺子、粽子、月饼

D. 传统节日放假期间，可以休息娱乐、放松身心

13. 您更喜欢西方节日的原因是（　　）

A. 对西方节日蕴含意义的认可（如圣诞节是为了纪念耶稣基督的诞生）

B. 西方节日具有新鲜感（如情人节送玫瑰）

C. 跟风，看别人过，自己也跟着过

D. 受媒体和商家的炒作和宣传，激发了好奇心

14. 您更喜欢学习汉语（如白话文、文言文），还是更喜欢学习外语（如英语、日语）？（　　）

A. 汉语　　B. 外语　　C. 都喜欢　　D. 都不喜欢

15. 您更喜欢阅读中国经典（如四大名著），还是更喜欢阅读西方经典（如《百年孤独》）？（　　）

A. 中国经典　　B. 西方经典　　C. 都喜欢　　D. 都不喜欢

16. 您更喜欢看中国电影（如《霸王别姬》），还是更喜欢看外国电影（如《泰坦尼克号》）？（　　）

A. 中国电影　　B. 外国电影　　C. 都喜欢　　D. 都不喜欢

17. 您是否对“在5000多年文明发展中孕育的中华优秀传统文化”感到自豪和自信？（　　）

A. 是　　B. 否　　C. 无所谓　　D. 其他

18. 您平时关注哪些中华优秀传统文化？（　　）【多选题】

A. 经、史、子、集等中华传统文化经典　　B. 中华诗词歌赋

C. 琴棋书画、戏剧、服饰、建筑等传统艺术

D. 传统技艺与非物质文化遗产

E. 民俗与传统节日

F. 其他

19. 您觉得，高校开展中华优秀传统文化教育有无必要？（　　）

A. 非常有必要　　B. 有一定必要　　C. 没有必要　　D. 无所谓

20. 您认为，学习中华优秀传统文化对于专业知识学习有何影响？（　　）

A. 增加智慧，促进了专业知识的学习

B. 分散精力，限制了专业知识的学习

C. 没有直接影响

21. 您所在的学校是否开设了中华优秀传统文化教育方面的相关课程？（　　）

A. 是　　B. 否　　C. 不清楚

22. 您所在的学校开设的中华优秀传统文化教育课程的性质是什么？（　　）

A. 必修课　　B. 选修课　　C. 通识教育课

23. 如果学校组织中华优秀传统文化的学习宣传活动，您会参加吗？（　　）

A. 不论什么时候，只要有空都会参加

B. 如果是周末休息时间，可能参加

C. 不会参加，但是支持这样的活动

D. 不参加，也不支持

24. 如果您所在的学校准备开设中华优秀传统文化的相关课程，您希望课程的主题是什么？（　　）【多选题】

A. 中华传统文化经典选读（如阅读《论语》《孟子》《老子》《庄子》）

B. 诗词歌赋与文学经典学习（如学习《诗经》、唐诗、宋词、元曲）

C. 琴棋书画、戏剧、篆刻等传统艺术

D. 非物质文化遗产、传统技艺与民俗文化

E. 太极拳、蹴鞠等中华武术与传统体育

F. 其他

25. 如果您所在学校准备开展中华优秀传统文化的学习宣传活动，您希望是什么形式？（　　）【多选题】

A. 中华传统文化经典阅读征文比赛　　B. 国学知识或人文知识竞赛

C. 中华服饰文化节　　D. 书法、绘画、篆刻等比赛

E. 其他

26. 您对高校实施中华优秀传统文化传承工程、开展好中华优秀传统文化教育有何建议？

# 参考文献

[1] 新时代公民道德建设实施纲要 [M]. 北京：人民出版社，2019.
[2] 新时代爱国主义教育实施纲要 [M]. 北京：人民出版社，2019.
[3] 教育部课题组 . 深入学习习近平关于教育的重要论述 [M]. 北京：人民出版社，2019.
[4] 全国干部培训教材编审指导委员会 . 推动社会主义文化繁荣兴盛 [M]. 北京：人民出版社、党建读物出版社，2019.
[5]《总体国家安全观干部读本》编委会 . 总体国家安全观干部读本 [M]. 北京：人民出版社，2016.
[6]（清）焦循 著，刘建臻 点校 . 孟子正义 [M]. 扬州：广陵书社，2016.
[7] 钱穆 . 中国文化史导论 [M]. 北京：九州出版社，2011.
[8] 张岱年 . 中国古典哲学概念范畴要论 [M]. 北京：中华书局，2017.
[9] 马一浮 . 马一浮全集 [ 第一册（上）][M]. 杭州：浙江古籍出版社，2012.
[10] 韦政通 . 中国文化概论 [M]. 长春：吉林出版集团有限责任公司，2008.
[11] 张立文 . 和合学：21 世纪文化战略的构想 [M]. 北京：中国人民大学出版社，2016.
[12] 张立文 . 学术生命与生命学术：张立文学术自述 [M]. 北京：中国人民大学出版社，2016.
[13] 冯天瑜，等 . 中华文化史 [M]. 上海：上海人民出版社，1990.
[14] 郭齐勇 . 中华人文精神的重建：以中国哲学为中心的思考 [M]. 北京：北京师范大学出版社，2011.
[15] 陈来 . 中华文明的核心价值：国学流变与传统价值观 [M]. 北京：生活・读书・新知三联书店，2015.
[16] 何怀宏 . 文明的两端 [M]. 桂林：广西师范大学出版社，2022.
[17] 胡慧林，胡霁荣 . 国家文化安全治理 [M]. 上海：上海人民出版社，2019.
[18] 李宗桂，等 . 中国优秀传统文化的现代价值 [M]. 北京：人民出版社，2019.
[19] 林坚 . 文化治理与文化创新 [M]. 北京：中国人民大学出版社，2019.
[20] 林毓生 . 中国传统的创造性转化 [M]. 北京：生活・读书・新知三联书店，1988.

[21] 罗安宪 . 中华传统经典诵读文本——论语 [M]. 北京：人民出版社，2017.
[22] 马克锋 . 文化思潮与近代中国 [M]. 北京：光明日报出版社，2003.
[23] 李申申，等 . 传承的使命：中华优秀传统文化传统教育问题研究 [M]. 北京：人民出版社，2011.
[24] 韦森 . 文化与制序（修订增补版）[M]. 上海：上海三联书店，2020.
[25] 陈胜前 . 中国文化基因的起源：考古学的视角 [M]. 北京：中国人民大学出版社，2021.
[26] 贾磊磊，黄大同 . 守望文化江山：中国国家文化安全研究 [M]. 北京：中国广播电视出版社，2012.
[27] 湖南大学岳麓书院，《光明日报》国学版 . 年度国学 2006[M]. 北京：首都师范大学出版社，2007.
[28] 陈先达 . 文化自信中的传统与当代 [M]. 北京：北京师范大学出版社，2017.
[29] 王蒙 . 王蒙谈文化自信 [M]. 北京：人民出版社，2017.
[30] 颜晓峰 . 坚持中国特色社会主义文化 [M]. 重庆：重庆出版社，2019.
[31] 韦定广 . 后革命时代的文化主题——列宁文化思想研究 [M]. 北京：人民出版社，2011.
[32] 俞良早 . 经典作家东方学说的当代发展 [M]. 北京：人民出版社，2013.
[33] 杨海波 . 列宁文化理论研究 [M]. 北京：人民出版社，2015.
[34] 陈兆芬 . 列宁文化自觉思想研究 [M]. 北京：人民出版社，2017.
[35] 霍桂桓 . 文化哲学论要 [M]. 北京：北京出版社，2006.
[36] 张海峰，刘焕峰，樊军娟 . 弘扬革命文化 传承红色基因 [M]. 重庆：重庆出版社，2019.
[37] 张江 . 建设新时代社会主义文化强国 [M]. 北京：中国社会科学出版社，2019.
[38] 耿化敏，夏璐 . 改革开放 40 年的中国文化 [M]. 北京：中共党史出版社，2018.
[39] 吴光 . 中华人文精神新论 [M]. 上海：上海古籍出版社，1998.
[40] 孙敦恒 . 清华国学研究院史话 [M]. 北京：清华大学出版社，2002.
[41] 邹广文，等 . 中国当代语境下的文化矛盾与文化走向 [M]. 北京：首都师范大学出版社，2018.
[42] 邹广文，等 . 当代中国文化自信研究论纲 [M]. 北京：中国青年出版社，2020.
[43] 徐梓 . 中华优秀传统文化教育十五讲 [M]. 北京：北京师范大学出版社，2018.
[44] 欧阳雪梅 . 中华人民共和国文化史：1949—2019[M]. 北京：当代中国出版社，2019.
[45] 杨东平 . 中国传统文化教育发展报告 [M]. 北京：社会科学文献出版社，2019.
[46] 沈壮海 . 论文化自信 [M]. 武汉：湖北人民出版社，2019.
[47] 许苏民 . 人文精神论 [M]. 北京：人民出版社，2011.
[48] 许亮，赵玥，刘炳良 . 论语悦读 [M]. 北京：经济日报出版社，2022.
[49] [法] 阿尔贝特・施韦泽 . 文化哲学 [M]. 陈泽环，译 . 上海：上海人民出版社，2017.

[50] [德] 安斯加·纽宁，维拉·纽宁. 文化学研究导论：理论基础·方法思路·研究视角 [M]. 闵志荣，译. 南京：南京大学出版社，2018.

[51] [英] 泰勒. 原始文化：神话、哲学、宗教、语言、艺术和习惯发展之研究 [M]. 连树声，译. 桂林：广西师范大学出版社，2005.

[52] [美] 约瑟夫·奈. 软实力 [M]. 马娟娟，译. 北京：中信出版社，2013.

[53] [美] 塞缪尔·亨廷顿. 文明的冲突与世界秩序的重建 [M]. 周琪，刘绯，张立平，王圆，译. 北京：新华出版社，1998.

[54] [美] 塞缪尔·亨廷顿，哈里森. 文化的重要作用：价值观如何影响人类进步 [M]. 程克雄，译. 北京：新华出版社，2018.

[55] [美] 希尔斯. 论传统 [M]. 傅铿，吕乐，译. 上海：上海人民出版社，1991.

[56] 中共中央办公厅 国务院办公厅. 关于实施中华优秀传统文化传承发展工程的意见 [N]. 新华每日电讯，2017-01-25.

[57] 教育部. 完善中华优秀传统文化教育指导纲要 [N]. 中国教育报，2014-04-02.

[58] 余英时. 贺清华国学院浴火重生 [N]. 光明日报，2009-11-02.

[59] 丁守和. 关于传统文化与文化传统的思考 [N]. 光明日报，1999-10-29.

[60] 任丽梅. 中华人文精神的传承与弘扬 [N]. 中国社会科学报，2019-10-30.

[61] 李环宇. 讲好历史故事 坚定文化自信 [N]. 中国社会科学报，2020-07-20.

[62] 中共中央国务院. 关于深化教育改革 全面推进素质教育的决定 [J]. 广西政报，1999（20）：23-27.

[63] 李宗桂. 优秀传统文化与民族凝聚力 [J]. 哲学研究，1992（03）：46-55.

[64] 李宗桂. 中华文化精神和中华民族精神的若干问题 [J]. 社会科学战线，2006（01）：250-254.

[65] 杨学功. 中国哲学的本土意识与原创冲动：2010年度哲学学术热点评述[J]. 学术月刊，2011（03）：153-160.

[66] 吴毅. 中华人文精神论纲 [J]. 内蒙古大学学报（人文社科版），2013（06）：113-117.

[67] 肖群忠. 论中华传统美德的当代地位与作用——兼论传统美德与社会主义道德的关系 [J]. 中国特色社会主义研究，2021（01）：58-64.

[68] 崔波. 大学生阅读文化经典的意义与途径 [J]. 天中学刊，2009（02）：127-129.

[69] 费孝通. 反思·对话·文化自觉 [J]. 北京大学学报（哲学社会科学版），1997(03)：15-22.

[70] 黄楠森. 论文化的内涵与外延 [J]. 北京社会科学，1997（04）：11-15.

[71] 陈先达. 论普世价值与价值共识 [J]. 哲学研究，2009（04）：3-9.

[72] 云杉. 文化自觉 文化自信 文化自强——对繁荣发展中国特色社会主义文化的思考（下）[J]. 红旗文稿，2010（17）：4-9+1.

[73] 徐伟新. 坚定文化自信 [J]. 理论视野，2015（10）：5-7.

[74] 宇文利 . 文化自信与民族精神互促共生 [J]. 前线，2017（03）：43-48.
[75] 陈曙光，杨洁 . 论文化自信 [J]. 文化软实力研究，2016（03）：19-26.
[76] 邹广文，金迪 . 论文化自觉与人的自觉 [J]. 理论视野，2015（01）：66-68.
[77] 熊晓梅 . 文化自觉自信：高校思想政治教育的新向度 [J]. 中国高等教育，2012(18)：27-28.
[78] 范玉刚 . 从坚定文化自信迈向文明自信——新时代中国文化发展的使命担当 [J]. 山东社会科学，2022（06）：36-54.
[79] 邹慧 . 文化自觉、文化自信、文化自强：习近平文化思维的逻辑理路 [J]. 思想理论教育导刊，2017（03）：148-151.
[80] 刘水静 . 当代中国文化自信建设的战略意蕴 [J]. 教学与研究，2016（11）：20-26.
[81] 王尚君，刘娟 . 新时代中国特色社会主义文化自信探析 [J]. 毛泽东思想研究，2018（03）：97-100.
[82] 牛先锋，云付平 . 文化自信，我们是想要表达什么？ [J]. 科学社会主义，2016(05)：10-16.
[83] 林志友 . 坚定中国文化自信的根源 [J]. 科学社会主义，2016（05）：17-23.
[84] 王文俊，钟洁 . 习近平新时代文化自信思想：生成逻辑、核心要义、坐标导向 [J]. 广西社会科学，2017（11）：12-17.
[85] 李翔海 . 论习近平中国传统文化观的时代意义 [J]. 中共中央党校学报，2015（06）：22-28.
[86] 吴小英，王士昌 . 文化自信观的认知及其培育 [J]. 观察与思考，2017（10）：66-71.
[87] 王昱清 . 以坚定的文化自信建设社会主义文化强国——学习习近平关于文化自信重要论述 [J]. 党的文献，2020（06）：36-41.
[88] 梁兴印 . 当代大学生文化自信现状及其培育 [J]. 浙江理工大学学报（社科版），2017（02）：182-188.
[89] 刘静，李桂山 . 多元文化视野下的大学生文化自信研究 [J]. 教育理论与实践，2013（06）：12-13.
[90] 张志娟，秦东方 . 大学生文化自觉与文化自信培育途径研究 [J]. 思想政治教育研究，2013（06）：126-130.
[91] 张晶，田秋实 . 新时代理工科高校大学生文化自信现状及培育——基于安徽省理工类高校的调查 [J]. 安徽理工大学学报（社会科学版），2019（06）：97-100.
[92] 钟天娥 . 新时代大学生文化自信培育探析 [J]. 高教论坛，2021（07）：4-7.
[93] 胡晓轩 . 培育当代大学生文化自信的途径探赜 [J]. 学校党建与思想教育，2014(08)：77-78.
[94] 郭湛 . 文化：人为的程序和为人的取向 [J]. 中国人民大学学报，2005（04）：24-31.
[95] 晏辉 . 辩护与批判：传统文化现代转换的双重逻辑 [J]. 学术界，2020（05）：43-55.
[96] 张华 . 历史地系统地把握马克思主义文化理论 [J]. 马克思主义研究，2007(10)：5-12.

[97] 黄力之.论马克思主义文化哲学的当代建构[J].山东社会科学，2002（02）：47–53.
[98] 孙丽珍，李泽泉.文化虚无主义的表现、本质及治理[J].红旗文稿，2018（09）：26–28.
[99] 罗炽.关于文化传统学的几个问题[J].湖北大学成人教育学院学报，1999（06）：19–23.
[100] 程伟.十八大以来国家文化安全理论的新发展[J].湖湘论坛，2016（01）：20–26.
[101] 涂成林.国家文化安全视域下的传统文化与核心价值[J].广东社会科学，2016（06）：47–53.
[102] 魏本权.从革命文化到红色文化：一项概念史的研究与分析[J].井冈山大学学报（社会科学版），2012（01）：16–21.
[103] 许亮.传统“德治”思想的现代转化[J].理论视野，2015（10）：26–28.
[104] 纳文·拉甲纳波尔.通过博雅教育培育面向未来的学生——耶鲁－新加坡国立大学学院的经验[M]// 甘阳，孙向晨.通识教育评论·2020年（总第7期）.上海：复旦大学出版社，2020：14.
[105] 教育部 国家语委.中华经典诵读工程实施方案［EB/OL］.[2018–9–30].http://www.moe.gov.cn/srcsite/A18/s3129/201809/t20180929_350445.html.
[106] 蓝文徵.清华大学国学研究院始末［EB/OL］.http://www.tacl.tsinghua.edu.cn/ct/ls.htm.
[107] 博雅学堂开课助推基础学科人才培养［EB/OL］.[2020–9–28].https://www.thepaper.cn/newsDetail_forward_9381131.
[108] Harvard University. General education review committee final report［EB /OL］.（2016–01）［2019–09–09］. http: //general education.

# 后 记

本书是作者承担的北京市教育科学“十三五”规划青年专项课题“加强中华优秀传统文化教育与增强当代大学生文化自信的路径与机制研究”（项目编号：CCIA17148）的结题成果。当初作者选择该选题，主要是为了从增强大学生文化自信的角度来研究高校中华优秀传统文化教育的理论范式和实践路径。

本书能够最终出版，得益于众多良师益友、学界同侪、后辈学子的支持帮助。首先，非常感谢北京市教委、北京市教育科学规划领导小组办公室给予的支持；其次，非常感谢学校、学院领导和评审专家的悉心指导；最后，非常感谢经济日报出版社张乐编辑在本书出版过程中给予的支持帮助。

本书是课题组成员集体合作的结晶。课题负责人许亮提出撰写计划，撰写前言、第一章、第三章、后记，并负责全书的通稿工作。赵玥撰写第二章。李怡帆撰写第四章。徐晓琳、刘炳良撰写第五章。東东新撰写附录、参考文献。韩凌屹等同学负责调研问卷的发放、回收以及数据汇总。非常感谢各位课题组成员和参编人员的辛苦付出。

本书是作者多年从事中华优秀传统文化教育实践的理论结晶，也是作者一直承担的“为往圣继绝学，为国学开新局”的斯文使命。然而，由于才学疏漏，本书难免有些不足之处，还请方家不吝指正。

2023 年 7 月

于北京建筑大学